Wolfgang Herles
Neurose D

Wolfgang Herles

Neurose D
Eine andere Geschichte Deutschlands

Piper
München Zürich

Mehr über unsere Autoren und Bücher:
www.piper.de

FSC
Mix
Produktgruppe aus vorbildlich
bewirtschafteten Wäldern und
anderen kontrollierten Herkünften
Zert.-Nr. GFA-COC-1223
www.fsc.org
© 1996 Forest Stewardship Council

ISBN 978-3-492-05099-9
© Piper Verlag GmbH, München 2008
Satz: seitenweise, Tübingen
Druck und Bindung: CPI – Clausen & Bosse, Leck
Printed in Germany

Inhalt

Einleitung
Geschichte als Diagnose

Nach dem fürchterlichen Morden und nach der Zerstörung, die Hitler verschuldet hat, wird Deutschland geteilt. Im kleineren Teil, im Osten, entsteht ein Satellitenstaat Moskaus. Im Westen dürfen die Deutschen der Welt beweisen, wie viel Gutes in ihnen steckt. Sie werden mustergültige Demokraten, treue und friedliebende Bündnispartner. Unendlich fleißig, schaffen sie das Wirtschaftswunder. Wohlstand für alle lässt die neue Republik auch im Inneren zusammenhalten. Die soziale Marktwirtschaft wird zum weltweit bewunderten Modell. So gewinnen die Westdeutschen auch ihren Stolz zurück. Nur eines fehlt zu ihrem vollkommenen Glück: die Vereinigung mit den Brüdern und Schwestern im Osten. Nach dem Fall der Mauer aber hat die Geschichte endlich ein Einsehen.

Es ist ein Mythos. Wieso Mythos? Die meisten Deutschen (zumindest im Westen) halten diese Geschichte für wahr. Alles in allem sei es so gewesen, glauben sie. So ähnlich ist es ja auch tausendfach zu hören und zu lesen, in Schulbüchern, Fernsehdokumentationen, bei Feierstunden. Und nicht nur dort schlägt sich der Mythos nieder. Gerade in jüngster Zeit erscheinen Bücher renommierter Historiker, die etwa *Die geglückte Demokratie* (Edgar Wolfrum) beschreiben. Mit ihrer Historisierung erscheint die Bonner Republik in mildem Licht. Das war, zumal vor 1990, noch überwiegend anders, die Bundesdeutschen gingen selbstkritischer mit ihrer Geschichte um. Das hat Gründe, dieses Buch untersucht sie. Je schwieriger die Gegenwart erscheint, desto mehr verklärt sich der Blick auf die Vergangenheit. In der Vergangenheit aber nisten die Keime des gegenwärtigen Missvergnügens.

Jede Nation besitzt Erzählungen, die den Zusammenhalt stärken. Die moderne Geschichtswissenschaft entsteht nicht zufällig in jener Zeit, in der sich die europäischen Nationalstaaten bilden. Geschichtsschreibung ist nie objektive, reine Wissenschaft, sondern immer auch ein Instrument der Politik und der jeweils herrschenden Ideologie. Geschönt und imprägniert von kollektiven Selbsttäuschungen, verklärt sie die Vergangenheit. Doch Mythen lassen sich nicht in Geschichtsbücher einsperren. Sie prägen die Gegenwart. Sie entscheiden darüber mit, wie Gesellschaften ihre Zukunft gestalten. Grob gesagt: Sie gewinnen Wahlen.

Geschichtsbilder verraten, welche Überzeugungen und Mentalitäten in einem Land fest verwurzelt sind, und sind nur schwer veränderbar. Kollektive Gefühlslagen formen aber auch das Bild der Geschichte. »Jeder Mensch erfindet sich früher oder später eine Geschichte, die er für sein Leben hält.« Was Max Frisch im Roman (*Mein Name sei Gantenbein*) feststellt, gilt auch für Gemeinschaften, seien es Familien, Parteien oder die Bürger eines Staates.

Wie das, was geschehen ist, weitererzählt wird, wie die Deutschen es zu ihrer Selbstbestätigung benutzten und zurechtstutzten, was sie hervorheben, schönen und verschweigen, was sie tabuisieren und verdrehen, verrät viel über ihre geistige Befindlichkeit, über ihre Wünsche, Ängste, Illusionen und Utopien.

Es ist üblich geworden, Nachkriegsgeschichte als gesamtdeutsche Geschichte zu erzählen. Die Absicht ist unverkennbar politisch. Die Einheit der beiden deutschen Staaten soll als das große, von Beginn an heiß begehrte Ziel aufleuchten, die Geschichte der Bonner Republik als bloße Vor- und Teilgeschichte relativiert und dem Kontext der Nationalgeschichte untergeordnet werden. Daran beteiligt sich dieses Buch nicht. Die Bonner Republik geht bis 1989 einen eigenen, der Geschichte der DDR fundamental entgegengesetzten Weg. Er ist mit dem Beitritt der DDR zu Ende. Verfassungsrechtlich mag es sich um einen Beitritt gehandelt haben. Politisch und ökonomisch aber verwandelt der Zusammenschluss die Republik der Westdeutschen fundamental. Zwar werden 1990 die Ostdeutschen zu Mitbürgern, nur ist die Bundesrepublik jetzt nicht mehr das Gelobte Land, von dem sie geträumt hatten.

Die Enttäuschung auf beiden Seiten führt zu Ostalgie in den neuen Bundesländern. Spiegelbildlich dazu zeigt sich im Westen eine nostalgische Rückbesinnung auf die Bonner Republik. Man hat mir in Bezug auf meine Polemik *Wir sind kein Volk* über die Folgen des DDR-Beitritts immer wieder vorgeworfen, ich verträte »die West-Nostalgie in reinster Form«[1]. Das ist Unsinn. Hier stelle ich die Wiedervereinigung in einen größeren historisch-psychologischen Zusammenhang. Dabei wird deutlich, dass gerade die Weigerung der Deutschen, die Wiedervereinigung als Ende der Bonner Republik zu begreifen, zu einer geistigen Blockade führt, die es erschwert, das Land zu modernisieren.

Die Geschichte der Bundesrepublik gibt Antworten auf konkrete, drängende Fragen. Warum stehen sich die Deutschen so beharrlich selbst im Weg? Warum tun sie sich so schwer, ihr Land auf die veränderten ökonomischen Bedingungen der Welt einzustellen? Warum versagen dabei die Parteien und das politische System? Warum ist Freiheit den Deutschen weniger wert als soziale und innere Sicherheit? Weshalb bremst der Sozialstaat Wachstum und Wohlstand? Warum ist Deutschland überreguliert? Warum verachten die Deutschen politischen Streit? Warum macht die Einheit so viele Deutsche gar nicht glücklich?

Geschichte ist immer auch ein Blick in die Psyche von Nationen und Gesellschaften. Denn hinter Ereignissen und Entwicklungen stehen Motive, Einstellungen, Ängste.

Der Begriff der Neurose drängt sich auf. Zunächst hört er sich an wie eine bloße Metapher; mancher Leser mag sie für Polemik halten. Doch muss man wahrlich kein Psychologe sein, um Störungen im kollektiven Verhalten der Deutschen zu erkennen. Ihre Stimmung neigt zu abrupten Schwankungen. Mal erscheinen sie niedergedrückt und gepeinigt von »German Angst«, mal wie besinnungslos vor Begeisterung von sich selbst wie während der Fußballweltmeisterschaft. Wenngleich traditionell unfähig zum Umsturz oder auch nur zu durchgreifender Reform, steigern sich die Deutschen mal in maßlose Verdrossenheit über Politik und Parteien, mal besingen sie die Großartigkeit ihrer Kanzlerin. Sie scheinen ihre Nervosität selbst als Störung zu empfinden. Warum sonst sollten sie so sehnsüchtig sein nach *Normalität,* nicht wissend, was das ist, und ahnend, wie unerreichbar. Zufrieden sind die Deutschen nie wirklich mit ihrem Land. Dafür haben sie Gründe. Nur sind diese Gründe andere, als sie selber glauben.

Die Deutschen wollen stets mehr, als sie kriegen können, und haben am Ende immer weniger, als sie bekommen könnten. Denn ihr Missvergnügen resultiert aus dem Missverhältnis zwischen Realismus und Wunschdenken, zwischen gesetzten und erreichbaren Zielen.

Ist diese Republik also neurotisch? Es würde den Rahmen

einer Geschichtserzählung sprengen, wollte sich der Autor auf die verschiedenen, miteinander im Streit liegenden psychologischen Definitionen und Theorien von Freud bis Jung einlassen. Unbestritten ist selbst unter Psychologen, dass Neurosen innerpsychische Konflikte sind, die es den davon Betroffenen erschweren, sich der Realität anzupassen. Neurotizismus gilt als eine der (fünf) Skalen oder Dimensionen, mit denen Persönlichkeit generell beschrieben und gemessen werden kann.[2] Die Dimension des Neurotizismus erfasst Merkmale wie Ängstlichkeit, Reizbarkeit, Depression, Verletzlichkeit.

Solche Merkmale bestimmen auch die Politik. In problematischen Phasen zeigen sie sich stärker als in stabilen. Neurotiker lassen sich unverhältnismäßig leicht ängstigen, aufregen, frustrieren. Ursache und Auslöser von Neurosen sind fortgesetzte traumatische, schlecht verarbeitete Erlebnisse, böse Erinnerungen, aber auch Fantasien und Wunschvorstellungen. Böse Erinnerungen haben die Deutschen in reichem Maße, aber auch Wünsche, Illusionen, Utopien, offen benannte und unausgesprochene.

Ist auch die strudelnde, also nicht von der Stelle kommende Erregbarkeit der Deutschen noch immer dem großen Trauma geschuldet, dem Dreh- und Angelpunkt der jüngeren Geschichte? Zusammenhänge sind unverkennbar, aber sie erklären nicht alles. Nach der totalen Katastrophe, mit der das Dritte Reich endete, ist die Bundesrepublik Deutschland durchaus der gelungene Versuch einer Therapie. Aber wie jede wirksame Therapie zeitigt sie Nebenwirkungen. Die Deutschen zahlten und zahlen für ihre Auferstehung einen Preis, der auch heute und in Zukunft noch fällig ist.

Lange haben die Deutschen den Niedergang ihres Wohlfahrtsstaats übersehen, und sie wollen ihn noch immer nicht wahrhaben. Die Bonner Republik ist verloren, und erneut leiden die Deutschen an der Unfähigkeit, den Verlust zu verarbeiten. In der Geschichte der Bundesrepublik ist immer wieder zu beobachten, wie unübersehbare Tatbestände und Entwicklungen ausgeblendet, verdrängt, verleugnet werden.

Andere Länder erfahren andere Traumata und reagieren darauf mit anderen Neurosen, mit anderen Strategien, Politik an der Wirklichkeit vorbei zu betreiben. Das Trauma des Nine-Eleven etwa führte dazu, dass die USA Bürgerrechte zerstören, Menschenrechte verletzen, sinnlose Kriege führen. Doch hier geht es nicht um die Neurose Amerikas, sondern um die Deutschlands. Ihr liegen andere historische Erfahrungen zugrunde, der totale militärische wie moralische Zusammenbruch, die Zerstörung des Nationalstaats. Falsche Politik ist immer auch historisch-psychologisch erklärbar.

Ängste sind dann neurotisch, wenn sie ihre Ursachen nicht in objektiven Bedrohungen, sondern in inneren Konflikten haben. Politik ist neurotisch, wenn sie sich aus Angst auf bestimmte Gefahren fixiert und dabei andere, gravierendere Bedrohungen verkennt. Die Angst vor dem Verlust der gegenwärtigen sozialen Standards ist in Deutschland größer als die Angst davor, durch versäumte Modernisierung die Basis eben dieser sozialen Sicherheit zu zerstören. Die demografische Zeitbombe kann die Sozialsysteme zerstören, die Politik jedoch verweigert sich den daraus zwingend sich ergebenden Konsequenzen. Dagegen ist Überfremdung keine objektive Bedrohung, dennoch wird sie von der Mehrheit der Deutschen als eine solche empfunden. Mangelnder Realismus bei der Einschätzung von Risiken ist neurotisch.

Die Geschichte der Bundesrepublik erzählt also nicht nur davon, was tatsächlich geschah, sondern auch davon, was die Politik übersah und versäumte und welche Irrtümer sie noch immer begeht. Es ist leicht begreiflich, dass die Unterschlagung der Realität mit erheblichem seelischem Aufwand und mit Kosten verbunden ist. Kosten im doppelten Sinne: den materiellen Folgen unterlassenen Handelns wie auch den politischen Kosten, die entstehen, wenn notwendige Debatten unterdrückt werden.

Neurotische Störungen gelten als grundsätzlich heilbar. Neurosen können sich aber auch verschlimmern und zu schwer heilbaren Psychosen werden. Die vorurteilsfreie Auseinandersetzung mit der eigenen Geschichte, also auch mit ihren Mythen und ihren verdrängten und tabuisierten Aspekten, ist Teil der Therapie.

Neurosen sind ausnahmslos eine Form von Unfreiheit. Freie Menschen sind in der Lage, neue Wege zu wählen und zu gehen. Sie wissen, dass es keinen Fortschritt ohne Risiko gibt. Neurotische Menschen haben übermäßige Angst vor dem Scheitern neuer Lösungen. Angst erhöht die Gefahr des Scheiterns, weil die Möglichkeit des Gelingens gar nicht erst in Erwägung gezogen wird. So ist es auch in der Politik.

Aber beginnen wir mit dem Anfang.

Entzug und neue Versuchung

Nationalismus gilt als normal, ist aber trotzdem nicht gesund. Die Deutschen waren von dieser Krankheit in ihrer schwersten denkbaren Form befallen, dem Nationalsozialismus.

Durch den vollkommenen Zusammenbruch sind sie keineswegs schon geheilt, weder vom Nationalismus noch vom Nationalsozialismus. Die Behandlung erfordert Entzug, seelische Stabilisierung, materielle Kräftigung. Nie wieder soll sich der Patient berauschen an der wahnhaften Vorstellung von Deutschlands Größe und Grandiosität.

Das ist leichter verlangt als getan. Gut wäre es, wenn sich die Deutschen für etwas anderes begeistern könnten als die Nation. Für etwas, das Europa nicht gefährdet, sondern voranbringt. Am besten wäre es, wenn sie begreifen könnten, dass ihre Interessen keine anderen sind als die ihrer Nachbarn, ja dass sie deren Werte und Ziele teilen. Aber so weit ist es noch nicht.

Zunächst der Entzug: Der Nation wird das Mittel ihres Missbrauchs genommen, der Nationalstaat. Zumindest während einer gewissen Zeit sollen die Deutschen ohne ihn auskommen und erkennen, dass es auch ohne ihn geht. Dass dies tatsächlich geschieht, ist allerdings nicht der strengen Verordnung einer Ärztekommission im Auftrag der Weltgeschichte zu verdanken. Die Deutschen wirken wacker mit. Das wollen sie sich aber niemals eingestehen, sondern die Teilung ihres Reichs stets beklagen.

So wie sich die totale Niederlage letztlich als großes Glück herausstellt – anders wären die Deutschen Hitler nicht losgeworden? –, erweist sich auch die Teilung des Landes für die Mehrheit der Deutschen als Segen. Sie ist die Bedingung von Freiheit; und Freiheit wiederum ist die Voraussetzung für den Erfolg der Therapie. Anders formuliert: Die Frage der Gesellschaftsordnung ist wichtiger als die Frage der Einheit. Wenn Freiheit nur durch Verzicht auf Einheit zu bekommen ist, dann muss es eben so sein. Freiheit *oder* Einheit: Das ist die große Entscheidung, die in den ersten Nachkriegsjahren zu treffen ist.

Weil aber Freiheit nur für einen, den größeren Teil der Deutschen zu haben ist, wird die Teilung feierlich beklagt. Es wird die Legende verbreitet, Konrad Adenauer habe sie nicht gewollt. Es ist eine der Urlügen im verqueren Verhältnis zwischen Ost und West. Im Osten ist Adenauer, weil er zu Recht für einen Einheitsgegner gehalten wird, bis heute ein verhasster Mann.

Wie immer, wenn Wahrheit verfälscht wird, löst sie sich nicht auf, sondern gärt weiter. Das gestörte Verhältnis der Deutschen zu ihrer Nation hat nicht nur mit Hitlers Verbrechen zu tun, sondern auch mit der Unfähigkeit, eine offene Debatte über die eigene Geschichte zu führen.

Offiziöse Geschichtserzählungen führen an, schon auf der Potsdamer Konferenz im Sommer 1945 habe die Festlegung von zwei Reparationsgebieten, eines sowjetischen und eines der westlichen Alliierten, die Teilung eingeleitet. Die Zusammenlegung der britischen und amerikanischen Wirtschaftszone (Bizone) Anfang 1947 habe die Trennung dann zwar vertieft, am Ende aber habe erst die Doppelstrategie Stalins die Teilung erzwungen, der mit der Einheit nur gelockt habe, um ganz Deutschland unter seinen Einfluss zu bringen.

Im täglichen Kampf um Nahrung, Kleidung und Heizmaterial, in der Sorge um vermisste und gefangene Angehörige, in der Trauer um die Toten, im aufreibenden und kräftezehrenden Aufräumen der Trümmer nehmen die meisten Deutschen freilich kaum wahr, welch dramatischer politischer Kampf um die Nation tobt.

Er beginnt mit den letzten Tagen des Weltkriegs und ist entschieden mit der ersten Wahl zum Deutschen Bundestag. Vier Jahre lang geht es um nicht mehr und nicht weniger als darum, in welcher Gesellschaftsordnung die Deutschen leben werden, in einer liberalen, offenen Demokratie oder in einem sozialistischen, dirigistischen Staat.

Diese glasklare Alternative sehen damals wenige. Deshalb ist ja die Entscheidung jahrelang so heiß umstritten. Längst nicht alle Politiker sind geheilt von der nationalistischen Geistesverirrung. Sie halten die Grenzen des Landes für wichtiger als seine innere Verfassung. Ihre sozusagen *normale*, international gebräuchliche Form von Nationalismus ist mit dem bösartigen Nationalismus früherer Jahrzehnte nicht zu verwechseln, aber doch gefährlich. Schwere Alkoholiker kann schon ein einziges Glas rückfällig werden lassen.

Der Nationalsozialismus ist eine Form des Totalitarismus. Der gewöhnliche Nationalismus ist nicht totalitär, doch ebenfalls eine Form kollektivistischen Denkens, also auch ein Feind der individuellen Freiheit. Ob also die Deutschen, nach allem, was geschehen ist, endlich Freiheit ohne Wenn und Aber wagen wollen, ist noch keineswegs ausgemacht. Es sind ja noch dieselben Menschen – Nazis, Mitläufer, Angepasste, Nazi-Gegner, verirrte Patrioten, Gleichgültige. Ihre Vorstellungen von Staat, Volk und Nation reichen weiter zurück als die Ideologie des Nationalsozialismus.

Das Verhängnis der Deutschen ist ihre tief verwurzelte Furcht vor der Freiheit. Deshalb richtet sich Adenauers Kampf gegen beide Formen des Kollektivismus: Nationalismus und Sozialismus. Nationalismus gilt als rechts, Sozialismus als links. Nach dem Krieg aber sind dies keine Gegensätze. Nationalisten sind zwar nicht automatisch Sozialisten, aber die meisten Sozialisten sind damals Nationalisten.

Unter dem Strich ist Adenauers Therapie gegen Nationalismus erfolgreicher als gegen Sozialismus. Man könnte auch sagen, die Neigung der Deutschen zum Kollektivismus nimmt insgesamt ab, aber sie ist bis heute nicht völlig abgeklungen. Sie zeigt sich inzwischen mehr in einer grundsätzlichen Affinität zum Sozialismus als in einer Anfälligkeit für Nationalismus. Die Liebe zum Staat hat die Liebe zur Nation weitgehend abgelöst. Von den Liberalen abgesehen betreiben alle Parteien eine Politik gegen die Freiheit des Individuums und übertreiben die Rolle des Staates – auch wenn sie das Gegenteil beteuern. Es gibt rote, schwarze und grüne Sozialdemokraten und außerdem noch eine sozialistische Linke. Doch davon später.

Bereits unmittelbar nach dem Krieg sind die Anfänge dieser Fehlentwicklung zu beobachten. Die Deutschen schließen manch faulen Kompromiss zwischen Freiheit und staatlicher Gängelung. Auf diese faulen Kompromisse sind sie sogar stolz, halten sie für modellhaft und fortschrittlich.

Glück im Unglück

Nicht mit dem Ziel, die Deutschen von Hitler zu befreien, haben die Alliierten gekämpft, sondern um Deutschland zu besiegen. Es ist, was die Westmächte angeht, ein Sieg im totalen Krieg zwischen zwei Wertesystemen, dem des totalitären Nationalsozialismus und dem der liberalen Demokratie.

So bedenkenlos Deutschland über Europa hergefallen ist, so unfassbar es die Vernichtung der Juden ins Werk gesetzt hat, so bodenlos der moralische Absturz gewesen ist, so unbegreiflich und atemberaubend erscheint nun der Wiederaufstieg des größeren, westlichen Teils. Die Geschichte der Bundesrepublik beginnt mit einem ungeheuren Glücksfall.

Das Ungeheuer Deutschland hat im großen Unglück unverdientes Glück. Verdienst aber ist keine Kategorie der Geschichte. Der Gott der Geschichte, falls es ihn gibt, ist kein gerechter Gott. Von welchem Glück ist hier die Rede? Vom Glück der Tüchtigen? Ja, dieses Glück wird am Ende noch hinzukommen. Aber zunächst einmal ist es das doppelte, das vielfache Glück der Stunde.

Zuerst ist es das Glück der Befreiung von der schlimmsten Despotie in Deutschlands Geschichte. Sie ist tausendfach schlimmer gewesen als die Fremdherrschaft Napoleons, die den Deutschen nicht nur Unterdrückung, sondern auch große Errungenschaften der Zivilisation wie eine moderne Staatsführung beschert hatte. Während sich jedoch in den Befreiungskriegen viele Deutsche aufgeopfert hatten, fand sich weit weniger Opfermut im Kampf gegen die Nazis, die das Land geistig unterjochten und seine Kultur systematisch zerstörten. Hitler ist 1932 von einem guten Drittel der Deutschen gewählt worden. Die Mehrheit hat sich ihm anschließend – mehr oder weniger – aus freien Stücken unterworfen.

Deshalb verwundert es nicht, dass nur eine Minderheit der

Deutschen den 8. Mai 1945 als Tag der Befreiung begreifen kann. 40 Jahre später wird Bundespräsident Richard von Weizsäcker in seiner Gedenkrede von *Befreiung* sprechen, und es wird dann noch immer nicht selbstverständlich sein, sondern heftig umstritten.

Der Krieg hat über die meisten Deutschen Unglück gebracht. Es gibt 1945 wohl niemanden, der in seiner Familie und unter seinen Freunden kein Opfer zu beklagen hätte. Die meisten Deutschen sehen sich selbst als Opfer, als Opfer Hitlers, der sie in den Krieg geschickt, der die Niederlage zu verantworten hat, als Opfer der alliierten Bombardements, als Opfer des Besatzungsregimes, als Opfer der Vertreibung. Besiegt und gedemütigt fühlen sie sich. Zweifellos hilft dies, Fragen nach eigener Schuld und Mitverantwortung zu verdrängen.

Wie wenig die Deutschen begreifen, wer ihr wahrer Feind ist, zeigt allein die Tatsache, dass es von einzelnen Ausnahmen abgesehen nicht zu Racheaktionen gegen ehemalige Unterdrücker kommt, gegen Nazi-Funktionäre, Nazi-Lehrer, Nazi-Richter etc. Dabei handelt es sich gewiss nicht um rechtsstaatliche Reife, die die Deutschen so zurückhaltend sein lässt. Denn auch bei der rechtsstaatlichen Verfolgung der Nazi-Verbrechen halten sie sich sehr zurück.

Eine Legende geistert herum – die Legende, die Sieger hätten den Deutschen eine *Kollektivschuld* zugesprochen. Davon kann keine Rede sein. Mit keinem einzigen Dokument ließe sich das nachweisen. Lediglich im Kommunique der Potsdamer Konferenz heißt es, das deutsche Volk habe »begonnen«, »für die furchtbaren Verbrechen zu büßen, die unter der Führung derer begangen worden sind, denen es in der Stunde ihres Erfolges offene Zustimmung und blinden Gehorsam entgegenbrachte«. Dies entspricht der Wahrheit und stellt durchaus keine pauschale Verurteilung der Deutschen dar.

Es hat ganz den Anschein, als sei der Kollektivschuldvorwurf eine deutsche Behauptung. Dahinter könnten sich uneingestandene individuelle Schuldgefühle verstecken. Denn mit der berechtigten Zurückweisung des Kollektivschuldvorwurfs wird häufig zugleich individuelle Verantwortung und Schuld abgewehrt.

Eine weitere Legende behauptet, die Deutschen seien als Opfer von Krieg, Flucht und Vertreibung erst Jahrzehnte nach dem Kriegsende entdeckt worden. Auch das ist falsch. Allenfalls kann von einer Wiederentdeckung die Rede sein. Richtig ist nur, dass der rasche Wiederaufbau und die erfolgreiche Integration der Flüchtlinge und Vertriebenen ihre Leidenswege in den Hintergrund rückten.

Der 8. Mai 1945 ist also eine Befreiung von den Martern des Krieges, aber die Trauer über die Verluste und das Trauma der Schuld wirken noch lange nach.

In die Erleichterung mischt sich schon bald Furcht vor dem nächsten Krieg. Auch der Kalte Krieg aber ist für die Westdeutschen ein glücklicher Umstand. Tragen sich die Amerikaner anfangs noch mit dem Gedanken ihres Finanzministers Henry Morgenthau, Deutschland zu einem deindustrialisierten Armenhaus Europas zu machen, wird ihnen angesichts der Weltlage bald klar, dass man entweder Vergeltung üben kann oder einen Bündnispartner gewinnen. Nicht Strafe ist deshalb das Gebot der Stunde, sondern Kräftigung. Gnade geht vor Recht, Aufbauhilfe vor Buße, Tüchtigkeit vor Gerechtigkeit.

Im Übrigen enthält der Morgenthau-Plan einen Vorschlag, der undiskutiert bleibt. Er schlägt die Schaffung zweier neutraler deutscher Staaten vor, geteilt nicht in West und Ost, sondern in Nord und Süd, wobei der Süden eine Zollunion mit Österreich bilden soll, die Vorstufe einer Föderation. Es wäre äußerst reizvoll, sich auszumalen, wie diese Geschichte verlaufen wäre, die besser zur Geschichte der Deutschen vor der

Reichsgründung Bismarcks gepasst hätte. Man hat den Morgenthau-Plan aber immer nur als Inbegriff von Rache an den Deutschen missverstanden. Die Teilung in Nord und Süd hätte womöglich eine Chance auf Freiheit für alle Deutschen, wenn auch in zwei Staaten eröffnet. Aber das sind Spekulationen.

Nichts ist umsonst. Deshalb zahlen die Westdeutschen für ihr Glück im Unglück einen moralischen Preis. Sie dürfen sich schnell und unerwartet auf der Seite der Sieger fühlen, ja mehr noch, auf der Seite der guten Sache. Sie haben ja bereits gegen Stalins Truppen gekämpft – waren sie eigentlich nicht schon immer tapfer und aufopferungsvoll auf der richtigen Seite gestanden?

Ungeheures Glück ist es auch, dass die Westdeutschen zunächst gar keine Wahl haben. Die Ostdeutschen haben ebenfalls keine Wahl, in ihrem Fall jedoch handelt es sich um Unglück. Die wichtigste aller Entscheidungen wird den Westdeutschen von den Siegern abgenommen. Es gibt keine Diskussion darüber, wie viel Demokratie sich die Deutschen zumuten möchten. Die Demokratie kommt ganz undemokratisch über sie. Sie ist das Gesetz der Sieger. Und das ist gut so.

Die Sieger sind es auch, die nationalsozialistische Verbrecher verfolgen und deren Taten ahnden. Insgesamt werden rund 50 000 Täter verurteilt, schätzungsweise ein Drittel der an den nationalsozialistischen Morden Beteiligten. Das ist eine verhältnismäßig hohe Quote. Etwa 800 Todesurteile werden gefällt, ein Drittel davon vollstreckt, darüber hinaus rund 200 000 ehemalige Nazis interniert, ob für Wochen, Monate oder wenige Jahre, Parteimitglieder aus dem öffentlichen Dienst entfernt.

Deutsche Gerichte verurteilen bis zur Gründung der Bundesrepublik weitere knapp viereinhalbtausend Täter. Danach lässt der Verfolgungswille der deutschen Justiz schlagartig nach und tendiert gegen null. Er wurde ja auch von der Bevölkerung keineswegs begrüßt. 1950 finden nur 38 Prozent der Westdeutschen die Nürnberger Prozesse fair. Die meisten Deutschen neigen zu unverständlicher Milde.

Das gilt erst recht für die *Entnazifizierung*. 13 Millionen Deutsche müssen Fragebögen ausfüllen, 3,6 Millionen sich einer Überprüfung unterziehen, aber weniger als ein Prozent wird als *schuldig* oder *belastet* bestraft. Praktisch läuft die Säuberung auf eine Rehabilitierung hinaus.

Es gibt schlechte Gründe dafür, acht Millionen NSDAP-Mitglieder mit Nachsicht zu behandeln, doch auch einen verständlichen Grund. Die oktroyierte Demokratie hat auf Dauer nur eine Chance, wenn sie von möglichst allen Deutschen akzeptiert wird, auch von ehemaligen Nazis. Ohne deren aktive Mitwirkung kann das Land nicht wieder aufgebaut und verwaltet werden. Den Siegermächten kommt dabei eine dunkle Seite deutscher Mentalität entgegen, der Untertanengeist, der Hang zum Gehorsam.

Mündige Bürger sind die Angepassten noch lange nicht. Die meisten aber werden sich im Westen zu Musterdemokraten entwickeln, nicht viel anders als im Osten zu Musterkommunisten. Schwer erziehbar jedenfalls sind die Deutschen weder hüben noch drüben; davon profitierten schon die Nazis.

Die Milde, die Tätern wie Mitläufern entgegengebracht wird, folgt nicht ihrem Schuldbekenntnis, ihrer Einsicht und Reue, ganz im Gegenteil, sie ist nichts als Vorsicht. Bei geringerem Entgegenkommen könnte die alte Gesinnung sich gegen die Demokratie wenden. Die sich nun neu gründenden Parteien wissen auch, dass Millionen von Mitläufern und ehemaligen Anhängern der Nazis wertvolle Wähler sind.

Es dient durchaus nicht der Wahrheitsfindung, aber doch einem vernünftigen Zweck, wenn die Mehrheit der Deutschen an ihren Lügen strickt. Sie erzählen sich, verführt worden zu sein. Der mörderische Rassismus der Nazis wird im Bewusstsein abgespalten. Seine Voraussetzungen werden geleugnet: nationalistischer Größenwahn, die Neigung zum geistigen Gleichschritt, unselige militaristische Prägungen. Die Debatte über die tieferen Ursachen der Katastrophe wird nach dem Ende des Kriegs nicht geführt. Sie lässt noch zwei Jahrzehnte auf sich warten. Auch deshalb ist die Floskel von der Stunde null ein Mythos.

Mit ihrer enormen Aufbauleistung üben die Deutschen gewissermaßen Wiedergutmachung an sich selbst. Ein Teil von ihnen mag tatsächlich unfähig sein, über die Untaten zu trauern, die meisten aber haben dazu einfach keine Zeit. Es gibt Wichtigeres, Dringenderes zu tun. Die psychischen Kosten dieser Ablenkung bleiben unbeglichen.

Nationalisten und Sozialisten

Nie wieder! Dieser Grundsatz bestimmt den Beginn des politischen Lebens in Bonn. Die Weimarer Republik war missbraucht worden von verfassungsfeindlichen, die Demokratie bekämpfenden und verachtenden Parteien. Daraus müssen nun Lehren gezogen werden.

Von den Siegermächten werden undemokratische Parteien nicht zugelassen, das versteht sich von selbst. Sie legen dann aber doch sehr lockere Maßstäbe an. Auch die Zersplitterung der Parteienlandschaft hatte ihren Anteil am Verhängnis der Weimarer Republik. An die 30 Parteien kandidierten in den Dreißigerjahren, ein Dutzend saß im Reichstag, was die Bildung stabiler Koalitionen praktisch ausschloss. Eine Reihe kleinerer Parteien zieht auch in den ersten Bundestag ein, verschwindet jedoch bald.

Ein in Deutschland neuer Parteityp entsteht. Die Volksparteien konkurrieren schon bald um die Mitte der Gesellschaft. Sie vereinigen in ihrer Blütezeit, die eins ist mit der Blütezeit der Bonner Republik, rund 90 Prozent der Wählerstimmen auf sich. Ihre Ausrichtung an der breiten Mitte begünstigt aber auch Populismus und führt zur programmatischen Konvergenz der beiden Volksparteien.

Zu Beginn der Ära Adenauer unterscheiden sie sich noch wesentlich stärker voneinander als heute. Die SPD muss sich erst noch von der Klassenpartei zur Volkspartei häuten. Auch die Gegensätze innerhalb der Parteien sind damals größer als heute. Das Ringen um die Grundentscheidungen der Republik macht die Debatten dramatisch und grundsätzlich. Es geht um Weichenstellungen, nicht bloß um Wahlerfolge und Karrieren.

Noch sind die Westdeutschen von der Überlegenheit des Kapitalismus keineswegs überzeugt. Sowohl die SPD wie auch die Unionsparteien verehren und verklären heute Politiker, die damals eine sozialistische Wirtschaftsordnung bevorzugt hätten.

Zu diesen Heiligenlegenden zählt Kurt Schumacher, der erste Vorsitzende der Nachkriegs-SPD, ein charismatischer Parteiführer, zudem schwer versehrtes Opfer nationalsozialistischer Folter. Das lässt ihn als unbeugsamen Moralisten erscheinen. In Deutschland »wird die Demokratie sozialistisch sein, oder sie wird gar nicht sein«, ruft er 1946 in einer seiner Volk und Vaterland pathetisch beschwörenden Reden. Er fordert die Enteignung der Großindustrie, der Banken, des Großgrundbesitzes und die Einführung staatlicher Planwirtschaft. Er träumt von einer »Synthese von Staat und Klasse«. Die SPD sieht er als Klassenpartei, als Partei der Industriearbeiter. Er spricht zwar nicht von einer *Diktatur des Proletariats,* aber doch vom Aufstieg des Proletariats zur Mehrheit und damit zur Herrschaft.

Schumacher verbindet Sozialismus mit dem nationalistisch

getönten Kampf für die Einheit des Landes. Mit ihr verknüpft er die Hoffnung, sie werde der SPD die unangreifbare Mehrheit bescheren. Auch als glühender Zentralist steht Schumacher in schlechter Tradition. Er gilt als Antikommunist, denn die Kommunisten sind seine Konkurrenten um die Führerschaft der proletarischen Massen. Auch deshalb bekämpft er die sowjetischen Teilungspläne. Aber das wichtigste Motiv seines Nationalismus ist das tiefe Trauma der Sozialdemokraten, in der Weimarer Republik als vaterlandslose Gesellen gegolten haben. Schumacher will den Nationalismus nicht den Bürgerlichen überlassen.

Er steht nicht allein: »Bei der Eroberung der Mehrheit des deutschen Volkes durch die Sozialisten bedarf es keiner politischen Revolution mehr. Diese Eroberung ist die Revolution«, schreibt eine andere Leitfigur der jungen Sozialdemokratie, der langjährige Fraktionsvorsitzende Fritz Erler. Schumacher hat auch Gegner in der SPD, die sich aber nicht durchsetzen können. Wilhelm Hoegner etwa, der bayerische Sozialdemokrat und Erzföderalist, den Schumacher zwingt, die Koalition mit der CSU im bayerischen Landtag zu verlassen und den Landesvorsitz abzugeben. Seines rüden und selbstgerechten Tonfalls wegen ist Schumacher bei den Alliierten unbeliebt. Sie hätten ihn als ersten deutschen Regierungschef niemals akzeptiert. In vielerlei Hinsicht ist er der Reaktionär, nicht Konrad Adenauer.

Die Verknüpfung sozialistischer und nationalistischer Gedanken ist auch in der CDU populär. Theoretisch begründen die christlichen Sozialisten ihre Politik nicht aus dem Marxismus, sondern mit der christlichen Soziallehre, gehen aber weit über sie hinaus. Vorstellungen von der Vergesellschaftung der Industrie und der Aufteilung des Grundbesitzes finden auch in der CDU Anhänger. Der Schumacher der CDU heißt Jakob Kaiser, auch er Preuße und Nationalist, auch er inzwischen eine Heiligenlegende. Eines der neuen Parlamentsgebäude in Berlin trägt seinen Namen.

Kaisers Karriere beginnt, als sich die ersten Vorsitzenden der in der sowjetischen Zone zugelassenen CDU, Hermes und Schreiber, gegen die Enteignung landwirtschaftlichen Bodens wehren und deshalb abgelöst werden. Mit Kaiser haben die Kommunisten keine Probleme. Er fordert, das »kommende Zeitalter … müsse … im Zeichen einer sozialistischen Ordnung stehen«. Er sieht das Ende des bürgerlichen Zeitalters für gekommen und hält das *Kommunistische Manifest* für »eine Großtat«. Das sind keineswegs nur opportunistische Töne gegenüber den Machthabern im Osten. Später, als Kaiser die (West-)Berliner CDU gründet, bleibt er bei seiner Auffassung.

Deutsch-national gestrickt, glaubt Kaiser, Deutschland müsse eine Sonderrolle spielen zwischen West und Ost, eine eigene Wirtschaftsordnung schaffen und eine Brücke zwischen den Blöcken bilden.

So wird er zum Hauptwidersacher Konrad Adenauers. Der antwortet ihm, das bürgerliche Zeitalter werde nie zu Ende gehen, weil die Menschen immer nach ihrer persönlichen Freiheit und persönlichem Besitz strebten. Adenauer spürt, welche Anziehungskraft von sozialistischen Ideen auf die neue, überkonfessionelle, christlich-bürgerliche Sammlungsbewegung ausgeht. Die sich, weil in Berlin residierend, schon wieder *Reichsleitung* nennende Führungscrew der Berliner und (noch) ostdeutschen CDU um Kaiser findet durchaus Zustimmung. Die *Reichstagung* der Christdemokraten aus allen Zonen in Bad Godesberg verfasst im Dezember 1945 eine Resolution, in der unverblümt von »Sozialismus aus christlicher Verantwortung«, »Wirtschaftslenkung« und »Verstaatlichung« die Rede ist.

Adenauer erscheint zunächst als der Schwächere. Deshalb

ist er zu Kompromissen in der Frage der künftigen Wirtschaftsordnung bereit. Noch hat er nicht Ludwig Erhard an seiner Seite, noch hat sich die Marktwirtschaft nicht durchgesetzt, noch spielt Adenauer auf Zeit. Als frisch gewählter Vorsitzender der CDU in der britischen Zone vermeidet er eine klare Position. »Die sich aufdrängende Frage der Vergesellschaftung von Teilen der Wirtschaft ist zurzeit nicht praktisch, da die deutsche Wirtschaft nicht frei ist«, erklärt er und fordert zugleich die Vergesellschaftung der Bergwerke. Er setzt darauf, dass die Alliierten im Ernstfall die sozialistische Planwirtschaft nicht zulassen würden. Er sieht es als Glück an, dass die Deutschen noch nicht souverän sind. Adenauer sucht einen Kompromiss mit den Linken, um das Auseinanderfallen der Partei zu verhindern. Hat er erst einmal den Machtkampf um die Führung gewonnen, wird er die Union schon in seine Richtung treiben, hofft er.

Der Konflikt mit der nationalistischen Berliner CDU Kaisers ist mehr als nur ein Machtkampf um die Führung der Partei. Den 71-jährigen Adenauer treibt nicht allein persönlicher Ehrgeiz, es geht ihm um mehr. Kaiser und seine Anhänger wollten »um fast jeden Preis die Reichseinheit erhalten«, klagt er. Das würde nichts anderes bedeuten, als den sowjetischen Einfluss auf ganz Deutschland zuzulassen.

Von diesem Kampf dringt kaum etwas an die Öffentlichkeit. Adenauer tut alles, um die Entscheidung hinter verschlossenen Türen zu suchen. Er ist sich seines Erfolges durchaus nicht sicher. Er kennt die Deutschen. Er kann nicht ausschließen, dass die öffentliche Meinung gegen ihn ausschlägt, wenn er offen ausspricht, worum es ihm tatsächlich geht. Lieber lässt er es bei dem Eindruck, es handle sich um einen gewöhnlichen Machtkampf. Er wird mit Tricks, Denunziationen und Intrigen geführt. Adenauer kommt auf der entscheidenden Sitzung der CDU-Landesvorsitzenden in Königstein im Februar 1947 auf einen angeblichen Berliner CDU-Stammtisch zu sprechen, an dem »schon wieder über die Aufstellung einer schwarzen Reichswehr« gefaselt werde. Kaiser hält mit nationalistischem Pathos dagegen. Er sei »vom Geschick auf diese Stelle gestellt«. Das cholerische Temperament des Berliners spielt dem kühl-raffinierten Adenauer in die Hände.

Die Gegensätze werden übertüncht. Eine Partei hat schließlich Wahlkämpfe zu organisieren und zu gewinnen. Der permanente Wahlkampf hilft Adenauer von Anfang an und zwingt die Partei dazu, den Konflikt zu dämpfen, ohne ihn wirklich zu beenden.

Jakob Kaiser hat starke Verbündete. Er wird im Ruhrgebiet begeistert empfangen, tritt dort mit voller Unterstützung der britischen Militärmacht auf – in London regiert schließlich Labor. Außer in Berlin steht auch in Frankfurt, im Südwesten und im Rheinland, dort vor allem dank des christlichen Gewerkschafters und späteren Ministerpräsidenten Karl Arnold, ein christlicher Sozialismus hoch im Kurs. Politiker wie Arnold denken an ein Bündnis mit der SPD.

Arnold ist auch maßgeblich an der Formulierung des ersten Grundsatzprogramms der CDU beteiligt, das für seine sozialistischen Töne berühmte Ahlener Programm vom Februar 1947. In seiner Präambel heißt es: »Das kapitalistische Wirtschaftssystem ist den staatlichen und sozialen Lebensinteressen des deutschen Volkes nicht gerecht geworden … Durch eine gemeinwirtschaftliche Ordnung soll das deutsche Volk eine Wirtschafts- und Sozialverfassung erhalten.« Wenigstens ist das unverbindlich genug formuliert, um Konrad Adenauer und Ludwig Erhard nicht daran zu hindern, die Weichen in eine andere Richtung zu stellen. Hans-Peter Schwarz weist darauf hin, dass das Programm im Wesentlichen sogar »ein Adenauer-Programm«[1] gewesen sei. Tatsächlich wird darin der Begriff *Sozialismus* vermieden. Sozialistische und liberale

Gedanken stehen unvermittelt nebeneinander. Arnold geht das nicht weit genug.

Von Beginn an ist eines entscheidend für Adenauer. Es geht ihm nicht zuerst um den Sieg des Kapitalismus, sondern um die Bekämpfung des Nationalismus. Er weiß, dass der Nationalismus nur zu überwinden ist, wenn Westdeutschland wirtschaftlich rasch genesen kann. Dazu braucht das Land die Kräfte des Marktes. Die Einheit wäre dagegen nur als sozialistische Einheit zu haben. Nationalisten und Sozialisten würden sich dann verbünden.

Das begreifen damals nur wenige. Auch unter den Opfern des Nationalsozialismus sind viele, die im Sozialismus das Heil sehen. Sie haben wenig verstanden von den tieferen Ursachen der Katastrophe. Hitler und seine Ideologie sind nicht wie ein Meteor aus den Tiefen des Weltalls auf die Deutschen gestürzt. Über Jahrzehnte hinweg hat dieses Volk »den Staat zum Götzen gemacht und auf den Altar erhoben. Die Einzelperson, ihre Würde und ihren Wert hat es diesem Götzen geopfert«, sagt Adenauer in seiner ersten großen Grundsatzrede als Parteivorsitzender und wettert gegen den »alten preußischen Geist«, den er in Schumachers SPD erkennen kann.

»Schon jetzt kann man, gleichgültig, wie die russische Politik werden wird, davon ausgehen, dass, wie vor 700 Jahren und früher, das östliche Deutschland vom westlichen Deutschland her von Neuem kultiviert werden muss, und zwar in wirtschaftlicher und in geistiger Hinsicht«, sagt er im Juni 1946 in einem privaten Gespräch. Was wie die Maßlosigkeit eines Preußenhassers anmutet, erscheint aus heutiger Sicht beinahe wie Prophetie.

Ihn plagt durchaus die Angst, die Westalliierten könnten die Vereinigung Deutschlands zulassen. Die Sowjetunion scheint »die nationale Flagge für Deutschland hochziehen zu wollen, da sie genau weiß, dass der Deutsche auf eine nationale These sehr schnell eingeht«, so Adenauer im August 1946 vor dem zonenübergreifenden Führungsgremium seiner Partei. Erst die Londoner Konferenz der Siegermächte im Dezember 1947 lässt die Teilung Deutschlands als sehr wahrscheinlich erscheinen.

Auch in anderen demokratischen Parteien sitzen Nationalisten und ehemalige Nazis. Gerade bei den Liberalen – was eigentlich ein Widerspruch in sich ist. Theodor Heuss, der spätere erste Bundespräsident, widersetzt sich zunächst der Gründung einer liberalen Partei, bevorzugt eine große, nicht sozialistische Volkspartei. Es sind vor allem antiklerikale Ressentiments, die schließlich die FDP zusammenschmieden. Die kleine Partei ist jedoch genauso heterogen wie SPD und Union. Das stärkste Gewicht haben die National-Liberalen, die ihre Partei rechts von der Union sehen. Schwächer ist der sozial-liberale Flügel. Anders als etwa in England oder in den USA hat der politische Liberalismus in Deutschland keine breite Basis. In der Bismarck-Zeit mutierten die Liberalen zu Nationalisten. Der Mangel an Liberalismus in Deutschland lähmt die deutsche Politik bis in die Gegenwart.

Eines unterscheidet die Gründergeneration von den parteipolitischen Eliten späterer Jahre. Was immer man von Konrad Adenauer, dem jungen Franz Josef Strauß, von Kurt Schumacher, Erich Ollenhauer, Carlo Schmid, Willy Brandt, Theodor Heuss und vielen anderen halten mag: Sie sind geprägt und geformt von existenziellen Erfahrungen, von Kriegsteilnahme, Gefangenschaft, Flucht und Exil. Ihre Leidenschaft ist nicht nur eine Funktion des Ehrgeizes. Ihr Augenmaß orientiert sich noch nicht allein an den Ergebnissen von Meinungsumfragen. Das Elend des Populismus grassiert noch nicht auf breiter Front. Damals setzten sich starke Persönlichkeiten leichter durch als heute.

Zum Beispiel kommt es noch wesentlich auf die Fähigkeit

zu freier Rede an. Parteitage sind damals noch keine Feldgottesdienste zur Herstellung und Pflege von Geschlossenheit, sondern wilde Richtungsschlachten. Parlamentsdebatten werden noch nicht von Fernseh-Talkshows zur Bedeutungslosigkeit verurteilt. Im Parlament schlägt das Herz der Demokratie. Nach oben führt nicht nur die Ochsentour. Das beste Beispiel dafür ist Ludwig Erhard.

Erhard ist nicht nur parteipolitisch unabhängig, sondern auch unabhängig von damals schon mächtigen Interessengruppen und Verbänden. Ihm fehlen die Erfahrungen des Parteipolitikers. Er ist nicht erpressbar, weil erkennbar ohne Ehrgeiz. Gerade deshalb kann er Weichen stellen. »Es war sein und vermutlich Westdeutschlands Glück, dass er in dem rasch vergänglichen Moment zur Stelle war, in dem der diktatorische Parteienstaat in Deutschland nicht mehr und der demokratische Parteienstaat noch nicht in Kraft waren.«[2] Der FDP, die ihm in die Politik hilft, gehört er nie an. In die CDU, der er dient, ohne sich ihr auszuliefern, tritt er nie ein, nicht einmal als Kanzler. Er hat es allerdings geschickt vertuscht; es kommt erst Jahrzehnte nach seinem Tod heraus.

Das Wunder, das keines ist

Ludwig Erhard gilt als der Vater des *Wirtschaftswunders*. Es zählt zum eisernen Bestand der nationalen Mythen. Wie alle Mythen enthält auch dieser einen wahren Kern, umgeben von einem Mantel des Vergessens und Verbiegens.

Es ist das Wesen eines Wunders, unerklärlich zu sein. Dieses Wunder aber ist erklärbar. Es gibt Gründe für den raschen Wiederaufstieg Deutschlands. Der Fleiß der Deutschen kommt begünstigend hinzu, entscheidend ist er nicht.

Zunächst lässt das Wunder auf sich warten. Die Deutschen

gehen einige Jahre lang durch ein Jammertal, doch ohne zu jammern. Die Lage scheint aussichtslos. 20 Millionen Obdachlose sind zu beherbergen, 40 Prozent des Wohnraums zerstört, zusätzlich 13 Millionen Vertriebene und Flüchtlinge zu versorgen und zu integrieren. Aber die enorme Bevölkerungszunahme ist einer der Faktoren, die der Wirtschaft bald helfen, das Wachstum zu bewältigen.

Ein weiterer günstiger Umstand besteht darin, dass das Ausmaß der Zerstörung in der Industrie verhältnismäßig gering ist. Beispielsweise haben bei Volkswagen mehr als 90 Prozent aller Maschinen Bombardierung und Plünderung heil überstanden. Die Nazis hatten enorm investiert und modernisiert, nun sind die Fabriken zu einem Drittel nicht einmal fünf Jahre alt. Deshalb erreicht die Produktion bereits 1950 wieder den Vorkriegsstand und verdoppelt sich in den folgenden zehn Jahren.

Ein anderer Faktor ist, zynisch gesagt, ebenfalls den Nazis zu verdanken. Deutschland ist sehr homogen. »Seit 1989 ist klarer geworden, in welchem Maße die Stabilität Nachkriegseuropas auf den Taten Stalins und Hitlers beruhte. Diese beiden Diktatoren haben gemeinsam ... das demografische Terrain eingeebnet, auf dem dann das Fundament zu einem neuen, weniger komplizierten Kontinent gelegt wurde.«[3]

Noch 1947 sieht es nach allem aus, nur nicht nach einem Wunder. Eine Kältewelle, Versorgungsprobleme, Hunger sind zu bewältigen. Die deutsche Wirtschaft wird – ein weiterer Glücksfall – zu einem Instrument der alliierten Außenpolitik. Die USA verzichten auf Reparationen, leisten stattdessen Hilfe. Dahinter steht auch die Erfahrung, dass der Versailler Vertrag nach dem Ersten Weltkrieg dem Kontinent keinen Frieden bringen konnte, weil Vergeltung keine Basis für die Zukunft ist. Die Ausweitung des »Europäischen Wiederaufbauprogramms«, besser bekannt als Marshallplan, auf das besiegte Westdeutschland dient 1948 dem Ziel, eine stabile Demokratie auf deutschem Boden zu bilden.

Die Währungsreform ist gleichbedeutend mit der Einführung der Marktwirtschaft. Sie ist keineswegs so unumstritten, wie es der Wirtschaftswundermythos erzählt.

Die »Wundertäter« des Wirtschaftswunders sind zunächst einmal Industrieführer und ihre Netzwerke, die dem Nationalsozialismus zumindest am Anfang sehr gewogen oder in ihn tief verstrickt waren. Diese »diskreditierte Mannschaft« ist sowohl »Schöpfer wie Nutznießer des Wirtschaftswunders«[4]. Die politischen Rahmenbedingungen aber schaffen vor allem ein Betriebswirtschaftsprofessor namens Ludwig Erhard und seine liberalen Ratgeber. Er setzt sein Programm gegen starken Widerstand aus allen Parteien, vor allem aber aus den Reihen der Sozialdemokraten, nahezu im Handstreich durch.

Als Kandidat der FDP wird Erhard Direktor der Verwaltung für Wirtschaft der wirtschaftlich vereinigten amerikanischen und britischen Zonen. Gewichtige Teile der CDU opponieren gegen ihn, auch Adenauers Widersacher Jakob Kaiser. Um des lieben Friedens willen, nicht aus Überzeugung, akzeptiert ihn die CDU. Politiker, die sich in einem künftigen deutschen Staat höhere Würden ausrechnen, unterschätzen und verschmähen das Amt. Es fällt Erhard zu, als sein Vorgänger, der CSU-Politiker Johannes Semler, wegen allzu aufmüpfiger Rede gegen die Alliierten entlassen wird. Erhard überschreitet sogleich seine Machtbefugnisse. Eingesetzt als Chef einer planwirtschaftlichen Behörde, deren Aufgabe es ist, Preise lebenswichtiger Güter festzusetzen, tut er genau das Gegenteil. Er gibt Preise frei.

Von Erhard stammt das Konzept der *sozialen Marktwirtschaft* nicht. Aber er setzt es durch. Erhard ist nicht der überragende ökonomische Theoretiker, zu dem er später verklärt wird. Grundlegende Ideen übernimmt er von der *Neoliberalen Schule*. Diejenigen, die heute *neoliberal* als Schimpfwort benutzen, haben keine Ahnung von ihr, und diejenigen, die sich heute für neoliberal halten, auch nicht. Die Neoliberalen, oder auch *Ordoliberalen,* zu denen Alfred Müller-Armack zählt, der Erfinder des Begriffs *Soziale Marktwirtschaft,* teilen damals die Kritik am ungezügelten Kapitalismus. Sie glauben aber auch nicht, dass der Staat die Wirtschaft dirigieren könne, sondern fürchten, ohne die Freiheit des Marktes verfalle die Gesellschaft kollektivistischen Ideologien. Für sie hat *sozial* eine völlig andere Bedeutung als im heutigen Sprachgebrauch. Der *Sozialstaat* ist nicht dazu da, Transfereinkommen zu garantieren, sondern den Wettbewerb vor Kartellen und Monopolen zu schützen. Nur eine Gesellschaft, in der Eigentum breit gestreut ist, ist sozial. Das ist die Grundüberzeugung der Ordoliberalen. Deshalb muss der Staat in der sozialen Marktwirtschaft Freiheitsräume für Privatinitiativen schaffen. Er darf mit seiner Steuerpolitik diese Freiheitsräume nicht einschränken, aber auch keine Wirtschaftspolitik betreiben, die überwiegend den Konzernen dient. Die soziale Marktwirtschaft ist *sozial,* weil sie der Gesellschaft (societas) dient. In der sozialen Marktwirtschaft hat die Freiheit eindeutig Vorrang vor Gleichheit. Die Vorstellung einer sozialen Marktwirtschaft ist »unvereinbar mit der eines Sozial- und Wohlfahrtsstaats«[5].

Die Ordoliberalen lehnen Sozialpolitik nicht ab, glauben aber, dass sie nur ein Sicherheitsnetz sein dürfe. Wilhelm Röpke, ebenfalls ein Vertreter der Freiburger Schule, schrieb, »die staatlich organisierte Massenfürsorge sei die Prothese einer durch Protektionismus verkrüppelten Gesellschaft, ein Notbehelf angesichts der wirtschaftlich-moralischen Unmündigkeit … Die Dringlichkeit der Massenfürsorge nehme aber in dem Maße ab, in dem die Möglichkeit der Bürger steige, selbst

Vorsorge zu treffen.«[6] Die Neoliberalen halten die Marktwirtschaft für human. Eigentlich ist der Begriff *soziale Marktwirtschaft* ein Pleonasmus.

Die Neoliberalen denken nicht nur ökonomisch. Für sie ist die Freiheit des Marktes eine Voraussetzung der Demokratie und Schutz vor Diktatur. Anders sehen es die Sozialisten, auch unter den Christen. Sie kritisierten am Neoliberalismus die Dominanz der Freiheit vor dem Wert der Gleichheit. Heute beteuern alle Parteien, sogar die Linke, auf dem Boden der sozialen Marktwirtschaft zu stehen. Es ist die Beschwörung eines Mythos, dessen geistiges Fundament verschüttet ist. Das Credo Erhards lautete anders. »Ich will mich aus eigener Kraft bewähren, ich will das Risiko des Lebens selbst tragen, will für mein Schicksal selbst verantwortlich sein. Sorge Du, Staat, dafür, dass ich dazu in der Lage bin.«[7]

In der Wirtschaftsverwaltung Erhards reicht das Meinungsspektrum vom Marxismus bis zum Liberalismus. Die Planwirtschaftler sind zunächst sogar im Vorteil. Denn nach dem Zusammenbruch ist es die vordringliche Aufgabe der Behörde, die unmittelbare Not zu bewältigen. Lebensmittelkarten und Bezugsscheine organisieren den Mangel. Deutschland bewegt sich ökonomisch am Rande der Anarchie, denn ohne Tauschhandel und Schwarzmarkt könnten viele Deutsche nicht überleben. Das System der Rationierung haben bereits die Nazis eingeführt. Preisstopps gibt es seit 1936, Lohn- und Gehaltsstopps seit Oktober 1939; sie werden beibehalten. Erhard selbst beklagt bereits 1948 die marktfeindliche Wirtschaftsordnung. Die Sozialisierung findet Unterstützung in beiden Volksparteien.

Was ist Erhards Programm? Ehrliche Arbeit soll sich lohnen. Stabiles Geld ist die Voraussetzung dafür. In einer Ordnung, die den Leistungswillen der Bevölkerung unterstützt, sieht er den besten Weg. Dagegen wäre eine »persönlichkeitstötende Gleichmacherei ein falsch verstandenes Ethos, das niemandem helfen, dem ganzen Volk aber schaden und den Weg in eine bessere Zukunft verbauen würde«, sagt er in seiner Antrittsrede 1948.

Erhard informiert nicht einmal die Militärregierung darüber, dass er ein Gesetz vorbereitet, das sogenannte *Leitsätze-Gesetz,* das es ihm nach der Währungsumstellung erlaubt, Preisvorschriften und Bewirtschaftungsrichtlinien nach Belieben in Kraft oder außer Kraft zu setzen. Dieses Gesetz »stellt die weitestgehende Ermächtigung dar, die in Deutschland bisher erteilt wurde, lässt man das (die Verfassung sprengende) nationalsozialistische Ermächtigungsgesetz vom März 1933 außer Acht«[8]. Fast könnte man sagen, für kurze Zeit und bevor es die Bundesrepublik überhaupt gibt, übt Erhard auf die deutsche Politik eine Kraft aus, als sei er ein Diktator.

War Adenauer ein Therapeut, so ist Erhard ein Chirurg. Ihm ist klar, dass die Währungsreform nur gelingen kann, wenn sie mit dem Ende staatlicher Wirtschaftslenkung einhergeht. Das Skalpell in seiner Hand ist das *Leitsätze-Gesetz.* Erhard erzählt, er habe »heimlich und leise in meinen Schubladen« die vorbereiteten Aufhebungen der staatlichen Bewirtschaftung gesammelt. »Die Mahnungen und Befürchtungen in meinem eigenen Beamtenapparat zerstreute ich mit der Ausrede, dies geschehe nur für alle Fälle. Natürlich konnte ich mich gar nicht mit der Militärbürokratie verständigen, denn die hätte noch weniger Verständnis dafür gehabt und ich noch weniger Einfluss. Und dann, am Sonntag der Währungsunion, habe ich die Aufhebung der Bewirtschaftung verkündet in der sicheren und richtigen Annahme, dass am Sonntag keine Verwaltungsbürokratie arbeitsfähig ist. Dann war's geschehen.«[9]

Am 21. Juni 1948 ist es so weit. Die Reichsmark wird ungültig. Die Deutsche Mark ist jetzt Zahlungsmittel. Jeder Deutsche startet mit einem Kopfgeld von 40 DM, im August kommen weitere 20 DM dazu, nicht wenig bei einem durchschnittlichen Monatsverdienst von 160 DM. Arbeitgeber erhalten ebenfalls 60 DM pro Beschäftigtem. Milliarden von Reichsmark in den Taschen der Schwarzmarkthändler werden wertlos, denn das schwarze Geld ist nirgends registriert und kann deshalb nicht umgetauscht werden.

Über Erhards weitgehende Aufhebung der Preisbindung sind Engländer und Franzosen empört, der amerikanische Militärgouverneur Lucius D. Clay stellt ihn zur Rede und will wissen, warum er eigenmächtig die Vorschriften abgeändert habe. Erhards Antwort: »Ich habe sie nicht abgeändert, ich habe sie aufgehoben!« Doch die Amerikaner akzeptieren. Lediglich die Preise für Grundnahrungsmittel, Rohstoffe und einige Dienstleistungen werden vorläufig nicht freigegeben.

Offiziell gilt die Reichsmark noch in allen vier Zonen. Zahlreiche Politiker im Westen sprechen sich für eine einheitliche Währungsreform aus. Ludwig Erhard hält dagegen: »Für alle vier Zonen lässt sich wohl eine einheitliche Währungsreform, aber dann nicht eine einheitliche Wirtschaftsführung erzielen. Die kollektivistische Wirtschaft wird über die demokratische Marktwirtschaft siegen. Zum Schluss hätten wir dann doch den kollektivistischen Bazillus bei uns.« Erhard stimmt mit Adenauer überein. Freiheit im größeren Teil Deutschlands ist der Unfreiheit in einem vereinten Deutschland vorzuziehen. Drei Tage später führt die Sowjetunion in ihrer Zone eine eigene Währung ein und verhängt die Blockade Berlins. Die Währungsreform ist gleichbedeutend mit der endgültigen Teilung Deutschlands.

Tatsächlich geht das Kalkül Erhards auf, und über Nacht sind Schaufenster und Regale voller Waren. Händler und Produzenten haben sie zurückgehalten. Aber noch steht ein schwieriges halbes Jahr bevor. Zunächst steigen die Preise. Die Inflationsrate klettert auf gespenstische 40 Prozent. Die

Produktion kann mit der Konsumfreudigkeit der Deutschen nicht mithalten. Es kommt hinzu, dass zwar die Preise freigegeben sind, aber nicht die Löhne. Sie bleiben erst einmal auf dem Niveau, auf dem sie sind. Es profitieren also zunächst nur die Unternehmer von der neuen Freiheit. Aber genau das wird sich rasch in einen Vorteil wandeln. Die hohen Gewinne werden in die Ausweitung der Produktionskapazität investiert. Schwerer noch zählt, dass die Arbeitslosigkeit explosionsartig zunimmt und sich bis Dezember verdoppelt. Damit musste Erhard rechnen. Wegen des Lohnstopps und des geringen Geldwerts beschäftigten viele Firmen bisher mehr Mitarbeiter, als sie benötigten.

Die Deutschen protestieren und streiken, der politische Druck auf Erhard wächst. Auch der Gewerkschaftsflügel der Union attackiert ihn. Karl Arnold fordert, ihm das Recht der Preisfreigabe zu entziehen. Selbst Adenauer kritisiert Erhard öffentlich dafür, zu wenig Rücksicht auf »politische Dinge« zu nehmen, sprich, die Chancen der Union bei den nächsten Landtagswahlen zu schmälern. Adenauer will Erhards Politik abmildern. Erhard bleibt stur, er lässt sich nicht beirren: »Aus dem hysterischen Gekeife der Kollektivisten aller Sorten spricht die schlotternde Angst, dass sich das Volk der Fessel, der geistigen Bevormundung und Tyrannei einer ebenso machthungrigen wie seelenlosen Bürokratie und Bonzokratie entziehen könnte.« So deutlich, so polemisch wagt heute kein Politiker zu sprechen. Erhard versteht die Wirtschaftsreform als Erziehungsprogramm. Der Markt soll den Deutschen die Demokratie vermitteln. Aber dazu muss er erst einmal funktionieren. Noch sieht es so aus, als würde ein Chaos nur durch das nächste abgelöst.

Schon im ersten Winter nach der Währungsreform gibt die Entwicklung ihm recht. Die Preise bleiben stabil, die Arbeitslosigkeit sinkt.

Exkurs: Sozialpolitik in deutscher Tradition

Die Sozialversicherungsträger hatten seit 1938 drei Viertel ihres Vermögens in Staatsanleihen und Immobilien angelegt und damit ihre materielle Basis verloren. Nur mithilfe von Bankkrediten und anderen Zuwendungen können sie auf bescheidenem Niveau nach dem Krieg Zahlungen leisten.

Spätestens die Währungsreform müsste Grund und Anlass sein, die sozialen Sicherungssysteme in Westdeutschland grundlegend zu überdenken und auf eine neue Basis zu stellen. Davon aber ist nicht die Rede. Der Sozialstaat kennt keine Stunde null. Das seit Bismarck existierende System wird übernommen und sehr bald kräftig ausgeweitet. Es ist eine der Erbsünden der Bonner Republik.

Aber Weitsicht ist in dieser Beziehung nicht gefragt. Denn die Sozialpolitik gehört zu den Mitteln der großen Therapie. Nie wieder sollen große Teile der Bevölkerung verarmen und totalitären Rattenfängern in die Arme getrieben werden. Deshalb soll der künftige Staat ein annähernd perfekter Sozialstaat sein. Die sozialen Leistungen des Staates sollen auch die Bürger mit dem neuen politischen System versöhnen, die vor 1945 noch Feinde der Demokratie gewesen sind.

Dieses Motiv ist nicht neu. Bismarcks bahnbrechende Sozialgesetzgebung sollte die Massen mit dem undemokratischen Reich versöhnen. Sozialpolitik sollte die Untertanen ruhigstellen, vor allem in der auf die Reichsgründung folgenden Wirtschaftskrise. Sie sollte die Herrschaft der Aristokratie und der neuen Wirtschaftseliten absichern, den politischen Kampf gegen die Linke flankieren, das Zuckerbrot sein, das die Peitsche erträglich machte. Eine leicht durchschaubare, trotzdem erfolgreiche Strategie.

Ein von der Linken und den Gewerkschaften bis heute gerne verbreitete Legende erzählt, der Sozialstaat sei auf Druck der Arbeiterbewegung entstanden. Eher ist es umgekehrt: Bismarck suchte nach einer Methode, die Arbeiterschaft an das Reich zu binden und die Gefahr des Klassenkampfes zu verringern. Es ging ihm darum, den Ruf nach Demokratie zu dämpfen. Sozialpolitik war ein Handel: Sicherheit gegen Freiheit.

Das Sicherheitsbedürfnis war mit der Industrialisierung gestiegen, die Arbeit in den Fabriken brachte neue Risiken und Gefahren mit sich. Die Industriearbeiter waren die Zielgruppe des Krankenversicherungsgesetzes (1883), des Unfallversicherungsgesetzes (1884) und des Invaliditäts- und Alterversicherungsgesetzes (1889). Sehr viel später kamen nur noch die Arbeitslosenversicherung (1927) und die Pflegeversicherung (1995) dazu.

Die Wirtschaftskrise nach der Reichsgründung von 1871 spielte Bismarck in die Hände. Der freie Markt schien die Probleme nicht lösen zu können. Staatliche Interventionen ließen sich leicht begründen. Mit Bismarcks Sozialgesetzgebung begann eine Entwicklung, in deren Verlauf sich der Staat immer mehr Aufgaben aufbürdete und zugleich anmaßte. Oder um es mit Paul Kirchhof [10] zu beschreiben: Die Bürger holen sich zu ihrem Schutz das neunköpfige Seeungeheuer Hydra. Zu spät spüren sie, dass es zur Bedrohung wird. Aber wo man ihm einen Kopf abschlägt, wachsen sogleich zwei neue, gefräßigere nach. Deutschland wird seit Bismarck bedroht von einem demokratisch verbrämten Staatssozialismus, den der liberale Reichstagsabgeordnete Ludwig Bamberger 1884 auf den Punkt brachte: »So wird das berühmte neue Ideal verwirklicht, das da lautet: Der Schwache muss geschützt, der Starke muss zerbrochen werden.«

Seit Bismarck also ist in Deutschland das nationale Weltbild eng verbunden mit einem hoch bürokratisierten, umverteilenden und gleichmacherischen Staat. Selbst in der offenen, demokratischen Gesellschaft behauptet sich Sozialpolitik als

Überrest eines gängelnden Obrigkeitsstaats. Die Mehrheit der Wähler kann und will sich eine Befreiung von ihm gar nicht vorstellen. Sie entwickelt Ansprüche, aus denen der Staat wiederum sein Recht ableitet, tief in die Lebensführung der Bürger einzugreifen. Zum Beispiel ist »der Ruhestand als eigenständige, in sich abgeschlossene und von anderen unterscheidbare Lebensphase eine sozialpolitische ›Erfindung‹ par excellence, denn ohne materielle Absicherung war es nicht denkbar, aus dem Erwerbsleben vollständig auszuscheiden«[11]. Erst heute – unter der Last des Jugendwahns und der Arbeitslosigkeit – ist zu spüren, welcher Zwang auf den Einzelnen (wie auf die Gesellschaft) ausgeübt wird, wenn eine willkürlich festgelegte Altersgrenze die Betroffenen entweder über ihre Leistungsfähigkeit hinaus quält oder sie zu altem Eisen stempelt. »Vom Mutterschutz bis zur Rente. Der Sozialstaat ist niemals nur Wohltat, sondern immer auch Zwang und Eingriff in individuelle Lebensplanung. Und immer enthält der Sozialstaat einen utopischen Gedanken, weil man immer davon ausging, unerwünschte Entwicklungen ausschalten zu können.«[12]

Das gilt bis heute. Die Frage, mit welchen Mitteln eine individualisierte, in vielfacher Hinsicht zergliederte und zerrissene Gesellschaft zusammengehalten werden kann, wird von der Politik noch immer vorwiegend sozialpolitisch beantwortet. Die Bürger sollen materiell an ihren Staat gebunden, ja von ihm abhängig gemacht werden. Doch verfehlt diese Politik am Ende beide Ziele, das der Freiheit und das der Gerechtigkeit.

Der Sozialstaat ist niemals in der Lage, schwere wirtschaftliche Verwerfungen zu kompensieren, im Gegenteil, er ist solchen Verwerfungen selbst ausgesetzt. Er war auch in der Weimarer Republik nicht in der Lage, die Demokratie zu retten. Aber Sozialpolitik war ein wichtiges Instrument für Hitler, das deutsche Volk an sich zu binden.[13]

Adenauers Republik steht in dieser Tradition. Die Nazis

und ihr Volk sollten sozialpolitisch domestiziert und für die Demokratie gewonnen werden. Nicht anders wird Helmut Kohl 1990 verfahren. Die DDR-Kommunisten und ihre Mitläufer sollen mit sozialpolitischen Maßnahmen mit dem Kapitalismus versöhnt werden. So aber kann die viel beschworene *innere Einheit* nur scheitern.

1949–1957
Konrad Adenauer
Therapeut
im Kanzleramt

Keine Rede kann davon sein, dass Demokratie genau das ist, wonach die Deutschen sich nun mit ganzem Herzen sehnen. Von Hitler sind sie kuriert, das schon, aber eine Art Moses wäre auch willkommen, der sie mit starker Hand hinausführt aus dem Jammertal in ein Gelobtes Land. Keine Rede kann davon sein, dass die Deutschen auch nur eine ungefähre Ahnung davon hätten, was das ist: eine offene Gesellschaft. Keine Rede davon, dass sie auch nur in der Lage dazu wären, die ganze Wahrheit über die gerade zu Ende gegangene Barbarei zu begreifen. Sie hatten nichts gegen Hitler, solange er sie nicht ins Elend führte. Ein Viertel der Deutschen plädiert noch 1950 für einen Einparteienstaat. Zehn Prozent der Bevölkerung glauben, dass Hitler der Staatsmann ist, der für die Deutschen am meisten getan hat.

Adenauer hat gute Gründe, den Deutschen zu misstrauen. Er wenigstens hält Kurs zwischen Scylla und Charybdis, zwischen Nationalismus und Kommunismus. Diesem Odysseus muss man nicht die Ohren mit Wachs verstopfen, um ihn vor verhängnisvollen Sirenengesängen zu bewahren. Viele seiner Gefährten dagegen sind gefährdet. Wie alle echten Konservativen glaubt er nicht an die Kraft der Vernunft. Reaktionär aber ist dieser alte Mann nicht. Das sind andere, die sich für linke Patrioten halten. Sie glauben, ein geläutertes Volk könne an die Weimarer Republik anknüpfen. Adenauer glaubt es nicht.

Die Orientierung der Deutschen auf Konsum und Karriere kommt ihm gerade recht. Der illusionslose Realist sieht in ihnen noch keine mündigen Bürger. Es ist ein Glück, dass dieser skeptische Misanthrop das zerstörte Land durch die ersten Jahre steuert. Weil die Mentalität, die Hitler möglich gemacht hat, nicht in wenigen Jahren auszukurieren ist, müssen Vorkehrungen getroffen und Fakten geschaffen werden, die sie unschädlich werden lässt. Adenauers Ziel ist es, die Deutschen widerstandsfähig zu machen gegen totalitäre und kollektivistische Anfechtungen.

Er wendet Mittel an, die nicht aus dem Poesiealbum für Demokraten stammen. Er vernachlässigt die geistige Liberalisierung des Landes, das werden andere nachholen müssen, aber er tut, was er tut, im Namen und im Sinne der Freiheit. Die Deutschen lernen die Demokratie vor allem in Gestalt ihres Patriarchen schätzen. Kaltschnäuzig überfährt er Parteigremien und Parlament, peitscht durch, was ihm nötig scheint, vor allem die alles entscheidende Bindung der Bundesrepublik an den Westen.

Wie kommt es, dass Adenauer so mächtig wird? Sein Alter ist zu nennen. Niemand, weder die Siegermächte noch seine Wähler, kommt auf die Idee, der 73-Jährige könne sich zu einem neuen Führer aufschwingen. Niemand vermutet, Adenauer werde noch eineinhalb Jahrzehnte lang die Geschicke der Deutschen bestimmen. Er gilt in jeder Hinsicht als ein Mann des Übergangs.

Mit dem Alter verbunden ist seine Erfahrung. Adenauer kann Brücken schlagen zwischen der ersten, missratenen und der zweiten, den Deutschen von den Siegern verordneten Demokratie. Er war schon in der Weimarer Republik auf Reichsebene ein bekannter Politiker, war sogar als Kanzlerkandidat gehandelt worden, und ist als Oberbürgermeister von Köln verwaltungserprobt. Das braune Regime hat er bekämpft.

Er ist kein einfacher Charakter. Schroffheit und Kälte werden gemildert vom freundlichen Klang des rheinischen Idioms und von der raffinierten Schlichtheit seiner Sprache. Solange der neue Staat noch nicht viel gelten kann, ersetzt Adenauer seine Autorität. Er schafft es, mit dieser Demokratie identifiziert zu werden. Die neue Republik ist Adenauerland. Wie die Graugänse auf Konrad Lorenz, werden die Deutschen auf Adenauer geprägt.

Der Parteienstreit ist damals viel härter als heute, aber die Deutschen fühlen sich ihm nicht ausgeliefert. Es gibt, so scheint es, eine Instanz darüber: Konrad Adenauer. Unter seiner Leitung üben die Westdeutschen jedoch auch Einstellungen und Verhaltensweisen ein, die ihnen Jahrzehnte später schwer zu schaffen machen werden. Auch das Grundgesetz stellt manche Weiche in eine falsche Richtung.

Nie wieder Weimar

Die Deutschen benötigen nicht nur kluge Politik, sondern auch feste Regeln, die einen Rückfall verhindern. Erklärtes Ziel der westdeutschen Verfassungsväter ist es, nie wieder Weimarer Verhältnisse zuzulassen. Ihre Verfassung ist auch ein Spiegel ihrer Ängste.

Der Begriff *Verfassung* wird sorgsam vermieden, eine Konzession an diejenigen, die von der Wiedervereinigung träumen. Mit einer Verfassung verbunden ist die Vorstellung dauerhafter Gültigkeit. Die Bezeichnung *Grundgesetz* dagegen klingt provisorisch. Von einer »Übergangszeit« ist in der Präambel die Rede. Wenigstens gibt es ein *Verfassungsgericht.* Es gibt allerdings Demokratien wie die britische, die weder Verfassung noch Grundgesetz kennen, aber gemessen an den deutschen Versuchen mit der Freiheit schon ewig dauern.

Eine selbstsichere Demokratie würde ihre Verfassung dem Volk zur Abstimmung vorlegen. Doch nicht einmal der Parlamentarische Rat, der das Grundgesetz in Bonn unter Adenauers Vorsitz beschließt, ist unmittelbar vom Volk gewählt. Er legt das Grundgesetz den Landtagen zur Annahme vor. Die Landtage maßen sich verfassunggebende Gewalt an, obwohl sie von den Wählern dafür keinen Auftrag haben. Begründet wird das undemokratische Verfahren damit, dass nicht das ganze Volk mitstimmen könne. Gehandelt werde auch für jene Deutschen, »denen mitzustimmen versagt war. Das gesamte Deutsche Volk bleibt aufgefordert, in freier Selbstbestimmung die Einheit und Freiheit Deutschlands zu vollenden.«

Es bleibt ein Paradox, dass das Staatsvolk mit der demokratischen Verfassung nicht befasst wird. Unverhohlener können die Parteien ihr Misstrauen gegenüber dem Volk kaum ausdrücken. Es wird auch 41 Jahre später keine in freier Entscheidung beschlossene Verfassung das Grundgesetz ablösen, wie es Art. 146 GG vorsieht. Erneut wird die Regierung dem Volk misstrauen.

Nie wieder Weimar! Auch der Verzicht auf plebiszitäre Elemente ist nichts anderes als übertriebene Vorsicht vor der Verführbarkeit des Volks. Nicht einmal das Staatsoberhaupt, geschweige denn den Regierungschef darf es direkt wählen. Die Parteien maßen sich damit ein Übermaß an Macht an.

Die Nie-wieder-Weimar-Maxime ist am deutlichsten daran

zu erkennen, wie gründlich das Grundgesetz Macht verteilt, sie ausbalanciert und kontrolliert, und zugleich zu verhindern sucht, das Land so unregierbar werden zu lassen wie einst die Weimarer Republik. Auch das ist ein Widerspruch. Gut regierbar ist ein Land mit starken Regierungen. Das Grundgesetz wirkt klaren Mehrheiten für die jeweils stärkste Partei entgegen, macht es jedoch zugleich schwer, schwache Regierungen abzulösen. Kanzler sind – zwischen den Wahlen – nur aus dem Amt zu entfernen, falls sich die Mehrheit des Bundestags auf einen anderen Kanzler einigt und ihn mit Hilfe des *konstruktiven Misstrauensvotums* wählt.

Minderheitsregierungen hätten keine Chance. Sie könnten mit einfachen Verordnungen nicht das Geringste bewegen, denn in Deutschland muss alles gesetzlich geregelt, also vom Parlament verabschiedet sein. Das könnte in einem Parlament mit fünf Fraktionen, wie es gegenwärtig der Fall ist, mit weiter erodierenden Volksparteien, in einem Parlament also mit erschwerter Mehrheitsbildung zu einem ernsten Problem werden. Wenn Dreierkoalitionen nicht zustande kommen und Minderheitsregierungen nicht möglich sind, erzwingt die Verfassung die unbeweglichste aller Koalitionen: die Große.

Das wirkungsvollste Instrument der Machtteilung aber ist das Wahlsystem. Die Mischung aus Mehrheitswahl und Verhältniswahl lässt nur einmal, 1957, die absolute Mehrheit einer Partei zu. Alle anderen Regierungen sind Koalitionen. Je mehr Parteien im Parlament sind, desto schwerer ist die Regierungsbildung. Die Fünf-Prozent-Klausel verhindert den Einzug vieler kleiner Parteien ins Parlament. Sie gilt seit der zweiten Bundestagswahl 1953.

Das Grundgesetz teilt die Macht nicht nur wie üblich zwischen Parlament, Regierung und Justiz. Auch die Länder können im Bundesrat Gesetze des Bundes blockieren. Häufig genug verfügt die Bundestagsopposition im Bundesrat über die Mehrheit. Nicht selten verhindern Ministerpräsidenten aus den Reihen der Regierungsparteien Pläne der Bundesregierung. Das hat, wie sich zeigen wird, erhebliche Nachteile. Grundsätzlich ist es die richtige Schlussfolgerung aus der Katastrophe. Mit Preußens Hegemonie über die im Bruderkrieg besiegten deutschen Länder beginnt der nationalstaatliche Irrweg der Deutschen. Föderalismus muss ein Grundprinzip der neuen Republik sein.

Der Bundespräsident kann nicht wie einst der preußische General Hindenburg im Amt des Reichspräsidenten die Demokratie mit Notverordnungen aushebeln. Die Bundesrepublik wird von einem machtlosen Staatsoberhaupt repräsentiert. Er ist nicht Überkanzler, sondern allenfalls Notar der Republik.

Unter dem Nie-wieder-Gesichtspunkt erweist sich das neue politische System als gut und vernünftig. Ältere Demokratien wie die britische und amerikanische legen freilich weniger Wert auf Machtteilung als auf Machtwechsel. In den USA werden dem Präsidenten nur zwei Wahlperioden zugestanden. Das wäre auch für deutsche Kanzler wünschenswert. Weder Adenauer noch Kohl taten dem Land in ihrer jeweils dritten und vierten Amtszeit gut. Amerikanische Präsidenten können ihre begrenzte Zeit jedoch intensiv nutzen; gegenüber dem Parlament haben sie mehr Macht als die Bundeskanzler. In Großbritannien hat die regierende Partei dank des Mehrheitswahlrechts immer die absolute Mehrheit im Unterhaus. Dort haben alle Abgeordneten ihren Wahlkreis gewonnen. In Deutschland kommt die Hälfte der Volksvertreter von Parteilisten. Sie werden de facto nicht von den Wählern, sondern von Parteidelegierten in den Bundestag entsandt. Ihrer Partei verdanken sie alles. Das mindert ihre vom Grundgesetz garantierte Unabhängigkeit erheblich. Die Zweitstimmen für Parteilisten entscheiden im Übrigen allein über die Mehrheitsverhältnisse im Bundestag. In Deutschland wählen die Bürger, ohne genau zu wissen, welche Regierungskoalition am Ende herauskommen wird. Auch deshalb haben klare Konzepte, entschiedene Reformen kaum eine Chance. Sie werden zwischen den jeweiligen Koalitionsparteien zu kümmerlichen Kompromissen zerrieben.

Was die USA und Großbritannien letztlich von Deutschland unterscheidet, ist Vertrauen in die Demokratie. Dort werden ein mächtiger Präsident und die Regierung einer einzigen Partei nicht für gefährlich gehalten, sondern für wünschenswert. Man wird sie ganz sicher wieder los. Die Deutschen werden jedoch keine der beiden Volksparteien jemals wirklich los. Irgendwo und irgendwie regieren sie immer mit. Aber keine Partei kann ihre Pläne wirklich umsetzen.

Insgesamt gilt das Grundgesetz als großer Wurf, auf den die Westdeutschen stolz sind. Nur wenige Bürger interessieren sich 1949 dafür. Sie haben anderes im Kopf als Politik. Sie sind, glauben sie, von Politik kuriert. Hatte ihnen doch *die Politik* das ganze Elend beschert. So schnell gewinnt deshalb keine Partei ihr Vertrauen. Hohe Wahlbeteiligung ist in jenen Jahren weniger ein Bekenntnis zur Demokratie denn ein alter Reflex. Der deutsche Untertan tut, was von ihm verlangt wird. Parteipolitik aber bleibt diskreditiert.

Die Zustimmung der Deutschen muss Adenauer sich also erst erarbeiten. Seinen Wahlsieg verdankt er Ludwig Erhard. Mit einer einzigen Stimme mehr als erforderlich, wird er am 15. September 1949 zum Kanzler gewählt. Acht Jahre später wird er zum einzigen Mal in der Geschichte der Bundesrepublik die absolute Mehrheit für eine Partei gewinnen. 1949 liegen Union (31 Prozent) und SPD (29,2 Prozent) noch fast gleichauf, gefolgt von der FDP (11,9) Prozent. Die Parteienlandschaft ist nach der ersten Bundestagswahl unübersichtlich. Zehn Parteien ziehen ins Parlament ein.

Erwähnt werden muss die Bayernpartei, die 17 Abgeordnete stellt und, obwohl nur in Bayern kandidierend, insgesamt viertgrößte Partei ist. Die CSU wird sich die gefährliche Konkurrentin auch mithilfe schmutziger Intrigen vom Hals schaffen. Die Kommunisten (KPD) werden nach langjährigem Verfahren 1956 verboten. Auch Nazis sitzen im ersten Deutschen Bundestag: die Sozialistische Reichspartei (SRP) mit Otto Ernst Remer, dem ehemaligen Kommandeur des Berliner Wachbataillons, der für Hitler den Putschversuch am 20. Juli 1944 beendete. Remer fordert noch immer die Vollendung der nationalen Revolution. Immerhin kommt die SRP bei den Landtagswahlen in Niedersachsen auf erschreckende 11 Prozent. Erst nach dem Verbotsantrag gegen die KPD wird auch das Verbot der Altnazi-Partei angestrengt und 1952 verfügt.

Andere nationalistische Parteien werden nicht durch Verbot erledigt, sondern durch Umarmung. Adenauer nimmt die Deutsche Partei in seine Koalition auf, nach der zweiten Bundestagswahl 1953 auch den BHE (Block der Heimatvertriebenen und Entrechteten), der sich nach wenigen Jahren in der Union auflöst. *Entrechtet* fühlen sich auch nicht wenige ehemalige Nazis.

Adenauers erste vier Jahre im Amt sind deshalb entscheidend. »In der insgesamt beträchtlichen Skepsis gegenüber der Regierung kommt auch Abneigung gegen die Demokratie als solche zum Ausdruck.«[1]

Die wichtigste Vorentscheidung für Adenauers Erfolg fällt bereits unmittelbar nach der ersten Wahl. Obwohl vor allem die Linken in der eigenen Partei Adenauer dazu drängen, lehnt er eine Große Koalition ab. Adenauer selbst bezeichnet diese Entscheidung später als die neben der Aussöhnung mit Frankreich wichtigste seines politischen Lebens. Er muss darum kämpfen, vor allem gegen die CDU-Landesfürsten. In einer Großen Koalition, fürchtet er, würde er die links-nationalistischen Kräfte der Union nicht in den Griff bekommen. Der liberale Flügel würde vermutlich zur FDP abwandern. In einer Großen Koalition wäre vermutlich nicht Adenauer, sondern ein anderer CDU-Politiker Kanzler geworden.

Die Koalition mit der FDP besiegelt das Schicksal der SPD. Sie bleibt für viele Jahre in einem 30-Prozent-Reservat. Erst diese Erfahrung macht sie bereit zum Wandel. Erst der Abschied von der Klassenpartei und das Bekenntnis zu Westbindung und Marktwirtschaft im Godesberger Programm 1958 werden ihr den Weg an die Macht öffnen.

Dämonisierung und Verharmlosung

Die Aufgabe ist doppelt schwer. Die Bundesrepublik muss für das alte Reich büßen, für dessen Schuld so gut es geht bezahlen. Sie muss sich aber auch mit den Millionen Deutschen versöhnen, die persönliche Schuld zu tragen haben.

Adenauer löst diese Aufgabe pragmatisch, bezahlt dafür jedoch einen moralisch nicht zu rechtfertigenden Preis. Selbst erheblich belastete Nazis dürfen sich ungeniert am Aufbau der Republik beteiligen. Bereits 1949 erfolgt eine Amnestie für alle leichteren Vergehen, begangen vor dem 15. September 1949. Davon profitieren rund 800 000 Verurteilte, Schwarzhändler der Besatzungszeit ebenso wie Nazi-Verbrecher. Dem Gesetz stimmen alle Parteien zu, aber es kommt vor allem auf Druck der Koalitionsparteien FDP und DP zustande, die damit ihre nationalistische Klientel bedienen. Mit den Funktionären der 1950 gegründeten *Hilfsgemeinschaft auf Gegenseitigkeit* ehemaliger Soldaten der Waffen-SS sprechen Politiker aller Parteien gern, selbst Kurt Schumacher, der sogar erklärt, die Waffen-SS sei keine Organisation der Menschenvernichtung gewesen.

Therapeut im Kanzleramt   53

1951 folgt ein Gesetz, das für die Wiedereinstellung nationalsozialistischer Beamter sorgt. Immer wieder drängt die Regierung auch bei den Alliierten auf Begnadigung. Sie verfolgt eine »Strategie der Verharmlosung, Leugnung und Irreführung ... Aufgrund massiven politischen und gesellschaftlichen Drucks«[2] kommen sogar Einsatzgruppenführer frei, die Tausende auf dem Gewissen haben. Die unselige Rolle der Kirchen dabei, vor allem der evangelischen, kann hier nicht unerwähnt bleiben. Ein zweites Straffreiheitsgesetz folgt 1954. Ein weiteres Motiv für diese Haltung liefert die DDR. Sie attackiert die Karrieren alter Nazis, ohne selbst wesentlich anders zu verfahren. Auf die Scheinheiligkeit der *Antifaschisten* reagieren die Demokraten ebenfalls mit Scheinheiligkeit.

Der Chef des Bundeskanzleramts, Hans Globke, einst Ministerialrat im Reichsinnenministerium und Kommentator der »Rassegesetze«, ist keine Ausnahme, nur der bekannteste Fall. Anfang der Fünfzigerjahre sind 60 Prozent der Abteilungsleiter der Bundesministerien ehemalige Mitglieder der NSDAP. Zehntausende im Rahmen der Entnazifizierung aus dem öffentlichen Dienst entfernte Berufsbeamte des Dritten Reichs und Soldaten der Wehrmacht, nicht nur gewöhnliche Mitläufer, erhalten Ansprüche und Stellungen zurück. Ohne ihre Erfahrungen wäre der Aufbau einer professionellen Verwaltung, der Polizei und eines funktionierenden Schulwesens nicht so schnell und reibungslos möglich.

Wie keiner anderen Berufsgruppe gelingt den Juristen sühnefrei die Fortsetzung ihrer Karrieren. Es ist ein unerträglicher Skandal, dass nicht einmal die Angehörigen des Volksgerichtshofs für ihre mörderischen Urteile belangt werden. Mit unerschütterlich gutem Gewissen machen sie nach dem Krieg weiter, wissen sie doch, dass die Rechtspflege ohne sie weitgehend stillstehen würde. In Bayern zum Beispiel sind 1949 mehr als 80 Prozent aller Richter ehemalige Nazis.[3] Ein Paradebeispiel ist der für gefahrlos vermeidbare Todesurteile verantwortliche Marinerichter Hans Filbinger, der es zum CDU-Ministerpräsidenten in Baden-Württemberg bringen wird. Als später seine Vergangenheit herauskommt, muss er gehen, hält sich aber bis zum Lebensende (2007) für eine verfolgte Unschuld, ja für einen verkannten Widerstandskämpfer. Berühmt wird sein furchtbarer Satz: »Was einmal rechtens war, kann heute nicht Unrecht sein.« Konsequent zu Ende gedacht, wäre selbst der Massenmord an den Juden kein Unrecht. Wäre Filbingers Maxime gültig, dürfte kein Diktator jemals zur Rechenschaft gezogen werden.

Doch stößt diese Haltung in Deutschland auf breite Sympathie. Sie verhindert Jahrzehnte später auch weitgehend die Ahndung von Verbrechen, die in der DDR begangen wurden. Sie wird zur Verharmlosung des Kommunismus ebenso beitragen, wie sie jetzt zur Verharmlosung des Nationalsozialismus beiträgt.

Wie das ehemalige NSDAP- und SA-Mitglied Filbinger werden die meisten Nazis tatsächlich Demokraten, ob als Politiker (wie der spätere Bundeskanzler Kurt Georg Kiesinger) oder als Journalisten (wie der Gründer des *Stern*, Henri Nannen, oder der WDR-Programmdirektor Werner Höfer). Günter Grass, einst Hitlers Bewunderer, der zur Waffen-SS gegangen war, avanciert sogar zum Gewissen der Nation, zwar voller Scham und mustergültig geläutert, aber verschwiegen. Ganz frei von Verdrängung sind wenige.

Im Wahlkampf bemühen sich alle Parteien um die zwölf Millionen ehemaliger Nazis in Deutschland. Vielen von ihnen ist 1949 das Wahlrecht noch verwehrt gewesen. Die zweite Bundestagswahl gewinnt Adenauer auch deshalb nicht mehr mit knappem, sondern mit großem Abstand zur SPD (45,2 Prozent für die Union zu 28,8 Prozent für die SPD). Adenauer hält nicht nur an der Koalition mit der überwiegend national-liberalen FDP fest, sondern erweitert sie noch um den nationalistischen BHE.

Er tut es aus drei Gründen. Erstens strebt er im Hinblick auf die anstehende Wiederbewaffnung eine verfassungsändernde Zweidrittelmehrheit an. Zweitens will er Befürchtungen entschärfen, die junge Demokratie stehe schon wieder an einem Scheideweg, die Deutschen folgten erneut einer einzigen Partei. Schließlich nimmt er Rücksicht auf Hitlers Gefolgschaft. Es bleibt nicht bei einigen Spitzenbeamten wie Globke. Erstmals holt Adenauer zwei ehemalige nationalsozialistische Schwergewichte in sein Kabinett, den ehemaligen Gauamtsleiter der NSDAP und SA-Hauptsturmführer Theodor Oberländer als Vertriebenenminister und den Sonderminister Waldemar Kraft, Ehrenhauptsturmführer der SS (beide BHE). Auch die Bundeswehr wird ohne ehemalige Wehrmachtsoffiziere, die meisten treue Gefolgsleute Hitlers, nicht aufzubauen sein. Rücksicht auf ihre Seelenlage zu nehmen fällt im Kalten Krieg nicht schwer. Ihr Kampf gegen den Bolschewismus darf nun sogar mit Stolz betrachtet werden.

So ziehen es die Bundesbürger vor, nach vorne zu schauen statt mit Trauer, Scham und Entsetzen zurück. Die Westdeutschen fürchten wohl nicht ganz zu Unrecht, beim allzu bußfertigen Zurückschauen vor Schreck zur Salzsäule zu erstarren. Schuld kann auch lähmen. Also ziehen die meisten das Schweigen vor. Das Verhältnis zwischen der Kriegsgeneration und den Achtundsechzigern wird eine Folge dieser Haltung sein. Nie zuvor und nie danach werden sich zwei Generationen so verständnislos gegenüberstehen.

Weitverbreitet ist die Ansicht, dass der Nationalsozialismus im Prinzip gut gewesen, nur leider von schlechten und fanatischen Politikern übertrieben und verdorben worden sei. Zur Rechtfertigung spalten die Deutschen Hitler in einen Teufel und in einen durchaus vernünftigen, nicht zu Unrecht beliebten Politiker auf. Arbeitsbeschaffung, Autobahnbau, Kraft durch Freude, Volksgemeinschaft: Weshalb sollte man ihn dafür nicht loben dürfen? Die Dämonisierung der bösen Hälfte Hitlers ist ein psychischer Trick, mit dem sich die Deutschen moralisch zu retten und ihre Seelen zu schonen glauben. Ähnlich wird in der DDR nach dem Fall der Mauer auch über den Sozialismus gedacht werden.

Die Deutschen versuchen das Geschehene also zugleich zu dämonisieren und zu verharmlosen. Hilflos, so wollen sie nun glauben, waren sie höllischen Mächten ausgeliefert. Die Vernichtung von sechs Millionen Juden – wie viele genau es waren, will damals niemand wissen – ist ihnen unerklärlich. Sie haben davon ja nichts gewusst, behaupten sie – wohl vor allem nichts wissen wollen. »Ganz allgemein entlarvt die neuere historische Forschung die deutsche Unkenntnis über das Schicksal der Juden als mythisches Konstrukt der Nachkriegszeit.«[4] Das Vernichtungswerk gilt als so ungeheuerlich und unvermeidbar wie eine gewaltige Naturkatastrophe. Wer so denkt, hat die Schuldfrage schon fast beantwortet. Gegen Dämonen kann der kleine Mann nun einmal nichts ausrichten.

Dass es auch Widerstand gegeben hat, zu spät, zu schwach, aber mutig und opferbereit, will in den Fünfzigern noch kaum jemand wahrhaben. Die wenigen Gerechten werden keineswegs als Helden verehrt, obwohl sie doch verhindert haben, dass das deutsche Volk nun pauschal verdammt werden kann. Widerstandskämpfer und ihre Angehörigen haben es sogar schwer, von Staat und Gesellschaft anerkannt zu werden. Nicht nur von Major Remer, auch von Politikern der Koalitionspartei DP werden die Widerstandskämpfer des 20. Juli beleidigt und von den Repräsentanten des neuen Staats kaum einmal verteidigt. 1954 stellt die Meinungsforscherin Noelle-Neumann entsetzt fest: »Beinahe die Hälfte aller Leute, die über den 20. Juli mitreden können, sagte über die Verschwörer

Therapeut im Kanzleramt 57

nur Nachteiliges, vor allem, dass es sich um Verräter handele, um Hochverräter, Landesverräter, Volksverräter oder Staatsverräter. Weiter wird ihnen Feigheit vorgeworfen, gelegentlich auch Egoismus.«[5]

Hintergrund der Missachtung von Menschen, denen für ihre Taten der Dank der Deutschen gewiss sein müsste, ist vor allem die Befindlichkeit einiger Millionen Wehrmachtsveteranen. Adenauer fasst sie mit Samthandschuhen an, wenn er im Bundestag sagt, die Zahl der Soldaten, die »wirklich schuldig« sind, sei »so außerordentlich gering und so außerordentlich klein«, dass damit »der Ehre der früheren Wehrmacht kein Abbruch geschieht«. Die Wehrmacht, so eine gern geglaubte Legende, habe sauber und ritterlich gekämpft. Es wird noch Jahrzehnte dauern, bis die Wahrheit die Deutschen heftig bewegen wird.

Auch ihren Antisemitismus verharmlosen die Deutschen. Deutsche Juden für andersartig, volksfremd, undeutsch gehalten zu haben gilt an den Stammtischen noch immer nicht wirklich als verwerflich, sondern als eher zutreffend. Hitler habe seine grundsätzlich nachvollziehbare Abneigung nur maßlos übertrieben. Er hätte die Juden nicht vergasen lassen und damit der Welt die Gelegenheit geben dürfen, über Deutschland herzufallen.

Selbst die nun einsetzende große Bewunderung für Israel, für seine, ja, geradezu preußischen Tugenden im Krieg gegen die Araber und beim Aufbau des Landes, widerspricht nicht dem weitverbreiteten und für harmlos gehaltenen Antisemitismus. Die Juden gehören nun einmal nach Israel, nicht nach Deutschland; bedauerlich, dass nicht Hitler auf diese gute, saubere Lösung gekommen sei. Es regt sich in Deutschland verhältnismäßig wenig Kritik an der milliardenschweren Finanzhilfe für Israel, gegen das, was euphemistisch *Wiedergutmachung* genannt wird. Es kann keine Wiedergutmachung für millionenfachen Mord geben. Der Weg zu einem *normalen* Verhältnis zu den Juden ist genauso verbaut wie zu einem normalen Verhältnis zur eigenen Geschichte. Zur Unzeit beginnt die Debatte um den *Schlussstrich*. Sie dauert bis heute an.

Die Verdrängung hat Konjunktur. Die meisten Deutschen halten das Nazi-Reich nicht für schuldig am Krieg. Das glauben 1951 nur 32 Prozent der Bevölkerung. Unter diesen Umständen werden auch an den Schulen die Zusammenhänge im Zweifel lieber nicht erklärt, vor allem von Lehrern, die sich für Patrioten halten, obwohl sie einst treu dem Dritten Reich gedient haben.

Die reine Wahrheit wäre wohl kaum zu ertragen. Deshalb vermeiden die Deutschen die Auseinandersetzung mit ihrer Vergangenheit. Dafür hat die Psychoanalytikerin Margarete Mitscherlich, die einst der Deutschen Unfähigkeit zu trauern analysiert hatte, inzwischen Verständnis. »Diese Schuld, dieses Elend, diese Verluste an sich heranzulassen hätte zu einer kollektiven Malaise geführt, die das Land wohl bis in den letzten Winkel gelähmt hätte. Kein Volk hätte es vermocht, mit einer solch totalen Niederlage der eigenen Moral fertig zu werden.«[6]

Der Westen und die Nation

Die Regierung lässt zwei Fahnen zugleich flattern. Auf der einen steht *Deutsche Einheit,* auf der anderen *Europa.* Adenauers Politik ist eindeutig; seine Sonntagsreden sind heuchlerisch und pathetisch. »Wir werden nicht ruhen und wir werden nicht rasten – diesen Schwur lege ich ab für das gesamte deutsche Volk –, bis ganz Deutschland wiedervereint ist in Frieden und Freiheit«, so 1953 in Berlin. Den Alliierten gesteht Adenauer dagegen sein mangelndes Vertrauen in das deutsche

Volk; er ist besorgt, eine andere Regierung als seine könnte sich mit der Sowjetunion auf Wiedervereinigung einigen.

Die Verkümmerung der Vernunft kann nicht sofort, sondern nur allmählich abheilen. Die Entzündung des deutschen Geistes ist nicht zwölf Jahre, sondern jahrzehntelang nicht behandelt worden und längst chronisch. Rückfälle sind nicht auszuschließen. Also muss alles vermieden werden, was zu neuer Ansteckung führen kann.

Adenauers Medikamente sind wirkungsvoll. Deshalb haben sie auch starke Nebenwirkungen. Wer den Fortschritt begrüßt, den der Patient macht, darf die unerwünschten Wirkungen nicht beklagen. Unerwünscht ist nur die Unfreiheit der Deutschen in der DDR. Die Teilung selbst ist keine Nebenwirkung, sondern Voraussetzung der Heilung. Ein Ende der Teilung wäre gleichbedeutend mit dem Verzicht auf die Teilnahme an der europäischen Wirtschaftsgemeinschaft sowie auf die Aufbauhilfe Amerikas. Das Land würde unter den Folgen des Krieges Jahrzehnte länger ächzen müssen. Das Wirtschaftswunder bliebe aus. Die Westdeutschen würden zur Demokratie kein Vertrauen fassen. Ein großes, halbwegs neutrales Deutschland würde zwischen den Blöcken des Kalten Krieges wieder zu verhängnisvoller Schaukelpolitik verleitet werden. Frankreich würde Erbfeind bleiben, England Gegner statt Partner. Kulturell würde sich Deutschland dem Westen nicht öffnen, sondern auf seinem alten Wertefundament sitzen bleiben. Treudeutsch, preußisch, obrigkeitshörig, weltfremd, aber nicht pragmatisch und nicht wirklich frei. Die Tür für den erneuten Siegeszug des Nationalismus in Deutschland stünde weit offen. Das wäre der Preis für die Wiedervereinigung in den Fünfzigerjahren gewesen. Adenauer darf nur niemals zugeben, dass er so denkt. Er kann sich auf den Kalten Krieg berufen und darauf, dass die Spaltung der Welt nun eben leider mitten durch Deutschland gehe. Es ist nur die halbe Wahrheit. Das vorläufige Ende ihres Nationalstaats ist Glück für die Deutschen im Westen.

Doch der Mythos weiß es besser. Die *Bundeszentrale für politische Bildung* besteht darauf, dass aus Adenauers Politik nicht gefolgert werden könne, »dass er ein Gegner der deutschen Einheit gewesen wäre – nur sah er unter den Bedingungen, die durch den Dissens der Siegermächte entstanden waren, keinen direkten Weg zu diesem Ziel«[7]. Darin sei er sich mit seinem innenpolitischen Gegner Kurt Schumacher sogar einig gewesen. Diese Behauptung ist falsch. Der CDU-Kanzler Adenauer und der Sozialdemokrat Schumacher waren in der Frage der nationalen Einheit wie Feuer und Wasser. Selbst die CSU-nahe *Bayerische Landeszentrale für politische Bildungsarbeit* verbreitet Harmoniesülze. »Wahrscheinlich hätte auch jeder andere Bundeskanzler der Wiedergewinnung staatlicher Souveränität und der Westorientierung höchste Priorität eingeräumt.«[8] In Wahrheit bestimmt der fundamentale Streit um diese Frage die ersten Jahre der Bundesrepublik.

Eine ganze Reihe von Offerten aus Ostberlin und Moskau von den frühen Fünfzigern bis zum Mauerbau verfolgt das Ziel, den Westdeutschen die Einheit zum Preis der Neutralität und zum Preis des Abzugs der Amerikaner aus Europa schmackhaft zu machen. Adenauer ist hoch besorgt, die Siegermächte könnten sich doch noch auf ein blockfreies Deutschland verständigen. Er kann sich auch alles andere als sicher sein, dass die Westdeutschen, vor diese Wahl gestellt, nicht doch die Wiedervereinigung vorziehen würden. Er lehnt also alle Verhandlungsangebote ab, selbst als die DDR 1951 gesamtdeutsche Wahlen nach dem Gesetz der Weimarer Republik, also freie Wahlen anbietet. Die SPD, nicht nur die FDP, Kaiser, auch Strauß und die CSU wollen verhandeln, sehen eine große Chance in den Angeboten aus Moskau. Stalin legt nach. Die erste Note aus dem Kreml kommt im März

1952. Moskau will dem neutralen Deutschland sogar die Wiederbewaffnung erlauben.

Schumacher beschwört den Kanzler, »dass nichts unversucht bleiben darf, festzustellen, ob die Sowjetnote eine Möglichkeit bietet, die Wiedervereinigung Deutschlands in Freiheit durchzuführen«. Adenauer aber formuliert die Staatsräson der Bundesrepublik. »Wir haben der Welt mit immer größerer Lautstärke verkündet, die Wiedervereinigung ist das erste Problem der Welt. Das ist falsch. Das erste Problem ist, dass wir in Frieden und Freiheit bleiben, zunächst die 50 Millionen, und dann kommen die 18 Millionen.« Das sagt er den Botschaftern der Alliierten im Mai 1955. Aber vor dem Bundestag, vor Parteifreunden und auf Wahlkundgebungen spricht er eine andere Sprache. Schon um die Koalitionspartner und die Nationalisten in der eigenen Partei nicht vollends gegen sich aufzubringen, heuchelt er, bekennt sich stets zur Wiederherstellung des Deutschen Reichs als Ziel seiner Politik. Aus taktischen Gründen gibt er sogar den reaktionären Revisionisten, stellt die Oder-Neiße-Grenze zwischen Polen und der DDR in Frage. So will er die Nationalisten im eigenen Lager besänftigen und Moskau gegen sich aufbringen.

Adenauers Hauptargument klingt utopisch. Nur ein starker Westen werde die Sowjetunion dazu bringen, sich aus Ostdeutschland zurückzuziehen. Am Ende werde die deutsche Frage Teil einer gesamteuropäischen Lösung sein. Für Adenauer ist der politische und geistige Anschluss an den Westen, an Europa, an das *Abendland,* wie es damals euphorisch heißt, mehr als nur eine Kompensation für das verlorene Reich. Für ihn – und damit teilt er gewiss nicht die Ansicht der Mehrheit der Deutschen – ist die Entwicklung des Nationalstaats seit der Französischen Revolution insgesamt ein Irrweg.

Der Widerspruch zwischen realer Westpolitik und irrealem Dauerbekenntnis zum Reich wird freilich an den Deutschen nicht einfach abgleiten. Er wird sich in den Köpfen einnisten und sich dort zu einer handfesten Schizophrenie auswachsen. Der Realpolitiker Adenauer tut, was der Therapeut Adenauer nicht tun dürfte.

Wenn überhaupt etwas, dann lässt der wachsende Wohlstand den Verlust verschmerzen. Die D-Mark ist Salbe auf der nationalen Wunde. Die Sehnsucht nach der D-Mark wird bei den Ostdeutschen 40 Jahre später ebenfalls größer sein als die Sehnsucht nach dem Nationalstaat.

Souveränität erhält die Bundesrepublik nur in Etappen. Zunächst steht Adenauers Regierung unter Kontrolle der Hohen Kommission. Sie bestimmt die Außenpolitik, die Sicherheitspolitik und den Außenhandel. Alle deutschen Gesetze müssen von der Oberregierung der Siegermächte genehmigt werden. Die Deutschen bezahlen die Besatzungskosten. 1950 noch wenden sie mehr als ein Drittel des Bundeshaushalts dafür auf.

Auf dem Weg nach Westen nimmt Adenauer Stufe um Stufe. Die erste ist die Zusammenlegung der deutschen und französischen Stahl- und Kohleindustrie, heftig befehdet von Schumachers SPD. Der Vorschlag kommt bereits im Mai 1950 aus Paris von einem der Stammväter des europäischen Projekts, Außenminister Robert Schuman. Am 19. März 1951 tritt die Montanunion in Kraft, es ist der Geburtstag der Europäischen Union. Schon ein Jahr später kommen die Benelux-Staaten und Italien dazu, gründen mit Frankreich und der Bundesrepublik 1952 die *Europäische Gemeinschaft für Kohle und Stahl*. Gemeinsame Interessen löschen alte Feindschaften am schnellsten und nachhaltigsten auf. Die gemeinsamen Institutionen verwehren der Bundesrepublik nicht Souveränität, sondern werten sie als Partner auf.

Seit 1951 darf Bonn Außenpolitik betreiben; der erste Außenminister ist der Kanzler in Personalunion. Adenauer hält die Bedeutung der Westbindung für so überragend, dass er die Verantwortung dafür mit niemandem teilen will. Von Beginn an erkennt die Bundesrepublik die DDR, die nur einen Monat nach dem Zusammentritt des ersten Bundestags gegründet wird, nicht an. Sie erhebt den Rechtsanspruch, Deutschland allein zu vertreten. Auch dies steht im Widerspruch zu Adenauers tatsächlicher Haltung. Aber die Politik des Alleinvertretungsanspruchs lenkt seine Gegner ab.

Klug ist das nicht. Denn der Alleinvertretungsanspruch steht dem Hauptziel von Adenauers Außenpolitik im Weg. Die Bundesrepublik will ein beliebtes Mitglied der Staatengemeinschaft werden, das konstruktiv mitarbeitet und keine Probleme macht. Die *Hallstein-Doktrin,* benannt nach Adenauers Amtschef im Auswärtigen Amt, wonach diplomatische Beziehungen nur mit Staaten möglich sind, welche die DDR nicht anerkennen, schafft nur Unzufriedenheit und lässt sich nicht lange konsequent durchhalten.

Ein weiterer wichtiger Meilenstein ist der *Deutschlandvertrag* vom Mai 1952. Er gibt der Bundesrepublik, abgesehen von einigen alliierten Vorbehaltsrechten, volle Souveränität. Das Besatzungsstatut wird aufgelöst. Zu seiner Unterzeichnung in Bonn versteigt sich Schumacher zu der Anklage: »Wer diesem Generalvertrag zustimmt, hört auf, ein guter Deutscher zu sein.« Doch die Mehrheit der westdeutschen Bevölkerung steht bereits hinter Adenauer.

Hilfreich für ihn ist, dass russische Panzer den Aufstand in der DDR am 17. Juni 1953 niederschlagen. Die Westdeutschen bekommen demonstriert, was westliche Freiheit wert ist und was Stalins Offerten. Der Sieg Adenauers bei den zweiten Bundestagswahlen 1953 ist eine Volksabstimmung über seinen Kurs.

Von der Seuche des Nationalismus sind durchaus nicht nur Deutsche befallen. In Frankreich schmerzt der Gedanke an ein wiederbewaffnetes Deutschland. Lindern könnte den Schmerz eine geradezu revolutionäre Idee. Die ehemaligen Erbfeinde sollten mit anderen Partnern eine gemeinsame europäische Armee gründen, natürlich unter Führung Frankreichs. Die *Europäische Verteidigungsgemeinschaft* scheitert dann aber an Frankreichs Nationalismus. Die Nationalversammlung lehnt das Projekt im August 1954 ab. Für Adenauer ist es ein »schwarzer Tag« für Europa. Es ist ein guter Tag für die USA. Nach dem Scheitern der europäischen Armee folgt ersatzweise die Integration Deutschlands in die NATO. Die Pariser Verträge treten am 5. Mai 1955 in Kraft. Sie sind zwar kein Friedensvertrag mit den neuen Bündnispartnern, aber sie laufen – mit Ausnahme des Statuts für Berlin – auf dasselbe hinaus.

Deutschland darf nicht nur, es muss sich wiederbewaffnen. Es herrscht Kalter Krieg, die Front geht mitten durch Deutschland, und die Bundesrepublik kann nicht erwarten, dass allein die Alliierten für ihre Sicherheit sorgen. Der Streit darüber hält im Grunde bis zur Wiedervereinigung an. Es ist nicht nur ein Streit zwischen Pazifisten und Kalten Kriegern, sondern auch zwischen Deutschnationalen und Europäern. Die Nationalisten geben sich als Pazifisten. Das ist eigentlich ein Widerspruch, nicht aber in Nachkriegsdeutschland. Denn Nationalisten sind gegen jedes Bündnis mit dem Westen, also auch gegen ein Verteidigungsbündnis. Und wenn sie nicht pazifistisch sind, sind sie der Auffassung, »dass eine nationale deutsche Armee wertvoller wäre als eine europäische«[9].

Auch Gustav Heinemann, der spätere Bundespräsident aus den Reihen der SPD, zählt in dieser Frage zu den Gegnern Adenauers. Noch ist er in der CDU und Innenminister. Er tritt aus Protest zurück, als die Aufstellung der Bundeswehr beschlossen wird. Er gründet die *Gesamtdeutsche Volkspartei*. Auch der liberale Koalitionspartner, vor allem dessen nationalliberaler Vorsitzender Thomas Dehler, wettert gegen Adenauers Kurs.

Die Vaterländischen schließen sich im *Kuratorium unteilbares Deutschland* zusammen. Publizistische Unterstützung kommt unter anderem von Augstein und dem *Spiegel*. Namhafte Protestanten, auch sie Nazi-Gegner, schließen sich dem Protest gegen Adenauers Kurs an. Ihr traditioneller Nationalismus hat das Dritte Reich überlebt.

Europa-Gegner sind nicht nur gegen die Wiederbewaffnung. Adenauer taktiert geschickt, kauft sich die Zustimmung der Gewerkschaften zu Wiederbewaffnung und Westkurs mit der Montanmitbestimmung. Die militärische und die wirtschaftliche Bindung an den Westen gehen Hand in Hand, bedingen einander. Die Europäische Wirtschaftsgemeinschaft entsteht, Vorläufer der EU. Mit den Römischen Verträgen hat Adenauer 1957 sein wichtigstes Ziel erreicht. Im Jahr darauf treten sie in Kraft.

Adenauer wird heute auch von seinen Bewunderern falsch interpretiert. Zum Beispiel von Frau Merkel. Zum 50. Jahrestag des »Beitritts« des Saarlands zur Bundesrepublik fährt sie wie einst Adenauer nach Saarbrücken. Mehr als zwei Drittel der Saarländer hatten im Oktober 1955 in freier Volksabstimmung das Saarstatut der französischen Besatzungsmacht verworfen und sich der Bundesrepublik angeschlossen, der stärkeren Volkswirtschaft. Frau Merkel will darin einen Vorboten, ja ein Modell der Wiedervereinigung erkennen. Es ist grober historischer Unfug, Frankreich mit der Sowjetunion zu vergleichen, das Saarstatut mit der DDR. Die Saarländer würden auch als Franzosen frei sein – deshalb dürfen sie ja frei über ihre Staatsangehörigkeit bestimmen. Adenauer ist alles andere als glücklich über die Entscheidung. Er plädiert für ein französisches Saarland, will endlich das größte Hindernis aus dem Weg haben, das zwischen Deutschland und Frankreich steht. Die deutsch-französische Freundschaft, der Schlüssel zur Westbindung, ist sein erstes Ziel, nicht die deutsche Staatsangehörigkeit der Saarländer. Aber das findet keinen Platz in der Heiligenlegende, die Merkels Partei über Adenauer erzählt.

Die nivellierende Mittelstandsgesellschaft

Das Wunder von Bern. Als Psychopharmakon ist es tatsächlich ein Wundermittel. 1954: Die Westdeutschen sind Weltmeister, zwar nur im Fußball, aber sie empfinden es als Befreiung. Diese konzentrierte Dosis Selbstbewusstsein kommt wie ein Geschenk des Himmels. Erstmals sind die Westdeutschen vereint in einem Hochgefühl. Auf dem Rasen steht *Deutschland,* selbst wenn es gegen die DDR geht. Die Westdeutschen beginnen, sich als Gemeinschaft zu begreifen, als Ganzes, nicht als halbe Nation, schon gar nicht als halbe Portion.

Was aber soll diesen Staat auf Dauer zusammenhalten? Schnell schaffen sich die Bundesrepublikaner einen neuen Mythos, nicht allzu weit entfernt vom Nazi-Mythos der Volksgemeinschaft. Er hält der Überprüfung zwar nicht stand, färbt die Tatsachen schön, wird aber für die Wirklichkeit gehalten, und nur darauf kommt es an. Die Westdeutschen wollen glauben, in einer klassenlosen Gesellschaft zu leben.

Richtig daran ist, dass die Bevölkerung homogener ist als vor dem Krieg. Mit dem Wegfall Preußens sind die Großagrarier und das Landproletariat verschwunden. Berlin saugt nicht mehr alle Kräfte an, kleinere Großstädte und Regionen können sich selbstbewusst entfalten. Das Land ist besser im Gleichgewicht.

Der Zuzug von zwölf Millionen Vertriebenen und Flüchtlingen (überwiegend aus der sowjetischen Zone und dann aus der DDR) ist ein sozialer Sprengsatz. Keineswegs werden sie mit offenen Armen aufgenommen, die Einheimischen leben selbst nicht im Überfluss. Aber die Entwurzelten denken

Therapeut im Kanzleramt   **67**

nicht daran, sich in Gettos zurückzuziehen. Sie packen an, steigen auf. Überhaupt brechen nach der Katastrophe Schranken. Die Gesellschaft wird durchlässiger. Die Aufstiegschancen sind besser als jemals zuvor und jemals danach.

Das ist nicht zu verwechseln mit Gleichheit. Die Unterschiede bleiben mehr oder weniger, wie sie sind. Aber der subjektive Eindruck, das Selbstbild der Deutschen, ändert sich. Helmut Schelskys Begriff von der »nivellierenden Mittelstandsgesellschaft« macht Karriere. »Damit knüpfte er ersichtlich an die Vorstellung von der sozialharmonischen ›Volksgemeinschaft‹ an, die wenige Jahre zuvor noch als Leitbild des Nationalsozialismus fungiert und die Unterschiede und Konflikte einer modernen Gesellschaft geleugnet hatte.«[10] Schelsky will eine ökonomische und kulturelle Vereinheitlichung der westdeutschen Gesellschaft erkennen. Es gebe so gut wie keine Unterschicht mehr. Arbeiter und Angestellte nehmen am wachsenden Wohlstand teil. 1955 läuft der millionste VW-Käfer vom Band. Waschmaschine, Fernsehtruhe, die Ferienreise nach Italien sind keine Träume mehr. Minimal ist das Risiko, arbeitslos zu werden und in prekäre Verhältnisse abzusinken. Der Traum vom kleinbürgerlichen Glück hält diese Gesellschaft ohne Nationalstaat zusammen. Mehr als 70 Prozent der Bundesbürger sehen sich selbst in der Mittelschicht. Die Utopie einer klassenlosen Gesellschaft scheint greifbar nah zu sein.

Dennoch bleibt die nivellierende Mittelstandsgesellschaft eine Behauptung. Sie weckt Hoffnungen, Erwartungen, Ansprüche, die am Ende des Nachkriegsaufschwungs nicht mehr zu erfüllen sind. Eine offene, liberale Gesellschaft hält Ungleichheiten aus. Die Deutschen aber glauben, nivellierende Verhältnisse seien die Voraussetzung für eine offene und liberale Gesellschaft. Sie sind ängstliche Schönwetterdemokraten und halten Ungleichheit für ein unkalkulierbares Risiko.

Für Adenauer ist die Wirtschaftsordnung Mittel zum Zweck. Dafür bricht er ungeniert eiserne Grundsätze der Marktwirtschaft. Wirtschaftspolitisch lässt er Erhard gewähren, freilich nur, solange es aufwärts geht. Gegen den Wunsch der Alliierten und gegen die ökonomische Vernunft macht er die Republik aber auch zum teuren Beamtenstaat. Davon profitieren wiederum besonders ehemalige Nazis aus dem öffentlichen Dienst. Bereits 1950 sind zwei Millionen Westdeutsche, 15 Prozent aller Berufstätigen, Angehörige des öffentlichen Dienstes, und das noch vor Gründung der Bundeswehr. Das wird in späteren Jahrzehnten negative Folgen haben, aber zunächst ist es von Vorteil.

Das Wirtschaftswunder nämlich lässt bis Anfang 1952 auf sich warten. Zwischen Juni 1948 und Februar 1950 steigt die Zahl der Arbeitslosen von 400000 auf zwei Millionen, das sind 12 Prozent. Das erzwingt Arbeitsbeschaffungsmaßnahmen. Erhard malt bereits wieder Planwirtschaft und Unfreiheit an die Wand. Dagegen Adenauer: »Sind Sie mir janz ruhig mit Ihrer Marktwirtschaft.«[11] Als es noch nicht läuft mit dem Wirtschaftswunder, fordern Gewerkschaften und SPD Adenauers Rücktritt. Ehe der sich selbst tragende Aufschwung greift, müssen die Westdeutschen mehr leisten.

Als Antriebskraft für den deutschen Export erweist sich der Koreakrieg. Zunächst treibt er nur die Rohstoffpreise und damit die Inflation in die Höhe, bald aber die Nachfrage nach deutschen Gütern. Die Ausfuhren springen im zweiten Halbjahr 1950 um 50 Prozent gegenüber dem ersten in die Höhe, 1951 geht es so weiter. Die Deutschen bieten günstig an. Die Binnenkonjunktur lässt länger auf sich warten.

Das Konzept der sozialen Marktwirtschaft wird von Beginn an nicht konsequent befolgt. Erhard ist schnell der unpopulärste Minister der Regierung, zwei bis drei Jahre später erst wird er als Wunderheiler verehrt. In der Krise der ersten beiden Jahre ist der Druck auf die Regierung übermächtig. Ohne staatliche Preis- und Devisenkontrollen, ohne Arbeitsbeschaffungsprogramm, ohne Sünden gegen den Markt glaubt sie nicht auszukommen. Die Lenkung der Wirtschaft übernimmt zu einem guten Teil und freiwillig der Bundesverband der Deutschen Industrie. Die typisch westdeutsche Konsenskultur nimmt ihren Anfang. Sie rettet jetzt die Marktwirtschaft. Aber zugleich wächst den Verbänden übergroßer Einfluss zu, was sich später als Nachteil, als Reformbremse erweisen wird. Die *Partnerschaft* der Tarifparteien, die Teilhabe der Gewerkschaften an der wirtschaftlichen Macht, ist Teil des Erfolgsmythos. Sie minimiert die Konflikte, macht aber auch anfällig für Korruption und Kungelei. Volkswagen, Inbegriff der alten Bundesrepublik, wird später mit dem Skandal um fürstlich entlohnte und mit Lustreisen verwöhnte Betriebsräte ein bengalisch leuchtendes Beispiel geben.

Der schließlich in ganz Westeuropa einsetzende Aufschwung fällt in Deutschland am kräftigsten aus. Bald kommt der wachsende Wohlstand tatsächlich in den Taschen der Bevölkerung an. Zwar klagt Erhard: »Die Hybris ist dem deutschen Volk noch immer zum Unheil geworden; sie droht uns wieder zu befallen.« Adenauer antwortet, man habe jahrelang Wohlstand versprochen. Es sei zwecklos, »jetzt plötzlich Zurückhaltung und Enthaltsamkeit zu predigen«.

Die Löhne verdoppeln sich bis 1960. Es herrscht bereits Ende der Fünfzigerjahre praktisch Vollbeschäftigung, obwohl viele Millionen Flüchtlinge und Zuwanderer aus der DDR in den Arbeitsmarkt drängen. Bald kämpfen die Gewerkschaften nicht mehr nur um höhere Löhne. Schon denken sie an das Leben nach der Arbeit. »Samstags gehört Vati mir«, plakatieren sie 1956.

Dazu kommen die Segnungen der Sozialpolitik. Das Lastenausgleichsgesetz heilt wenigstens einen Teil der materiellen

Wunden des Krieges. Mehr als 140 Milliarden DM gibt das Land dafür bis 1995 aus. Die Parteien bestreiten ihre Wahlkämpfe mit sozialpolitischen Parolen, versuchen sich mit Versprechen gegenseitig zu übertreffen. Die Union hält mühelos mit den Sozialdemokraten mit. Als besonders verhängnisvoll erweist sich die große Rentenreform von 1957. Adenauer führt die bruttolohnbezogene dynamische Rente ein, die an den Anstieg der Löhne gekoppelt ist. Das Prinzip der Kapitaldeckung wird aufgegeben. Damit gewinnt er die Generation, die am tiefsten vom Nationalismus imprägniert ist.

Finanzminister Fritz Schäffer und Wirtschaftsminister Ludwig Erhard sind aus guten Gründen dagegen. Die Gesetze widersprächen jeder marktwirtschaftlichen Vernunft. Erhard plädiert für eine Grundrente. »Die Aussicht auf Renten oberhalb des Existenzminimums, so geht sein Argument, verkümmere das Gefühl persönlicher Verantwortung, mindere den Leistungswillen und die Sparfähigkeit … Und die automatische Anpassung der Renten an die Preisentwicklung erschüttere das Vertrauen in die Währung und begünstige eine Inflationsmentalität. Beides zusammen untergrabe die marktwirtschaftliche Ordnung und die gesellschaftliche Freiheit und leiste dem Kollektivismus Vorschub.«[12] Eine kapitalgedeckte Alterssicherung wäre vernünftiger als das Umlageverfahren. Die Rente wird zum Lohnersatz über die Altersgrenze hinaus. Erhard fürchtet eine verhängnisvolle Entwicklung hin zum Versorgungsstaat, »an dessen Ende der soziale Untertan und die bevormundete Garantierung der materiellen Sicherheit durch einen allmächtigen Staat, aber in gleicher Weise auch die Lähmung des wirtschaftlichen Fortschritts in Freiheit stehen wird«[13]. So ein System kann nur in Jahren überdurchschnittlichen Wachstums funktionieren. Mit der Überalterung der Gesellschaft rechnet niemand.

Adenauer ist hin und her gerissen zwischen der eigenen

Überzeugung und der Furcht vor den bösen Geistern. Er klagt im Kabinett über den Versorgungsstaat und setzt doch die dynamische Rente durch. Anders, glaubt er, seien die Deutschen nicht zu guten Demokraten zu machen. Er will Wahlen gegen die Sozialisten gewinnen. Da ist ihm die ökonomische Logik seiner Reform zweitrangig. Da der Lebensstandard enorm steigt, müssten nach der Logik der sozialen Marktwirtschaft Spielräume zur Senkung der Sozialausgaben entstehen. Doch sie steigen um jährlich rund zehn Prozent. Der Wohlfahrtsstaat ist zum Selbstzweck geworden. Er wird abgekoppelt vom wirtschaftlichen Wachstum.

1957–1966
Adenauer und Erhard
Ende einer Ära

Nach seinem grandiosen Wahlsieg 1957 ist Adenauer noch sechs Jahre im Amt. Alle entscheidenden Weichen sind gestellt. Das Wagnis der Demokratie ist geglückt. Die Bundesrepublik schickt sich an, zur stärksten Wirtschaftskraft des Kontinents aufzusteigen. Die Westdeutschen nehmen gleichberechtigt teil am großen historischen Projekt des sich vereinenden Europa.

Adenauers Therapie hat angeschlagen. Der Patient fühlt sich kräftig genug, seinen Arzt für überflüssig zu halten. Der mag sich das, im neunten Jahrzehnt seines Lebens, nicht vorstellen. »Wir sind noch kein fertiges Land«, sagt er. Alles in allem sind seine letzten Amtsjahre ein quälend langer Abschied.

Oft behindern und beschädigen große Gestalten ihre Nachfolger. Das ist jetzt nicht anders. Als Ludwig Erhard endlich Adenauer im Amt folgt, hat auch er seine besten Jahre hinter sich. Der Vater des Wirtschaftswunders ist ein enttäuschender Kanzler. Als Chirurg war er stark, zum Therapeuten hat er kein Talent.

Die letzten Kanzlerjahre Adenauers und Erhards dreijähriges schwaches Regiment bleiben als Jahrzehnt des Übergangs in Erinnerung. Die westdeutsche Gesellschaft wandelt sich, die Politik bleibt zurück. Adenauer hat die Fenster für den Zeitgeist geöffnet, der ihn nun beunruhigt. Die Westdeutschen nehmen die Demokratie nicht nur an; sie wollen mehr davon.

Gespaltenes Land, gespaltene Zungen

Der Beginn der sogenannten *neuen Ostpolitik* reicht, anders als es die Legende will, weit zurück in die Ära Adenauer. Die SPD beansprucht die Urheberrechte; während es der Union noch immer eher peinlich ist, was Adenauer hinter den Kulissen betrieben hat. Er hält geheim, was später Sozialdemokraten offen vertreten.

Die Nationalisten fallen über Adenauer her, werfen ihm vor, Gelegenheiten zu versäumen. Nicht in Talkshows ist das damals zu erleben, sondern in großen, bis in die Nacht reichenden Parlamentsdebatten, etwa im Januar 1958. »Der Kanzler aber starrt nur hochmütig und abwesend in den nächtlichen Tumult, wo sich das Scherbengericht über seine frühere Deutschlandpolitik vollzieht, und schweigt beharrlich.«[1] Doch in seinem Innersten ist er schwer besorgt. Er fürchtet, dass die westdeutsche Bevölkerung »irre wird« und »die Frage der Lösung der Bande mit dem Westen und der Neutralisierung Deutschlands« gestellt wird. Er wiederholt sein Mantra: »Wir können an die Befreiung der 17 Millionen jenseits des Eisernen Vorhangs überhaupt nur denken, wenn es uns gelingt, die Freiheit der 52 Millionen zu sichern.«

Tatsächlich überrascht Adenauer im März 1958 Moskau mit der Frage, ob die DDR nicht nach dem Vorbild Österreichs ein demokratischer, halbwegs neutraler Staat unter

Kontrolle der UNO werden könnte. Die Ostberliner wären dann so frei wie die Wiener. Die Frage des Nationalstaats wäre dann nur noch von geringer Relevanz, jedenfalls in den Augen Adenauers. 1958 treten auch die Römischen Verträge in Kraft. Wenn es eine europäische Lösung der deutschen Frage in ferner Zukunft geben sollte, dann ist dies der erste Schritt. Einem zweiten Österreich jedenfalls würde Bonn die Souveränität nicht mehr absprechen. Niemand erfährt von diesem sensationellen Vorstoß, beide Seiten halten dicht. Adenauer weiß nur zu gut: »Wenn dies in der deutschen Öffentlichkeit bekannt werden würde, riskierte ich, von meinen eigenen Leuten gesteinigt zu werden.« Es wäre aus Adenauers Sicht eine fast perfekte Lösung. Freiheit in einer souveränen DDR. Den Nationalisten aber geht Einheit immer vor Freiheit. Adenauers erstes Ziel sind menschliche Erleichterungen für die Bewohner der DDR, ist die »Humanisierung der Verhältnisse in der Zone«, wie er sagt.

Deshalb rückt nun für ihn auch die Entspannung in den Vordergrund. Adenauer beginnt, was Bundeskanzler Willy Brandt weiter betreiben wird, dann aber mit großer Zustimmung. Adenauers Unionsparteien werden dann dagegen sein.

Die Furcht bleibt, nicht nur die Bindung der DDR an den Ostblock, sondern auch die Westbindung der Bundesrepublik könnte noch einmal in Frage gestellt werden. Im Januar 1959 schlägt Nikita S. Chruschtschow eine Friedenskonferenz vor und legt einen Vertragsentwurf vor. Beide deutsche Staaten sollen ihr jeweiliges Militärbündnis verlassen. Auch dies wäre ein deutlicher Schritt Richtung Einheit. Die Angst quält Adenauer, solche Sirenenklänge könnten in Bonn falsch verstanden werden.

Im Februar 1959 bricht der streng geheime *Globke-Plan* offizielle Dogmen. Bonn überlegt, diplomatische Beziehungen mit der DDR aufzunehmen. »Über kurz oder lang werden wir an der Anerkennung der DDR nicht vorbeikommen«, sagt Adenauer. Berlin soll in eine freie Stadt unter Aufsicht der Vereinten Nationen verwandelt werden. Später solle eine Volksabstimmung über die Wiedervereinigung folgen, doch nicht zum Preis der Neutralität. Auch von diesen Vorschlägen erfahren nicht einmal das Auswärtige Amt und schon gar nicht der Koalitionspartner etwas.

Herbert Wehners *Deutschlandplan* übernimmt 1959 den Gedanken Walter Ulbrichts von einer deutsch-deutschen Konföderation. Offenbar ist in der SPD das Gefühl noch nicht entwickelt, mit der Bundesrepublik sei etwas Wertvolles, Verteidigenswertes entstanden. Mit der Bundesrepublik mögen sich die maßgeblichen Politiker der SPD noch nicht identifizieren. Zu sehr sehen sie in ihr nur die Adenauer-Republik. So weit ist Bonn von Weimar also doch noch nicht entfernt. So viele sind es nicht, die bedingungslos auf der Seite dieser jungen Demokratie stehen.

Deshalb braucht Adenauer die USA so dringend. Wenigstens auf sie kann er sich verlassen. Die Vereinigten Staaten sind neuerdings an Entspannungspolitik interessiert. Damit rückt für sie die deutsche Frage in den Hintergrund. Sie wollen Ruhe an dieser Front. Adenauer verdankt der Entspannungspolitik, dass die Eigenständigkeit beider deutscher Staaten unangetastet bleibt. Zu weit soll die Entspannung auch nicht gehen. Als Chruschtschow 1960 die Genfer Gipfelkonferenz der Siegermächte platzen lässt, freut sich der Rheinländer: »Wir haben nochmals fies Jlück jehabt.«

Adenauer will mit der DDR freie Zugangswege nach Berlin aushandeln. Das will dann auch Willy Brandt, heftig befehdet von der Partei Adenauers. Das gespaltene Land spaltet auch die Zungen. Adenauer wagt sich nicht aus der Deckung, ja, er tut alles, um in der Öffentlichkeit als Kalter Krieger zu gelten. So bleibt die *neue Ostpolitik* mit dem Namen Willy Brandt und dem seines Strategen Egon Bahr verbunden. Die beiden Sozialdemokraten warten damit nicht, bis Brandt Außenminister einer Großen Koalition oder gar Kanzler sein wird. Der regierende Bürgermeister und sein Mitarbeiter sind schon im Schöneberger Rathaus aktiv.

Berlin ist immer wieder Zankapfel. 1958 beansprucht die DDR die ganze Stadt, Moskau stellt ein Ultimatum, fordert den Abzug der westlichen Truppen. Zugleich lockt der Kreml erneut mit der Wiedervereinigung, zum Preis der Westbindung. Das nächste Berlin-Ultimatum richtet sich Mitte 1961 an den neuen amerikanischen Präsidenten John F. Kennedy. Moskau fordert eine Regelung für Berlin, droht mit Blockade. Der Kalte Krieg droht in einen heißen umzuschlagen. Kennedy will ihn vermeiden, will unbedingt den Status quo erhalten. Er macht den Deutschen klar, dass sein Land nur für die Freiheit Westberlins eintritt. Mit Ostberlin kann Moskau tun, was es will. Die Botschaft kommt an, am 13. August 1961 wird Berlin endgültig geteilt, die Mauer gebaut. Sie ist kein antifaschistischer Schutzwall, wie die DDR behauptet, dennoch ein Verteidigungsbauwerk; nicht gegen Feinde von außen, sondern gegen die Gefahr im Inneren. Die Ostzone blutete aus, Wirtschaftswunder und Freiheit lockten täglich Tausende in den Westen.

Die Heuchelei in Bonn ist nun bodenlos. Dr. Jekyll akzeptiert achselzuckend die Abgrenzung der Ostzone, Mr. Hyde gibt den unbeugsamen Patrioten. Adenauer beansprucht, Kanzler aller Deutschen zu sein, eilt aber nicht etwa unverzüglich an den Ort der nationalen Tragödie, sondern macht weiter Wahlkampf, als sei nichts geschehen; es findet noch nicht einmal eine Sondersitzung im Bundestag statt. Brandt dagegen stoppt seine Kampagne.

Mit dem Mauerbau erweisen sich alle Wiedervereinigungsträume endgültig als Illusion. Ostberlin ist verloren. Kennedy unternimmt nichts. Ja, er entdeckt in der Tragödie noch Gutes. Mit der Abriegelung des Ostens gehört Westberlin jetzt unbestreitbar zum Westen, niemand fordert mehr den Abzug der alliierten Truppen. Kennedy ist keineswegs *ein Berliner,* wie er unsterblich formuliert, als er kurze Zeit später die Stadt besucht. Er ist nur ein Westberliner.

Wenn für die Bewohner der DDR etwas getan werden soll, muss mit ihren Machthabern gesprochen werden. So ist nun einmal die Realität. Familien und Freunde sollen sich wenigstens wieder besuchen dürfen. Also muss der Besuchsverkehr ausgehandelt werden. Adenauer weiß es, tut aber nichts. Brandt und Bahr in Berlin wissen es. Erstmals im Winter 1963 kommt es zu einem Passierscheinabkommen.

Aus der pragmatischen Nothilfe entwickelt sich das Konzept, das Egon Bahr im Sommer 1963 in Tutzing vorträgt. Die Rede ist ein Paukenschlag, der auch in der SPD nicht nur Beifall findet. Wehner etwa fürchtet um die Machtperspektive der Großen Koalition. Das neue Konzept trägt den Titel: *Wandel durch Annäherung.* Bahr und mit ihm Brandt sehen den einzigen Weg zur Wiedervereinigung nicht im Sturz des DDR-Regimes, sondern in einem langwierigen Prozess vieler kleiner Schritte. »Die Zone muss mit Zustimmung der Sowjets transformiert werden. Wenn wir so weit wären, hätten wir einen großen Schritt zur Wiedervereinigung getan.« Wer also für den Zusammenhalt der Nation etwas tun will, muss mit der DDR verhandeln und sie damit aufwerten. Humanitärer Fortschritt ist nur zu haben, wenn die Interessen der DDR-Machthaber nicht verletzt werden.

Das ist so logisch wie paradox. Erleichterungen machen die DDR-Bürger zufriedener, was wiederum das Regime stützt. Doch gibt es dazu keine Alternative. Adenauer hat schon ein knappes Jahr zuvor im Bundestag gesagt, die Bundesregierung sei bereit, über vieles mit sich reden zu lassen, »wenn unsere

Brüder in der Zone sich ihr Leben so einrichten können, wie sie es wollen. Überlegungen der Menschlichkeit spielen hier für uns eine noch größere Rolle als nationale Überlegungen.«[2] Immer wieder blitzen solche Wahrheiten auf. Nur will sie die Union nicht konkretisieren.

Auch Erhards Regierung sendet wenige Monate vor ihrem Ende eine *Friedensnote,* in der entspannungspolitische Schritte nicht mehr an die Wiedervereinigung geknüpft werden. Die Unionsparteien sind in dieser Frage jahrelang tief gespalten. Dabei geht es nicht nur um das Verhältnis zur DDR, sondern auch zu Polen. Genau wie die Wiedervereinigung ist auch die Vorstellung Illusion, Deutschland bestehe völkerrechtlich noch immer in den Grenzen von 1937.

Freilich prangen selbst im Saal des SPD-Parteitags die Umrisse des Deutschen Reichs inklusive Ostpreußens an der Wand. Man will die Vertriebenen nicht geschlossen zur CDU treiben. Jeder vernünftige Mensch weiß, dass an der existierenden polnischen Westgrenze nicht zu rütteln ist. Dennoch schleppen die Westdeutschen diesen Selbstbetrug noch jahrzehntelang mit sich herum. Erst mit der Wiedervereinigung wird das Thema endgültig vom Tisch sein, werden Regierungskrisen und hysterische Debatten sinnlos über das Land hinweggezogen sein.

Im Streit um die Teilung des Deutschen Reichs und die Anerkennung der DDR wird ein Motiv ausgeklammert. Im kollektiven Unterbewusstsein ist es dennoch präsent. Kein Politiker spricht es an, aber der Philosoph Karl Jaspers. Er sieht in der Teilung Deutschlands eine gerechte Strafe für die Verbrechen an der Menschheit. Wer das Recht so gebrochen habe wie die Deutschen, könne nun seinerseits kein Recht beanspruchen. Dies bedeute keineswegs, allein die Ostdeutschen für Hitler büßen zu lassen. Es habe nur »keinen Sinn mehr, deutsche Einheit zu propagieren, sondern es hat nur einen Sinn, dass man für unsere Landsleute wünscht, sie sollen frei sein«[3].

Auch Jaspers schlägt eine *Österreich-Lösung* vor. Er kann nicht wissen, dass im Kanzleramt bereits ähnliche Planspiele gemacht worden sind. Ausnahmslos alle Parteien prügeln auf den Philosophen ein. Weshalb? Der Grund ist eher ein Fall für Psychologen als für Historiker. Jaspers provoziert, weil er seinen Vorschlag moralisch begründet. Empört verfolgen die Deutschen auch die von dem Historiker Fritz Fischer ausgelöste Debatte um die Ursachen des Ersten Weltkriegs. Bisher ist es fester, in den Schulen gelehrter Glaube, der gute Kaiser Wilhelm habe sich gegen die aggressiven Nachbarn behaupten müssen. Ausgeblendet wird, dass Militarismus und Nationalismus Ursachen des Krieges waren, nicht nur auf deutscher Seite, dort aber besonders dröhnend. Den Deutschen genügt die Überzeugung, der ungerechte Versailler Vertrag habe das gedemütigte Volk zwangsläufig in die Arme der Nazis getrieben. Sie suchen in der Geschichte nach Gründen, die ihre Schuld an der Katastrophe verringern.

Bei den Jüngeren aber wachsen Zweifel am tradierten Geschichtsbild. Auch fehlt ihnen der Nationalstaat nicht zu ihrem Glück. Den Jüngeren wird die Nation gleichgültig. Das hat nicht nur mit der hässlichen Vergangenheit zu tun. Es ist nun auch das Ergebnis ihrer Erfahrung von Freiheit in der Bonner Republik. Wäre es nicht so, müsste man sich um die Bundesrepublik sorgen. Adenauer hat es erkannt: »Natürlich darf ich auch den Staat, den wir jetzt haben, nicht degradieren, indem ich sage, das ist nur etwas Vorübergehendes.« Es degradieren diesen Staat die Wiedervereinigungsnationalisten, nicht die Verfassungspatrioten – ein Begriff, der damals freilich noch nicht gebräuchlich ist.

Der Nationalismus ist nicht überwunden. Er zeigt sich nur nicht mehr so unverblümt. Eine indirekte Spielart des Nationalismus ist in der Geringschätzung zu erkennen, mit der Linke wie Rechte die Adenauer-Republik bedenken. Die Kritiker vermissen Pathos. Sie verwechseln Nüchternheit mit kleinbürgerlichem Provinzialismus. Wer diesen Staat abkanzelt, hat noch immer Bismarcks Reich im Kopf und in der Seele und das »Tausendjährige Reich« in den Knochen.

Wer dagegen das Vaterland nicht mehr als geistige Autorität akzeptiert, kann auch kein Verständnis für das aufbringen, was in seinem Namen geschehen ist. Missbrauchte Liebe zur Nation kann als Entschuldigung für Hitlerbegeisterung und Mitläufertum nicht akzeptiert werden.

Jetzt erst erfährt die Öffentlichkeit, mit welcher Bestialität deutsche Besatzer im Osten gewütet haben. Der Ulmer Einsatzgruppen-Prozess klärt auf, wie Tausende von Juden an der Ostfront ermordet worden sind. Jetzt erst, 1958, wird in Ludwigsburg die »Zentrale Stelle zur Aufklärung nationalsozialistischer Verbrechen« gegründet. Jetzt erst, 1960, wird der Straftatbestand der Volksverhetzung eingeführt. Jetzt erst verfügen die Kultusminister der Länder gegen den Willen der meisten Lehrer, dass der Nationalsozialismus in der Schule gründlich behandelt wird. Vorfälle wie die Hakenkreuzschmierereien an der Synagoge in Köln 1959 führen dazu, dass die Dinge nicht mehr unter den Teppich gekehrt werden. 1961 steht der Schreibtischtäter Adolf Eichmann in Israel vor Gericht. Der Mann wirkt schrecklich harmlos, ein von seinen Sekundärtugenden verkrümmter, skrupelloser Beamter. Die »Banalität des Bösen« (Hannah Arendt) beobachten die Deutschen fast mit Erleichterung. Nicht Eichmann ist ein Dämon, sondern das System, dem er diente. So wie er haben offenbar Tausende *nur* gedient. Niemand hat Mitleid mit Eichmann, aber kaum jemand will erkennen, dass Pflichterfüllung zur Untugend werden kann, wenn die persönliche Verantwortung ausgeschaltet ist.

Nun erst, 1963, kommt es in Deutschland nach Jahren schleppender Ermittlungen zum ersten Prozess gegen das Mordpersonal von Auschwitz. Von den 20 Angeklagten in Frankfurt werden nur sechs als Mörder verurteilt, die anderen der Beihilfe zum Mord für schuldig befunden. Mörder nämlich kann nur sein, wer aus niederen Motiven tötet. Das attestiert das Gericht nur wenigen Anführern der Massenvernichtung. Es ist ein Skandal. Wer *nur* gemordet hat, weil er einer mörderischen Ideologie gehorchte, wer sich als Untergebener versteht, bekommt die Milde des Rechtsstaats zu spüren.

Mord verjährt nach 20 Jahren. Wegen der Säumigkeit der Justiz dürfen die meisten Täter bald unbeschwert ihre Freiheit genießen. Es kommt darüber 1965 zur ersten großen Debatte im Bundestag. Die Verjährungsfrist wird verlängert, aber erst einmal nur um vier Jahre. Noch heute rühmen Historiker und Politiker diese Debatte als »Sternstunde« der Demokratie. Auch dies ist eine Legende. Das Parlament leistet allenfalls halbe Arbeit. Das Thema ist nicht vom Tisch, es wird 1969 eine Wendung nehmen, die heute noch fassungslos macht.

Der Therapeut dankt ab

Ende der Fünfzigerjahre verfällt die Autorität Adenauers. Seine Schwäche ist die Schwäche der CDU. Sie ist keine lebendige Programmpartei mehr, die leidenschaftlich um die Weichenstellungen des Staates streitet. Sie ist jetzt ein Kanzlerwahlverein. Im Wahlkampf 1957 hatte Adenauer die SPD noch als »Untergang Deutschlands« geschmäht, nun sinnt er über eine Koalition mit ihr nach. Die SPD hat sich inzwischen allerdings radikal gewandelt, ist selbst Volkspartei geworden.

Schon zwei Jahre nach dem Gewinn der absoluten Mehrheit beginnt die Erosion von Adenauers Autorität. Alle reden über seinen Rücktritt, nur Adenauer denkt nicht daran abzutreten. Es muss ein Nachfolger für Bundespräsident Theodor Heuss gefunden werden. Adenauer, 83, gelingt, wie er fälschlich glaubt, ein geschickter Schachzug. Er drängt Erhard zur Kandidatur. Damit hätte er den Mann, der als sein aussichtsreichster Nachfolger gilt, elegant aus der aktiven Politik hinausbefördert. Erhard braucht ein paar Tage, bis er den Braten riecht, und zieht seine Kandidatur zurück. Überraschend kontert Adenauer nun mit der stärksten Figur auf dem Schachbrett. Er erklärt sich selbst zum Präsidentschaftskandidaten. Allerdings will er das nicht als ehrenhaften Abschied aus der operativen Politik verstanden wissen, vielmehr legt er die Verfassung eigenwillig aus. Könnte der Bundespräsident nicht eine Art Überkanzler sein, ganz ähnlich wie sein französischer Freund Präsident Charles de Gaulle? Die Bundesrepublik aber kennt keine Präsidialverfassung. Adenauer macht sich lächerlich. Offenbar versteht er die Republik inzwischen als sein Geschöpf, über das er nach Gutdünken verfügen zu können meint.

Adenauer scheitert 1959 auch mit der Absicht, einen zweiten öffentlich-rechtlichen Fernsehsender zu schaffen, ein von der Bundesregierung kontrolliertes *Deutschland-Fernsehen*. Es wäre ein Propagandainstrument in seinen Händen, ein Staatsfunk. Die Länder, zuständig für Rundfunk, schmettern den dreisten Versuch im Bundesrat ab. Adenauer ignoriert es. Das Bundesverfassungsgericht muss ihn stoppen.

Die Wähler stellen Adenauer 1961 die Quittung aus. Die absolute Mehrheit geht verloren. Die FDP profitiert davon am meisten, ihr Stimmenanteil steigt von 5,1 auf 12,8 Prozent. Sie siegt mit dem Motto »Für die CDU ohne Adenauer«. Mit Erhard hätten die Liberalen gern koaliert. Adenauer aber lässt bei der SPD sondieren. Die FDP fällt aus Angst um. Von einer Großen Koalition nämlich wäre zu befürchten, dass sie das Mehrheitswahlrecht einführt und damit die kleineren Parteien aus dem Bundestag ausschließt. Adenauer verspricht, keine ganze Legislaturperiode mehr im Amt bleiben zu wollen. Mit dieser Versicherung kann er die FDP noch einmal ködern.

Was ist mit der SPD geschehen, dass sie plötzlich so begehrt ist und ein Machtwechsel erstmals möglich erscheint? Das Godesberger Programm, das die SPD im November 1959 verabschiedet, kommt nicht aus heiterem Himmel. Jahrelange Diskussionen gehen ihm voraus. Die Reformer haben lange keine Mehrheit gehabt. Kurt Schumacher und sein Nachfolger Erich Ollenhauer sind nicht in der Lage gewesen, ideologischen Ballast abzuwerfen. Erst danach haben die Modernisierer das größere Gewicht: Fritz Erler, der Fraktionschef, Carlo Schmid, der liberale Bildungsbürger, Helmut Schmidt und Willy Brandt, die künftigen Kanzler. Aber den Ausschlag gibt ein Mann der Linken, Herbert Wehner, der bärbeißige Funktionär, dessen rasiermesserscharfe Rhetorik tödlich wirken kann. Er war Kommunist, ja Stalinist. Mit dieser Vergangenheit kann er niemals Kanzler werden. Aber mit unerbittlichem Machtwillen steuert er die Partei als ihr Kärrner, Stratege, Strippenzieher. »Glaubt einem Gebrannten!« So entscheidet er den Kampf zwischen Reformern und Traditionalisten. Nicht weil er selbst ein Reformer wäre, sondern weil er weiß, dass die SPD mit ideologischer Festigkeit keine Wahl gewinnt. Die SPD muss in die Mitte der Gesellschaft eindringen. »Die sozialdemokratische Partei ist aus einer Partei der Arbeiterklasse zu einer Partei des Volkes geworden«, heißt es im Programm. Sie holt nach, was die konservativ-bürgerlichen Kräfte bereits vor 1949 geschafft haben, die geistige Neugründung ihrer Partei. Die SPD hatte sich als Opfer der Nazi-Herrschaft gefühlt und deshalb keinen Grund für eine Revision ihres Geschichtsbilds gesehen. Deshalb klebt sie noch fester an der Nation als die Union.

Godesberg steht für den Wechsel von der Neinsager-SPD zur Jasager-SPD. Jetzt kommt sie in der Bundesrepublik an. Ja zur Bundeswehr, ja zur Marktwirtschaft, ja zum Privateigentum. Im Sommer 1960 sagt Wehner im Bundestag dann auch Ja zum westlichen Bündnis und zur Bundeswehr. Nicht mehr lange, und die SPD wird selbst mit dem Slogan antreten: »Sicher ist sicher – SPD« (1965). Das unterscheidet sich nicht sehr vom alten Erfolgsslogan Adenauers »Keine Experimente – CDU« (1957).

Wahlen werden aber nicht allein mit Programmen gewonnen. Die SPD präsentiert 1961 und 1965 einen ganz neuen Politikertypus als Kanzlerkandidaten. Der erst 47 Jahre alte Regierende Bürgermeister von Berlin Willy Brandt zeigt, was Verwestlichung als politischer Stil bedeutet. Brandt führt sozusagen amerikanischen Wahlkampf, reist in einer blumengeschmückten, cremefarbenen, offenen Limousine mit dem Stander des Bürgermeisters wie ein Staatsmann durch die Städte. Er gilt als deutsche Antwort auf den strahlenden Hoffnungsträger und neuen Präsidenten der USA, John F. Kennedy, der nach dem Bau der Mauer an Brandts Seite triumphal Berlin besucht. Dass sich die SPD für Brandt als Kanzlerkandidat entscheidet, den Amerikafreund, der noch kein nennenswertes Parteiamt bekleidet hat, ist Ausdruck einer neuen Parteikultur. Popularität ist nun die erste Kandidatenpflicht, nicht Linientreue. Mit den Worten »Andere Zeiten erfordern andere Männer« wird Brandt 1960 auf einem Parteitag in Hannover inthronisiert, der inszeniert ist wie eine amerikanische Convention Party. Die SPD will Adenauer wie ein Fossil aussehen lassen.

Doch auch von Adenauer übernimmt Brandt viel. Mit Wohltaten sollen die Wähler gewonnen werden: höhere Renten, ja selbst Fernsehgeräte für Rentner auf Staatskosten, niedrigere Steuern, mehr Kindergeld. Willy will verwöhnen. Die bundesdeutsche Demokratie ist Gefälligkeitsdemokratie. Brandt tritt auch als Mann auf, der sich nicht am Parteiengezänk beteiligt, der darüberzustehen scheint. Das kommt in Deutschland seit jeher gut an.

Unionspolitiker zerreißen sich den Mund darüber, dass der als Herbert Frahm geborene Sozialdemokrat die Nazi-Jahre im skandinavischen Exil verbracht hat und in norwegischer Uniform nach Deutschland zurückgekehrt ist. Exilanten wie er gelten noch immer nicht als Opfer, sondern als Fahnenflüchtige. Der alte Kanzler vergreift sich im Ton.

Überhaupt versteht er die Welt nicht mehr. In Deutschland beginnt ein anderer Geist zu wehen. Das ist ihm nun auch nicht recht. Er selbst hat dafür gesorgt, dass dieser Geist aus der Flasche fahren kann, es ist der Geist des Materialismus, der Säkularisierung und der lockeren Sitten. Auf Dauer kann es Demokratie ohne Liberalität so wenig geben wie eine halbe Schwangerschaft. Nun trägt nicht nur die ökonomische, sondern auch die kulturelle Bindung an den Westen Früchte.

Die Beatles beginnen 1962 in Hamburg ihre Weltkarriere. Die Rockmusik avanciert zum Leitmedium des Wertewandels. Die sexuelle Revolution beginnt zaghaft, aber unaufhaltsam – 1961 wird in Deutschland die Antibabypille zugelassen. Zweifel am selbstzufriedenen Glück nisten in den Fettwülsten des Wohlstands. Die Väter lassen sich verblüffend leicht provozieren, dazu genügen schon die nackenlangen Haare ihrer Söhne. Sie selbst aber sind nicht einmal dazu bereit, ihre Hitler-Gläubigkeit als Jugendsünde zu bereuen, sind unfähig zum offenen Dialog. Zweifellos gilt: »Der deutsche Wertewandel trug neurotischere Züge als anderswo, er verlief hektischer und schuf eine besonders große Distanz zwischen den Generationen.«[4] Die Alten verteidigen ihre Werte verbissen. Wenigstens sie können nicht falsch gewesen sein, glauben sie.

Adenauer sieht das Abendland in Gefahr. Weil er den Wertewandel ablehnt, versäumt seine Regierung überfällige innere Reformen. Das Bildungswesen hinkt der Entwicklung hinterher, ebenso das Familienrecht und das Strafrecht. Noch gibt es Zuchthäuser, Ehebruch und Homosexualität sind strafbar. Adenauer bereitet der Studentenrevolte den Boden. Er macht sich mitschuldig daran, dass die Achtundsechziger die großen Errungenschaften dieser Republik nicht sehen wollen. In ihren Nasen überlagert der Mief den Frühlingsduft der Freiheit, der doch auch in der Luft liegt.

Die Strauß-Affäre

Die Bayerische Landeszentrale für politische Bildung bilanziert die Angelegenheit lapidar: »In der Öffentlichkeit verlor Adenauer darüber hinaus erheblich an Ansehen durch die ›Spiegel-Affäre‹ vom Herbst 1962, als er und sein Verteidigungsminister Franz Josef Strauß in einem Spiegel-Artikel über die Nato einen ›Abgrund von Landesverrat‹ zu erkennen glaubten und die Festnahme mehrerer Redakteure sowie des Spiegel-Herausgebers Augstein veranlassten. In weiten Kreisen der Öffentlichkeit wurde dies als Anschlag auf die Pressefreiheit gewertet.«[5]

Daran ist nichts falsch – und doch verfehlt der Text die Bedeutung der Angelegenheit. Sie wird zu einer kleinen Episode am Rande erklärt. Doch die Legende lebt. In der Broschüre der Bundeszentrale für politische Bildung ist es zutreffend nachzulesen: »Weitreichende Folgen für die politische Kultur der Bundesrepublik« habe die Spiegel-Affäre ausgelöst. Sie bewirkt einen »kräftigen Liberalisierungsschub«, ja die »Abkehr von obrigkeitsstaatlichen Traditionen«[6]. Sie demonstriert auch, wie sehr Adenauer inzwischen die Kraft der Demokratie unterschätzt.

Die *Spiegel*-Affäre, die eine Strauß-Affäre ist, wenn nicht eine Strauß-Adenauer-Affäre, stellt erstmals die demokratische Substanz der jungen Republik auf die Probe. Bürgerrechte und Pressefreiheit erweisen sich als stärker als die Willkür der Staatsmacht. Erstmals zwingt die protestierende Öffentlichkeit die Bundesregierung in die Knie. Das hat es so in Deutschland noch nicht gegeben. Die Bundesrepublik besteht die demokratische Reifeprüfung.

Deshalb ist die Geschichte vom Aufstieg und Fall des jungen bayerischen Politikers Franz Josef Strauß mehr als eine Episode. Sie ist ein Lehrstück und nicht zu verstehen ohne ihre Vorgeschichte. Strauß gilt seit der ersten Legislaturperiode als kommender Mann in Bonn. Der brillante Redner im Bundestag fällt schnell auf. Der Münchner Metzgersohn ist eine hochintelligente Ausnahmebegabung. Stiernackige Vitalität und Charme verbinden sich mit einem sinnlichen Verhältnis zu Frauen, Geld und Macht. Er schert sich einen Teufel um Anstand und Konvention. Auch das verschafft ihm Bewunderer. Eine beachtliche Serie kleinerer Affären begleitet seine Karriere. Mal ist es Vetternwirtschaft, mal verfolgt er einen Polizisten, der auf Einhaltung der Verkehrsregeln pocht, obwohl der Minister im Wagen sitzt. Insgesamt ist die Toleranzschwelle in den heroischen Zeiten der Republik hoch. Heute würde Strauß keine einzige seiner Affären überleben. Er eckt an, provoziert, polarisiert das eigene Lager nicht weniger als das des politischen Gegners.

Getrieben von übermäßigem Ehrgeiz, bekommt er es mit zwei starken Gegnern zu tun. Der eine ist der Journalist Rudolf Augstein und das »Sturmgeschütz der Demokratie«, wie der seinen *Spiegel* am Ende der Affäre rühmen wird. Eigentlich gefällt ihm diese Kraftnatur aus Bayern, denn sie »denkt nationaler als Adenauer«.

Der andere Gegner ist Adenauer. Das Duell der beiden ist,

abgesehen von überbrückbaren politischen Differenzen, ein Generationenkonflikt. Zwei grundverschiedene Temperamente stoßen aufeinander. Strauß, Generalsekretär der CSU, Chef der CSU-Landesgruppe im Bundestag, denkt nicht daran, sich der Disziplin der Regierungskoalition zu fügen. Regelmäßig und respektlos kritisiert er Adenauer. Der Kanzler will den Rohdiamanten schleifen, bietet dem 38-jährigen unverheirateten, lebenslustigen Mann das Amt des Familienministers an. So eine Beförderung hat bei Adenauer noch niemand ausgeschlagen. Strauß tut es mit den Worten, er lasse sich nicht zur bedeutungslosen Witzfigur machen. Adenauer ist souverän genug, zu erkennen, dass Strauß aus einem Holz ist, das eine lebendige Demokratie braucht. Deshalb versucht er ein zweites Mal, den ungehobelten Bayern zu zähmen. Einer von sechs Sonderministern soll Strauß werden. Eine weitere Absage, droht Adenauer, werde er nicht hinnehmen. Strauß nimmt an – aber wie! Er sei der höchstbezahlte Arbeitslose in Bonn, mault er und verlangt ungeniert das Verteidigungsministerium. Das leitet ein anderer, der christliche Gewerkschafter Theodor Blank. Adenauer will die Gegner der Wiederbewaffnung nicht auch noch mit einem strammen Verteidigungsminister provozieren. Blank, so Strauß zum Kanzler, verstehe »vom Militär so viel wie ein Dachdecker von der Viehzucht«. Der greise Patriarch empfindet diese Art von Kritik als »Flegelei« und nennt Strauß eine »Belastung der Koalition«.

Beide haben recht. Strauß ist eine Belastung und Blank unfähig. Die Aufstellung einer Armee von 500 000 Soldaten in nur drei Jahren kann nicht gelingen. Es fehlt an geeigneten Ausbildern, Ausrüstung, an allem. Strauß verlangt, wenn er schon nicht Verteidigungsminister werden kann, zum Minister für Heimatverteidigung ernannt zu werden. Adenauer durchschaut den Vorschlag: Jetzt wolle Strauß also »Befehlshaber des Verteidigungsministers« werden. Das Duell hat Bühnenqualität. Adenauer macht Strauß zum »Minister für dat Atom«, zuständig für die friedliche Nutzung der Kernenergie. Jeder weiß: Strauß will zwar eine kleinere Armee als geplant; die aber soll mit Atomwaffen ausgestattet sein. »Solange ich Kanzler bin, werden Sie nie Verteidigungsminister«, sagt ihm Adenauer ins Gesicht. »Der verschlissene Kerl gehört an den Galgen«, pöbelt der in nicht mehr nüchternem Zustand über Adenauer. Der Kanzler erfährt alles. »Sie sollten nach Mitternacht keinen Wein mehr trinken«, rät er dem Mann, der selbst Kanzler werden will. Es ist sein Lebensziel. Der Protest in der Bundeswehr gegen Fehler und Versäumnisse beim Aufbau der Armee und der Druck der NATO-Partner, sie abzustellen, sind bald so groß, dass Adenauer nachgibt. Im Herbst 1956 ist Strauß oberster Befehlshaber in Friedenszeiten. Er hat den Autoritätskonflikt erst einmal gewonnen.

Nun kommt Augstein ins Spiel. Er glaubt, Strauß sei »besessen von der Bombe«. Jedenfalls ist Augstein besessen von Strauß. Er will dessen unaufhaltsamen Aufstieg ins Kanzleramt, wie er fürchtet, stoppen, zeichnet ihn als Monster, setzt im *Spiegel* eine Kampagne in Szene, die in der Titelgeschichte gipfelt: »Der Endkampf«. Augstein behauptet darin, Strauß trage sich mit Gedanken an einen Staatsstreich mit Hilfe der Armee. »Wichtig ist allein, ob Franz Josef Strauß ein Stück weiter auf jenes Amt zumarschieren kann, das er ohne Krieg und Umsturz schwerlich wieder verlassen müsste ... Die Bundesrepublik, den Rücken zur Wand, muss jetzt mit ihm fertig werden, indem sie ihn entweder annimmt oder abschüttelt.«

Das ist allzu starker Tobak, zudem ein Beleg dafür, was der jungen Demokratie noch fehlt: Gelassenheit, Augenmaß, gesunder Menschenverstand. Demokratischer Wettbewerb ist kein Krieg. Augstein leidet offenbar an einer Art Verfolgungswahn. Die Bundesdeutschen, polemisiert er, seien »so sehr gewöhnt, den vom Herrgott verfügten Regierungswechsel als den einzig möglichen anzusehen, dass nur wenige Handgriffe nötig sind, um in der Bundesrepublik die Herrschaft eines permanenten Chefs zu installieren«. Augstein hätte sich damit begnügen können, Strauß die Affären vorzuhalten, die ihm nachlaufen. Rufmord mittels Dämonisierung geht zu weit.

Zwei ehrgeizige ehemalige Wehrmachtsleutnants treffen zum Showdown aufeinander. Strauß sinnt auf einen vernichtenden Vergeltungsschlag und wartet nur auf die passende Gelegenheit. Sie kommt im Herbst 1962. Im *Spiegel* erscheint der Artikel »Bedingt abwehrbereit« über das NATO-Stabsmanöver »Fallex 62«. Simuliert werden die Folgen eines atomaren Angriffs auf den Westen. Strauß erklärt den gut informierten Report zum Landesverrat. Daran ist nichts, werden Gerichte feststellen. Der eigentliche Landesverrat besteht in den Augen von Strauß wohl in der Tatsache, dass jemand ihn, die Blüte des Vaterlands, massiv am Aufstieg hindern will.

Strauß mag, was er jetzt anzettelt und in Gang setzen lässt, als Notwehr verstehen. Polizei stürmt die Redaktion, Redakteure werden festgenommen und Augstein selbst 103 Tage lang eingesperrt. Der größte Fehler von Strauß ist, dass er seine Rache nicht still genießen kann. Er mischt sich persönlich ein, befiehlt am Telefon dem Militärattaché in Madrid, den gerade in Spanien urlaubenden stellvertretenden Chefredakteur Conrad Ahlers verhaften zu lassen. Strauß überschreitet seine Befugnisse, will es vertuschen, belügt das Parlament.

Die Mehrheit der Bevölkerung steht keineswegs auf der Seite der Obrigkeit. Es wird für die Pressefreiheit demonstriert. Für den *Spiegel* und für Augstein ist es ein Triumph. Die Auflage explodiert, Augstein gilt als Held. Fatal sind die Folgen für Strauß. Adenauer hat frühzeitig von den Maßnahmen gegen den *Spiegel* gewusst, war in fast alles eingeweiht.

Strauß könnte den Kanzler mit in den Abgrund reißen, hält aber dicht. Die Welt steckt mitten in der Kuba-Krise. Um Berlin spitzt sich die Lage zu. Der eigentlich fällige Sturz des bewährten Staatsmanns Adenauer gilt jetzt als zu riskant, würde auch im Ausland nicht verstanden werden. Deshalb übersteht er die Affäre, für die er kaum weniger Verantwortung trägt als der unbeherrschte Strauß. Dem bleiben nur die Bayern treu. Mitten in der Affäre wählen sie die CSU mit absoluter Mehrheit in den Landtag.

Adenauer verteidigt Strauß zunächst, hält den *Spiegel*-Artikel für einen »Abgrund an Landesverrat«. Er hält aber auch, wie sein Adlatus Globke formuliert, alles für eine »glückliche Fügung«. Endlich kann er Strauß loswerden, hat der doch versäumt, den zuständigen Justizminister Wolfgang Stammberger, FDP, über die (illegalen) Aktionen gegen den *Spiegel* zu informieren. Nun verlangt die FDP den Rücktritt des Verteidigungsministers, andernfalls sei die Koalition zu Ende. Adenauer ist keineswegs geschockt. Er lässt bei der SPD sondieren, pikanterweise auch durch den CSU-Politiker Baron Guttenberg. Mit der Chance für eine Große Koalition besteht auch noch die Möglichkeit, die FDP loszuwerden.

Die Pläne zerschlagen sich. Es kommt zu einer Neuauflage der schwarz-gelben Koalition ohne Strauß. Als Adenauers Nachfolger ist der Bayer aus dem Spiel. Genau das war Augsteins Ziel.

Erhards Illusionen

Die wirtschaftliche Lage zum Ende der Ära Adenauer ist so blendend, wie sie nie wieder sein wird. 1965 werden 147 400 Arbeitslose gezählt, 0,7 Prozent. Es herrscht Vollbeschäftigung und darüber hinaus ein Mangel an Arbeitskräften, der seit dem Mauerbau durch Umzügler aus der DDR nicht mehr ausgeglichen werden kann. Es werden jetzt systematisch *Gastarbeiter* angeworben. Ihre Zahl geht bald in die Millionen. Die Geburtenzahlen steigen stark, nehmen erst Mitte der Sechzigerjahre mit dem Pillenknick wieder ab.

Mit dem *Bundesurlaubsgesetz* macht die Republik nach Jahren harter Aufbauarbeit den nächsten Schritt zur Freizeitgesellschaft. Drei Wochen Jahresurlaub sind nun obligatorisch. Die Arbeitszeit wird während der voll erblühten goldenen Ära weiter abnehmen, die Einkommen zugleich in satten Raten steigen.

Der Kanzlerkandidat Erhard wird gefragt, was geschehen würde, wenn es zu größerer Arbeitslosigkeit käme. Die Antwort ist eine verblüffende Mischung aus Weitsicht und Naivität. »Ich glaube, das ist auch überwunden, und zwar deshalb, weil wir nicht mehr darauf angewiesen sind, im nationalen Raum Spannungen und Störungen dieser Art auszugleichen; die Welt ist schon zu integriert, ist zu sehr miteinander verflochten, als dass irgendein Land für sich sein eigenes Schicksal gestalten könnte. Der weitere Raum schafft sehr viel bessere Möglichkeiten, um gefährlichen Entwicklungen rechtzeitig entgegenzuwirken und Störungen auf sehr viel breiterer Grundlage von vornherein zum Ausgleich zu bringen.«[7]

Die Deutschen, nicht bloß Erhard, fühlen sich sicher. Das ist keine zwei Jahrzehnte nach der Katastrophe ein Wunder. Wunder sind gefährlich, wenn es die Leute mit dem Schlager halten, wonach es Wunder immer wieder gebe. Die Deutschen fühlen sich bereits zu sicher. Auch das sieht Erhard. »Es wird nicht gehen, ohne dass die Menschen eben Vernunft annehmen, oder – ich will es duldsamer sagen – ohne dass sie bereit sind, sich innerhalb der Maße zu bewegen, die nun einmal durch die Realitäten des Lebens gesetzt sind.« Genau daran wird es im nächsten Vierteljahrhundert hapern. »Die Nachkriegszeit ist zu Ende«, verkündet Erhard in seiner zweiten Regierungserklärung nach gewonnener Wiederwahl im November 1965. Der Satz ist auch auf seinen Vorgänger gemünzt: Die Ära Adenauer ist nun endgültig vorbei. Die Bundesdeutschen sollen an die Zukunft denken.

Erhard ist nicht Kanzler geworden, weil er als der beste, sondern unbestreitbar als der populärste Politiker gilt, als die »Wahlkampflokomotive«, wie man den von Zigarrenqualm umwölkten, nicht unbedingt für Fleiß und Hingabe berühmten fränkischen Professor nennt. Er teilt die tief sitzende Abneigung der Deutschen gegen den Streit zwischen und in den Parteien. Die Kuhhändel und Kungeleien des politischen Geschäfts sind ihm suspekt. Er hat immer darunter gelitten. Der schlitzohrige Pragmatismus seines Vorgängers steht ihm nicht zur Verfügung. Es ist bezeichnend für offene Gesellschaften, dass sich Interessengruppen lautstark zu Wort melden und um ihre Vorteile streiten. Der Liberale Erhard ist in dieser Frage aber gar nicht liberal, sondern gibt sich altfränkisch. Vom Wohl des ganzen Volkes doziert er und benutzt dafür einen diffusen Begriff, der modern tönen soll: die »formierte Gesellschaft«. Formiert, also in Reih und Glied gebracht, geordnet, harmonisiert sind offene Gesellschaften ganz und gar nicht. Erhards sucht den direkten Draht zu den Wählern. Er wendet sich über die Massenmedien an die Bevölkerung, mahnt, warnt, appelliert. Die Deutschen mögen ihren *Volkskanzler*. Doch schon ein Jahr nach dem Sieg gegen Willy Brandt (1965) kommt das Ende des unaufhaltsam scheinenden Aufschwungs. Die Deutschen sollen wieder Maß halten, den Gürtel enger schnallen, fordert der Kanzler. Sie sollten lieber eine Stunde mehr arbeiten, statt die Arbeitszeit zu verkürzen, mahnt er. Aber schon wissen sie nicht mehr, wie das geht, sich einzuschränken. Reichlich hysterisch reagieren die Westdeutschen 1965 auf die erste kleinere, weltweit zu beobachtende Wachstumsdelle. Erhard lehnt staatliche Eingriffe ab, zum Entsetzen der eigenen Partei. Eine Große Koalition wird allenthalben gefordert und heraufbeschworen, als befinde sich das Land im Notstand. Auch die Wähler reagieren panisch, wählen die neonazistische NPD in die Landtage von Hessen und Bayern, später in weitere Parlamente. Hält die Schönwetterdemokratie schon dem ersten Windstoß nicht stand?

Woran scheitert Erhard? An seiner Führungsschwäche, an seinem stärksten Parteifeind, Konrad Adenauer, der immer noch Parteichef ist. Außenpolitisch daran, dass er das Kunststück schafft, die Beziehungen zu Frankreich und zu den USA aus unterschiedlichen Gründen gleichzeitig zu zerrütten und sich dabei auch noch im parteiinternen Streit zwischen Atlantikern und Gaullisten zerreiben zu lassen. Und innenpolitisch an der zunehmenden Entfremdung der Koalitionsparteien. Ausgerechnet der Vater des Wirtschaftswunders scheitert am Ende auf dem Feld, das so lange seine Domäne gewesen ist. Die Inflationsgefahr steigt infolge der überhitzten Konjunktur. Eine Haushaltslücke von sieben Milliarden D-Mark, verursacht durch Steuersenkungen und Ausgabenerhöhungen, will er jetzt mithilfe maßvoller Steuererhöhungen stopfen. Die FDP lehnt ab und verlässt die Koalition.

1966–1969
Kiesingers Große Koalition
Ermüdung und Aufruhr

Die drei Jahre der ersten Großen Koalition sind Schlüsseljahre der Republik. Vieles gerät in Bewegung. Nicht alles, was sich bewegt, bewegt sich in die richtige Richtung. Im Zenit der goldenen Jahre werden die Parteien selbstgerecht, leichtsinnig und verkennen manche Herausforderung.

Es sind widersprüchliche Jahre. Einerseits präsentiert sich die Große Koalition als Bündnis der nationalen Versöhnung. Ehemalige Nazis und Nazi-Gegner aus beiden Regierungsparteien sitzen am Kabinettstisch, Kiesinger und Brandt, dazu der frühere Stalinist Wehner, doch zu einem aufrichtigen Umgang mit der Vergangenheit führt das nicht. Der Wunsch nach Versöhnung ist stärker als der Drang nach Wahrheit.

Auch deshalb gerät die Republik in Aufruhr. Achtundsechzig: Die Studentenbewegung stellt Werte und Autoritäten infrage und bezweifelt die demokratische Substanz der Republik. Es kommt auf beiden Seiten zu maßlosen Übertreibungen und hysterischen Reaktionen.

Kurt Georg Kiesinger, der populäre Ministerpräsident von

Baden-Württemberg, der durchaus liberale schwäbische Bildungsbürger, der glänzende Redner, wird Kanzler, weil sich nach dem Sturz Erhards die favorisierten Diadochen, Rainer Barzel, Walter Hallstein, Gerhard Schröder, gegenseitig blockieren. Kiesinger drängt sich nicht auf, will eigentlich lieber Bundespräsident werden, schlägt die Chance aber auch nicht aus. Im Übrigen beweist die Wahl des Kandidaten in der CDU/CSU-Bundestagsfraktion – es sind drei Wahlgänge nötig –, wie lebendig damals die innerparteiliche Demokratie ist. Heute gilt totale Geschlossenheit als erstrebenswert. Kandidieren zwei Bewerber um ein wichtiges Amt, ist sogleich von Machtkampf und Spaltung die Rede.

Kiesinger vertritt nicht von vornherein eine Koalition mit der SPD. Sie ist auch keineswegs zwingend. Die Republik befindet sich nicht in der Krise. Es gibt für die Unionsparteien eine zweite Option, die Fortsetzung des schwarz-gelben Bündnisses. Sie scheitert an Franz Josef Strauß, der unbedingt wieder ins Kabinett will, was mit der FDP nicht zu machen ist. Außerdem fordert die Union noch immer Steuererhöhungen. Daran ist Erhards Koalition mit der FDP zerbrochen. Die Union will als stärkste Kraft unter keinen Umständen auf die Oppositionsbank, glaubt, nur aus dem Kanzleramt heraus Wahlen gewinnen zu können.

Auch FDP und SPD hätten gemeinsam eine knappe Mehrheit im Parlament. Ostpolitisch sind die Liberalen näher bei der SPD, fürchten jedoch, bei der nächsten Wahl an der Fünfprozentklausel zu scheitern, falls sie mit der SPD koalieren. Brandt wäre es das Liebste, dann wäre er Kanzler.

Die Große Koalition kann zwar nur von einem Politiker der größeren Fraktion geführt werden, bringt jedoch die SPD an ein lange ersehntes Ziel, die Regierungsbeteiligung. Sieht man von der Ostpolitik ab, liegen beide Volksparteien nicht unüberbrückbar weit auseinander, auch nicht in der Wirtschafts- und Sozialpolitik. Sie fahren ja beide inzwischen auf der falschen Spur des sozialpolitischen Populismus.

» Gänsefüßchen «

Zu Beginn der Großen Koalition versprechen die Unionsgranden ostpolitischen Pragmatismus. Kiesinger ist gegen »Wiedervereinigungssonntagsreden«. Sogar Strauß findet eine Formel; er möchte »flexibel und elastisch« sein, ohne die Ostzone als Staat anzuerkennen. Trotzdem wird die Koalition an dieser Frage zerbrechen.

Es ist eine Illusion zu glauben, die Bundesrepublik sei frei in der Entscheidung, den zwischen Amerikanern und Sowjets ausgehandelten Nichtverbreitungsvertrag für Kernwaffen zu unterschreiben. Natürlich muss Bonn am Ende zustimmen. Kiesinger will es. Strauß jedoch reagiert ausgesprochen hysterisch. Er droht mit Aufkündigung der Koalition und nennt den Vertrag »ein Versailles kosmischen Ausmaßes«, aber auch Adenauer unkt unverständlicherweise von einem »Morgenthau-Plan im Quadrat«. Erst 1974 wird der Vertrag durch die Regierung Brandt ratifiziert werden, und auch dann noch stimmt ein großer Teil der Unionsabgeordneten, darunter geschlossen die der CSU, dagegen.

Die westlichen Bündnispartner, vor allem Frankreich, halten die Bonner für nicht ganz gescheit, in der Atomfrage wie in der Grenzfrage. Die Oder-Neiße-Grenze zwischen Polen und der DDR ist endgültig. Hitler-Deutschland hat das Land im Osten, ein Drittel der Fläche des Reichs von 1937, verspielt, es gibt nichts mehr zu verhandeln. Die Konservativen geben sich dem Wahn hin, mit der Preisgabe der Oder-Neiße-Grenze könne die Wiedervereinigung erkauft werden. Als Brandt auf dem SPD-Parteitag in Nürnberg 1968 darauf hinweist, dass inzwischen 40 Prozent der Bevölkerung der Oder-Neiße-Gebiete dort nach dem Krieg geboren worden seien und niemand an eine zweite Vertreibung denken könne, gilt das als Provokation. Der Kanzler spricht in diesem Zusammenhang von der »inneren Gesundung unseres Volkes« und macht klar, dass er die Ablehnung der Realität für alles andere als gesund hält. Ihr Realitätsverlust lässt die Union die ostpolitischen Lockerungsübungen des Koalitionspartners SPD mit panischer Aufgeregtheit verfolgen. Sie will nicht zugeben, was längst feststeht.

Entspannung ist Voraussetzung der Wiedervereinigung. Die Union sieht es umgekehrt, glaubt, die Wiedervereinigung sei Bedingung für Entspannung. Prinzipienreiterei füllt die Patientenakte der neurotischen Republik. Wie könnte der Ost-West-Konflikt überwunden werden, solange die Bundesrepublik darauf besteht, die DDR international zu isolieren und nach wie vor die Beziehungen zu jedem Land abbricht, das Botschafter mit der DDR austauscht. Es bekommt schon Ärger, wer »DDR« ohne Gänsefüßchen schreibt. Die *Süddeutsche Zeitung* tut es; sie soll, so fordern CDU-Abgeordnete, dafür verklagt werden. In offiziellen Schriftstücken wird um den Namen dieses anderen deutschen Staates herumgeschlichen. »Phänomen« – ohne Gänsefüßchen – nennt der Kanzler, was am Stammtisch schlicht *Zone* heißt und offiziell *SBZ* (Sowjetisch besetzte Zone).

Es bleibt aber nichts anderes übrig, als mit der Regierung dieser Zone zu verhandeln, wenn für Westberliner und DDR-Bürger etwas herausspringen soll. Einen Verhandlungspartner sollte man mit seinem richtigen Namen ansprechen, solange man mit ihm an einem Tisch sitzt. Aber der gesunde Menschenverstand ist in dieser Frage amtlich außer Kraft gesetzt. Zwar ist Kanzler Kiesinger gedanklich weiter als seine Partei, näher bei Brandt, aber es nützt ihm nicht viel, zumal er sich eher als Moderator denn als der die Richtlinien der Politik bestimmende Kanzler versteht. Er hat einen Brief des DDR-Ministerpräsidenten im Mai 1967 nicht ungeöffnet zurückgeschickt, sondern ihn geöffnet, gelesen, beantwortet. Selbst das gilt vielen seiner Parteifreunde bereits als eine Art Anerkennung der DDR. Egon Bahrs Formulierung von der »friedlichen Koexistenz« der beiden deutschen Staaten wird in der Union als »deutsche Selbstaufgabe« (*Bayernkurier*) und Zündschnur am Pulverfass der Koalition gewertet. In Sachen Ostpolitik ist die Große Koalition nur eine Fata Morgana. Es gibt kein gemeinsames Konzept über Weg und Ziel.

Wie hysterisch sich die Unionsparteien verhalten, zeigt auch das Gezeter, das entsteht, als bekannt wird, dass Bahr, nun Leiter des Planungsstabs im Auswärtigen Amt, Außenminister Brandt und andere SPD-Politiker sich mit den führenden italienischen Kommunisten getroffen haben. Die Italiener sollen in Osteuropa die Stimmung für die neue Ostpolitik Bonns verbessern. Die Konservativen halten schon solche Gespräche für Verrat.

Noch komplizierter wird die Lage, als russische Panzer 1968 durch Prag rollen. Die Union will nun zurück zu den Umgangsformen der Fünfzigerjahre. Beziehungen zu den Ostblockstaaten werden zwar nicht abgebrochen, aber doch »eingefroren« – darauf einigt sich die Koalition nach selbstquälerischen Stunden gegen den Willen Willy Brandts. Der »legt sich ins Bett, will keinen sehen und ist nicht ansprechbar«[1], will als Außenminister und Parteichef zurücktreten. Für Politiker wie Strauß ist Prag der Beweis für das Scheitern der Ostpolitik. Für Brandt und Bahr ist das Ende des Reformkommunismus nur ein weiterer Beweis dafür, wie alternativlos Entspannungspolitik ist. Zwischen diesen Gegensätzen gelingt auch Kiesinger keine Vermittlung.

Die Union begeht in der Ostpolitik einen ähnlichen Fehler

wie die SPD einst in der Westpolitik. Sie bekämpft die Vernunft, sie leugnet die Realität. Aber irgendwie muss die Welt sich weiter drehen, auch wenn die Unionsparteien und ihre Anhänger darauf bestehen, dass die Erde eine Scheibe ist und Berlin in der Mitte der Sitz der Achse. Bewusstseinsspaltung hilft weiter. Einerseits hält Bonn am völkerrechtlichen Dogma fest, andererseits verstößt es selbst immer wieder dagegen. Trotz Hallstein-Doktrin werden diplomatische Beziehungen zu Rumänien aufgenommen, weil Diktator Nicolae Ceausescu als trotziger Widersacher Moskaus begrüßt wird. Überhaupt gilt im Kalten Krieg die dämliche Maxime: Der Feind meines Feindes ist mein Freund. Sie ist ein Blankoscheck für einige der blutgierigsten Despoten der Welt. Auch Jugoslawiens Herrscher Josip Broz Tito unterhält diplomatische Beziehungen zur DDR. Aber der auf Unabhängigkeit von Moskau erpichte Kommunist kann mit Bonn erneut diplomatische Beziehungen vereinbaren, obwohl sie 1957 bereits einmal abgebrochen worden sind. Keine diplomatischen Beziehungen aber unterhält die Bundesrepublik weiterhin zum Beispiel mit Indien, weil der Subkontinent einen Botschafter in Ostberlin sitzen hat. Vernünftig erklären kann das niemand. Umgekehrt propagiert die DDR die Ulbricht-Doktrin, wonach niemand normale Beziehungen mit den Ostblockstaaten aufnehmen kann, der die DDR nicht anerkennt. Kambodscha zum Beispiel bricht, nachdem der Fall in Bonn hin und her diskutiert und nach einem Ausweg gesucht wird, nach dem also intensiv *kambodschiert* wird, wie man spottet, seinerseits die Beziehungen ab. Bonn ist blamiert.

Reisende nach Westberlin unterliegen dem Visumzwang und brauchen einen Pass. Natürlich verhandelt Bonn mit dem »Phänomen« über Familienzusammenführungen, Reiseerleichterungen, Handelsbeziehungen. Pragmatische Inkonsequenz ist allemal besser als zementierte Verzweiflung.

Widersprüchlich urteilt auch die Bevölkerung. Mehr als 70 Prozent der Westdeutschen sind für Verhandlungen mit der DDR, aber nur ein Viertel von ihnen befürwortet die Anerkennung der DDR, selbst wenn dies weitere Erleichterungen für die Ostdeutschen brächte. Knapp die Hälfte der Westdeutschen ist für die Anerkennung der Oder-Neiße-Grenze.

Der Alleinvertretungsanspruch beruht auf der verfassungsrechtlichen Auffassung, die Bundesrepublik sei alleiniger Rechtsnachfolger des Deutschen Reichs. Dies wiederum bedeutet auch, die Westdeutschen dürfen ihren Staat nur als Provisorium begreifen. Die Bundesrepublik gilt rechtlich als identisch mit dem alten Reich. Würden die Bundesbürger dies tatsächlich so empfinden, wäre es schlecht für die junge Demokratie. Identisch fühlen können sich die Bürger nur mit dem einen oder anderen. Keine Demokratie kommt ohne Identifikation der Bürger mit ihrem Staat aus. In der Bonner Republik entwickelt sich durchaus ein Staatsbewusstsein, während sich das Nationalbewusstsein allmählich verflüchtigt. Was jetzt entsteht, ist jedoch viel wertvoller als ein Nationalbewusstsein, das die Deutschen nicht daran gehindert hat, undemokratischen und menschenverachtenden Regimen zu folgen. Nun entwickelt sich Demokratiebewusstsein. Nationalisten halten das wachsende bundesrepublikanische Selbstwertgefühl für eine Flucht in die Idylle. Im Übrigen wächst auch allmählich eine europäische Identität heran. Kurzum: Nur noch eine Minderheit vermisst den Nationalstaat. Die offizielle nationale Staatsdoktrin wird von der tatsächlichen Befindlichkeit der Bundesbürger unterhöhlt.

Verpasste Chancen

Die Union möchte mit der SPD die Einführung des Mehrheitswahlrechts vereinbaren. Das gilt als Geschäftsgrundlage für die Große Koalition. Das Eindringen der rechtsradikalen NPD in einige Landtage ist der Anlass. Rache an der FDP für den Bruch der Koalition ist ein zweites Motiv. Nicht wenigen FDP-Abgeordneten wird bereits signalisiert, sie könnten in einer der beiden großen Parteien Unterschlupf finden.

Willy Brandt stimmt prinzipiell zu, ist aber praktisch dagegen. Denn die SPD sieht keine Chance, in absehbarer Zeit stärkste Partei werden zu können. Sie glaubt, die Union nur gemeinsam mit der FDP ausbooten zu können. Ein fauler Kompromiss wird gefunden. 1969 soll übergangsweise noch nach dem Verhältniswahlrecht gewählt werden, ab 1973 sollen dann die neuen Spielregeln gelten, die aber bereits vor 1969 ins Grundgesetz aufgenommen werden. Kiesinger lässt sich darauf ein. Die Sache ist vom Tisch, spätestens als die SPD eine Landtagswahl nach der anderen verliert und zu einer »Strategie des begrenzten Konflikts« übergeht. Damit ist das Ende der Großen Koalition absehbar, und jede der beiden Volksparteien braucht die FDP als Koalitionspartner. Eine große Chance ist damit vertan, die Reformfähigkeit der Bundesrepublik grundlegend zu verbessern.

Das Mehrheitswahlrecht würde bedeuten, dass aus jedem Wahlkreis nur der Kandidat mit den meisten Stimmen ins Parlament einzieht, in der Regel ein Kandidat aus einer der beiden großen Volksparteien. Es gäbe keine Landeslisten und keine Fünfprozentklausel mehr. Im Parlament säßen sich zwei Fraktionen gegenüber, Regierung und Opposition. Das bundesdeutsche Wahlsystem zwingt dagegen die Parteien zu Koalitionen. Langfristig führt das dazu, dass sich ihre Programme angleichen. Da immer Koalitionen regieren, ist die Politik jeder

Regierung ein Kompromiss, und so sieht sie dann auch aus. Je größer die Koalition ist, desto verwaschener ihr Programm.

Mit dem Mehrheitswahlrecht würde zwar die FDP als Koalitionspartner verschwinden, nicht aber der politische Liberalismus. Notwendigerweise würde die eine der beiden großen Volksparteien dann eine liberale, die andere eine sozialdemokratische Wirtschaftspolitik anbieten. Liberale Politik hätte größere Chancen.

Große Koalitionen werden nötig, wenn der Reparaturbedarf des Staates besonders groß ist, denn nur sie verfügen über eine verfassungsändernde Zweidrittelmehrheit im Parlament.

Große Koalitionen erwecken den Anschein großer Harmonie, denn die Opposition spielt in der öffentlichen Wahrnehmung eine geringe Rolle, wenn die Volksparteien gemeinsam regieren. Deshalb sind Große Koalitionen populär. Demokratischer Streit ist es in Deutschland nämlich nicht. Es ist ein Irrtum, Große Koalitionen für stärker zu halten als kleine. Weder die erste noch die zweite Große Koalition bringt die Republik entscheidend voran.

In die falsche Richtung geht die Reform des Föderalismus. Der *kooperative Föderalismus* ist der Versuch, den Ländern mehr Zentralismus schmackhaft zu machen. Für Geld von oben sind sie immer empfänglich. Die Teilung der Macht zwischen Bund und Ländern ist aber nur sinnvoll, wenn beide Seiten klar voneinander unterscheidbare Zuständigkeiten haben. Es muss nicht alles bundeseinheitlich geregelt sein. In der Schweiz haben die Kantone sogar ein Steuererhebungsrecht, die Steuersätze sind unterschiedlich. Undenkbar ist dies in der Bundesrepublik.

Föderalismus bedeutet, nimmt man ihn ernst, Wettbewerb zwischen den Ländern. Wettbewerb setzt Ungleichheit voraus und zielt auf Ungleichheit. Der jeweils Beste soll Anreiz und Maßstab für die anderen sein. In Deutschland dagegen werden die Besten dafür bestraft, dass sie besser sind. Man nimmt ihnen den Vorteil ihrer Leistung und verteilt ihn unter den weniger Erfolgreichen. Das Grundgesetz postuliert sogar die »Gleichwertigkeit der Lebensverhältnisse«. In keinem einzigen größeren Land der Welt aber sind die Lebensverhältnisse überall gleichwertig.

Schwarz und Rot erfinden in der ersten Großen Koalition die sogenannten *Gemeinschaftsaufgaben.* Bund und Länder teilen sich die Kosten. Gemeinschaftsaufgaben (Hochschulbau, Regionalförderung, Agrarstrukturpolitik) machen die Bundesländer finanziell vom Bund abhängiger und damit unselbstständiger. Im Gegenzug dürfen sie die Bundespolitik blockieren. Erst die Föderalismusreform der derzeitigen Großen Koalition hat die Gemeinschaftsaufgaben wieder abgeschafft.

Nachdem Erhard an einer ersten, kleinen Wachstumsschwäche gescheitert ist, betreibt Kiesingers Große Koalition *Gesellschaftspolitik,* wie es nun heißt. Es grassiert die utopische Vorstellung, der Staat könne den Wettbewerb erfolgreich steuern und Wachstum und Vollbeschäftigung garantieren. Jahre grenzenlosen Vertrauens in die wissenschaftliche Planbarkeit der Zukunft beginnen. Bürokratischer Optimismus entgegnet der Angst der Deutschen vor den Risiken der Freiheit. Wirtschaftliche Stabilität soll per *Stabilitätsgesetz* angeordnet werden.

Karl Schiller, Volkswirtschaftsprofessor und Wirtschaftsminister, der ökonomische Star der Großen Koalition, glänzt mit neuen Schlagworten. Von *sozialer Symmetrie* spricht er und ruft zur *Konzertierten Aktion* auf. Noch immer glauben die Deutschen an ein quasi interessenfreies Volkswohl. *Sozialpartner,* Wissenschaft und Politik sollen das gemeinsame Interesse definieren.

Es besteht Handlungsbedarf. Die Arbeitslosigkeit hat sich in nur einem Jahr von 1966 bis 1967 gut verdreifacht; sie beträgt zu Beginn der Großen Koalition 2,5 Prozent. Bis 1969 geht sie zurück auf 0,8 Prozent. Nach heutigen Maßstäben ist die Vollbeschäftigung nie in Gefahr. Im Haushalt fehlen 4,6 Milliarden Mark. Rosige Zeiten und doch der Beginn einer verhängnisvollen Entwicklung.

Wirtschaftsminister Schiller und Finanzminister Strauß sind beide keine Marktwirtschaftler nach dem Vorbild Erhards. Der Staat betreibt Wirtschaftspolitik nach Keynes, mischt sich ein, versucht antizyklisch gegen die Konjunktur zu steuern. Nachhaltige Wirkungen erzielt die Koalition nicht. Obwohl beispielsweise absehbar ist, dass der Kohlebergbau an Saar und Ruhr keine Zukunft mehr hat, subventioniert der Staat ihn weiter. Die Kumpel in Wachstumsbranchen unterzubringen wäre damals kein großes Problem gewesen. Die zwischen 160 und 180 Milliarden Euro, die seitdem in die Subvention deutscher Kohle geflossen sind, hätten sinnvoller investiert werden können.

Das Arbeitsförderungsgesetz und das Berufsbildungsgesetz von 1969 etablieren eine neue Dimension von Sozialpolitik. Die Grundidee ist nicht falsch. Ehe überhaupt jemand arbeitslos wird, soll er fortgebildet und umgeschult werden. Solange praktisch Vollbeschäftigung herrscht, ist das sinnvoll. In Zeiten von Massenarbeitslosigkeit schüren solche Instrumente jedoch überwiegend falsche Hoffnungen und dienen hauptsächlich dazu, die Betroffenen der Arbeitslosenstatistik zu entziehen. Wirklich geholfen wird wenigen.

Wie Adenauer, wie später Brandt und Kohl interessiert sich auch Kiesinger kaum für ökonomische Zusammenhänge. Für sie alle ist Wirtschaftspolitik nur ein Instrument zur effektiven Betreuung wichtiger Wählergruppen.

Nicht trauen und nicht trauern

Eine verfassungsändernde Mehrheit im Bundestag ist die Voraussetzung zur Verabschiedung der Notstandsgesetze. Es geht darum, der Bundesrepublik Souveränität zu sichern. Denn – so der Vorbehalt im Deutschlandvertrag – eine Militärregierung der Siegermächte würde im Fall des äußeren oder inneren Notfalls das Kommando übernehmen, die Rechte der Bundesbürger beschneiden, die Pressefreiheit einschränken, das Versammlungsrecht aufheben, Ausgangssperren anordnen. Vertrauen die Deutschen einem amerikanischen General mehr als einem deutschen Bundeskanzler? Es bedroht die Demokratie nicht, wenn Staaten für den Notfall Vorsorge treffen.

Doch in der Bundesrepublik entflammt über diese Notwendigkeit blanke Hysterie. Zehntausende demonstrieren, der »Notstand der Demokratie« wird ausgerufen. Das lässt nur den Schluss zu, dass Demokratie noch nicht als Normalität empfunden wird. Die Große Koalition wird als Vorstufe einer neuen Einparteienherrschaft beargwöhnt. War nicht der staatliche Angriff auf den *Spiegel* und die Pressefreiheit ein Vorzeichen? Strauß, der seine Macht so schamlos missbraucht hat, sitzt als Finanzminister schließlich erneut im Kabinett. Dort erscheinen er und Wirtschaftsminister Schiller von der SPD, einst Mitglied der NSDAP und der SA, als ein Herz und eine Seele. 70 Prozent der Westdeutschen halten Schiller ohnehin für einen CDU-Politiker. Auch schürt das Aufkommen der NPD die Furcht vor einem Rückfall in finstere Zeiten. 20 Jahre und ein Wirtschaftswunder haben offenbar nicht ausgereicht, die westdeutsche Demokratie auch emotional zu stabilisieren.

Noch vor Beginn der Großen Koalition, aber bereits in ihrer Erwartung, veröffentlicht der Philosoph Karl Jaspers ein Buch[2], das heftige Debatten auslöst. *Wohin treibt die Bundes-*

republik? Es beschreibt, weshalb vor allem Intellektuelle am Weg der Republik zweifeln. An Jaspers' Kritik ist zweierlei bemerkenswert. Erstens ist sie angesichts bedenklicher Entwicklungen in den Parteien im Kern berechtigt. Zweitens jedoch wird diese Kritik mit ungeheuer pathetischer Aufgeregtheit vorgetragen und maßlos übertrieben. Jaspers lässt sich von realitätsfernen, idealistischen Vorstellungen leiten. Die pragmatische Gelassenheit der britischen Spielart von Demokratie ist in der Bundesrepublik auf allen Seiten unterentwickelt.

Jaspers trifft ins Schwarze, wenn er befürchtet, die Republik »wandle sich von der Demokratie zur Parteienoligarchie«. Er sieht jedoch Gespenster, wenn er unkt, sie werde sich von »der Parteienoligarchie zur Diktatur« wandeln. Jaspers irrt vermutlich nicht, wenn er feststellt, die Bundesbürger verstünden sich bisher noch eher als Untertanen statt als Träger der Demokratie. »Denn sie haben sich zu fügen. Zunächst den Vorschlägen der Parteien, dann der Obrigkeit, die sich für ihre Autorität auf das Volk beruft, das sie gewählt hat.«[3] Und weiter: »Respekt vor der Regierung als solcher, wie und woher sie auch sei, Bedürfnis nach Verehrung des Staates ... Bereitschaft zum blinden Gehorsam ... Staatsbesinnung ist bei uns vielfach noch Untertanengesinnung.«[4]

Solche Befürchtungen sind inzwischen widerlegt, auch dank der Achtundsechziger. Man kann die Untertanengesinnung heute allenfalls noch in der Versorgungsmentalität der Deutschen erkennen.

Abgesehen vom Faltenwurf seiner Sprache klingt manche Klage Jaspers' hochaktuell. »Die Politik des Regierenden geschieht im Gleitenlassen des bloßen Betriebes, in den vielen Redereien, die weder Reden noch Handlungen durch Rede sind ... Politisches Denken wird durch juristisches Denken ersetzt.«[5] Und: »Es herrschen Konventionen, die den Mangel an Schöpferkraft verbergen. Man kommt in seinen Positionen voran nicht so sehr durch Geistigkeit und Ethos als durch Beziehungen, durch die Solidaritäten verschiedenster Art … Man ruft nach Persönlichkeiten und tut alles, dass sie nicht entstehen und zur Geltung kommen können.«[6]

Man könne, so Jaspers, kaum von politischer Willensbildung des Volkes sprechen. Die Unkenntnis der meisten Bürger sei erschreckend groß. Meinungsumfragen bildeten den vermeintlichen Willen des Volkes ab und ließen die zunehmend populistischen Parteien darauf reagieren. Die Parteien missbrauchten das Parlament. Von wirksamer Kontrolle der Regierung könne, zumal in der Großen Koalition, nicht ernsthaft die Rede sein. Das alles ist richtig und gilt noch immer. Auch dies: »Die gemeinsame Schamlosigkeit der Parteienoligarchie spürt sich selber nicht … Wir alle, denken sie, sind doch Vertreter des Volkes, wir können doch nicht schamlos sein … Wer uns beleidigt, beleidigt das Volk. Kraft unserer Ämter haben wir die Macht und den Glanz, der uns zukommt.«[7]

Ein Thema ist nach wie vor die Nazi-Vergangenheit. Der Kanzler selbst gibt den Debatten Nahrung. Kiesinger hat ein Handicap, das er schon lange mit sich herumschleppt. Er ist im Auswärtigen Amt des Dritten Reichs ein mittlerer Funktionär, Verbindungsmann des Amtes zum Propagandaministerium, stellvertretender Abteilungsleiter, seit der Machtübernahme 1933 Mitglied der NSDAP, ein sogenannter *Märzgefallener,* also ein Mitläufer gewesen, der an seine Karriere gedacht hat. Aus guten Gründen darf bezweifelt werden, dass Kiesinger ein glühender Anhänger der Nazis gewesen ist; als »unzuverlässiges Element« stand er in Berlin unter verschärfter Beobachtung. Nach dem Krieg gibt er keinen Anlass, an seiner demokratischen Gesinnung zu zweifeln. Aber das kann ihm die Kritik nicht ersparen.

Besonders laut ist die Stimme des Schriftstellers Günter Grass. Wie der Jugend die Verwerflichkeit der NPD erklärt werden könne, wenn einer mit so »schwerwiegender Vergangenheit« das Amt des Bundeskanzlers belaste? Wie der Opfer ermordeter Widerstandskämpfer gedacht werden solle, wenn ein Mitläufer die Richtlinien der Politik bestimme? Niemand ahnt, dass Grass den Rock der Waffen-SS getragen hat.

Eine mit einem französischen Juden verheiratete Mitarbeiterin des deutsch-französischen Jugendwerks, Beate Klarsfeld, steigert sich in einen Hass gegen Kiesinger hinein. Auf dem CDU-Parteitag in Berlin am 7. November 1968 schlägt sie ihm ins Gesicht. Sie wird wegen Körperverletzung und Beleidigung zu einem Jahr Gefängnis verurteilt, die Strafe kurz darauf zu vier Monaten auf Bewährung ermäßigt. Ihr Anwalt ist Horst Mahler, damals Galionsfigur der Achtundsechziger, bald einer der Gründer der RAF, heute Neonazi. Das ganze Land streitet über diese Ohrfeige.

Kiesinger gilt als Inbegriff jener Deutschen, die nach Ansicht der Psychoanalytiker Alexander und Margarete Mitscherlich unfähig sind zu trauern. Ihr Buch *Die Unfähigkeit zu trauern* ist ein herausragendes Zeitdokument, nicht nur weil der Titel zum geflügelten Wort wird, sondern weil es präzise die posttraumatischen Symptome der Deutschen untersucht.

Die Mitscherlichs erklären die Abwehr kollektiver Schuld psychoanalytisch: Nach dem Sturz des Idols Hitler verhielten sich die Deutschen wie ein schwaches Kind, das den Erwachsenen die Schuld an Erziehungsfehlern gibt. »Die Unfähigkeit zur Trauer um den erlittenen Verlust des Führers ist das Ergebnis einer intensiven Abwehr von Schuld, Scham und Angst ... Die Nazi-Vergangenheit wird derealisiert, entwirklicht.«[8] Die Autoren stellen die bange Frage, »wie viel Leidenschaft für die Demokratie sich zeigen würde, wenn die bundesrepublikanischen Geschäfte einmal entschieden schlechter gehen sollten. Gibt es neben unserem Streben nach Reichtum auch ein neuerdings erwachtes nach Freiheit?«[9] Sie zweifeln am Freiheitswillen der Deutschen, weil sich »hartnäckig vordemokratische Anschauungen«[10] am Leben halten. Sie begründen ihre Skepsis damit, dass die Deutschen bisher nicht in der Lage gewesen seien, den Zusammenbruch des Dritten Reichs kritisch zu durchdringen. Vor allem interpretieren sie die konservative Ostpolitik als »Verleugnung der Geschehnisse des Dritten Reichs«[11]. Dahinter stehe generell »die deutsche Art, das schier Unerreichbare kompromisslos so zu lieben, dass das Erreichbare darüber verloren geht«[12].

Eine hellsichtige Analyse. Die Bundesbürger trauen im Unterbewusstsein ihrer Demokratie nicht über den Weg, weil sie unfähig sind zu trauern. Mancher Satz der Mitscherlichs ließe sich mühelos auch als Kommentar zur Wiedervereinigung, 30 Jahre später, lesen. Dann wird der »inneren Einheit« zuliebe Vergangenes verleugnet und Erreichbares verfehlt werden.

Als Folge der »Derealisation« komme es zu »politischer Apathie«, zu einer »Abstumpfung neuen Typs«, zu »psychischem Immobilismus … Wegen der Fortdauer dieser autistischen Haltung ist es einer großen Zahl, wenn nicht der Mehrheit der Bewohner unseres Staates nicht gelungen, sich in unserer demokratischen Gesellschaft mit mehr als ihrem Wirtschaftssystem zu identifizieren.«[13]

Bestätigt werden die Mitscherlichs in der erneuten Debatte um die Verjährung von Mord. Kiesinger ist für eine weitere Verlängerung der Verjährungsfrist, Strauß ist dagegen, droht wieder einmal mit dem Ende der Koalition. Ausgelöst wird der Streit diesmal durch eine Novellierung des Strafgesetzbuches und ein Urteil des Bundesgerichtshofs, die beide als Amnestie für Schreibtischtäter verstanden werden müssen. Die Novellierung des §50, nahezu unbemerkt initiiert und eingefädelt von ehemaligen Nazis im Justizministerium und beschlossen vom Bundestag, schützt Massenmörder vor der lebenslänglichen Höchststrafe. Viele Verantwortliche der Tötungsmaschinerie haben nicht persönlich getötet, sondern das Morden »nur« veranlasst. Das ist nach alter Rechtsprechung Beihilfe zum Mord, kann aber mit demselben Strafmaß wie Mord geahndet werden. Die Novellierung des § 50 sieht nun aber zwingend »niedere Beweggründe« vor, wenn Beihilfe ebenso scharf wie Mord bestraft werden soll. Schreibtischtätern sind niedere Beweggründe schwer nachzuweisen. Sie fallen deshalb nicht mehr unter die verlängerte Verjährungsfrist. 15 Jahre nach ihren Verbrechen – sie sind längst vorbei – können sie nicht mehr belangt werden. Die Milderung des Strafrechts zugunsten nationalsozialistischer Mörder wird vom Bundesgerichtshof bestätigt. Es läuft auf eine Amnestie für Führungskräfte des Holocaust hinaus. Eichmann hätte in Deutschland vermutlich nicht mehr bestraft werden können.

Noch einmal verlängert der Bundestag die Verjährungsfrist für Mord, hebt sie aber nicht völlig auf. Dies wird erst 1979 geschehen. Der Skandal des § 50 StGB aber kann nicht mehr rückgängig gemacht werden.

Achtundsechzig

So eingewachsen in ein dichtes Gestrüpp aus Mythen und Legenden ist mittlerweile diese Immobilie der jüngsten Geschichte, dass kaum mehr ein freier Blick möglich ist auf das, was die einen für die Ruine eines Spukschlosses, die anderen für einen Freiheitstempel halten wollen. Gelingt der mit einer Jahreszahl verbundenen Bewegung tatsächlich die geistige Neugründung der Republik? Ist sie der »Versuch einer Generation, auf einem Berg von Leichen zu leben«, wie der ehemalige Kommunarde Rainer Langhans meint? Oder ist alles nur ein »Medienrohstoff«, der in der Rückschau zu einem »dem Spießer verständlichen Studentenulk in revolutionären Kostümen«[14] verwurstet wird? Bedeutet Achtundsechzig den überfälligen Aufbruch? Und falls ja, Aufbruch wohin? Wird die Bundesrepublik erst jetzt zur offenen Gesellschaft? Oder nur zur Freizeitgesellschaft?

Anklageschriften gegen die Achtundsechziger liegen heute im Dutzend billiger vor, meist verfasst von Sachverständigen, die 1968 noch nicht einmal im antiautoritären Kindergarten steckten, oder von Veteranen der Bewegung, die sich zerknirscht von ihren Jugendsünden reinigen wollen. Normal ist die Verteufelung nicht. Mangel an Patriotismus, Kälte und Egoismus, Bequemlichkeit, mangelnde Leistungsbereitschaft, Werteverfall lautet die Anklage. Für alles, woran Deutschland krankt, werden Achtundsechziger verantwortlich gemacht. Steckt die Bewegung noch immer wie ein Pfahl im Fleisch der Bundesrepublik? Mit Sicherheit lässt sich nur sagen, dass keine andere Episode, die Wiedervereinigung eingeschlossen, die Westdeutschen so polarisiert.

Achtundsechzig ist das Kürzel für eine kurze, heftige Phase der Politisierung. Sie verleidet den vom Wiederaufbau geistig ermatteten Bürgern den Feierabend in ihren Hollywoodschaukeln. Achtundsechzig testet die Schmerzempfindlichkeit der Kriegsgeneration – und siehe da, sie jault auf, ist also doch noch nicht ganz so gehirntot wie befürchtet.

Achtundsechzig bezeichnet auch einen geistigen Rauschzustand. Da wird alles gekippt und gekifft, was zu kriegen ist. Trotzkismus, Maoismus, Leninismus, Anarchismus – im Grunde ist es egal, es geht ja doch nur um die psychedelische Wirkung. Am Ende erweist sich das meiste als Bluna für den Kopf. Die Wirkung hält nicht lange an.

Die Achtundsechziger wollen im Grunde keine neue Marschordnung, sondern gar keine Marschordnung mehr.

Ihr Ziel ist die Entzauberung jedweder Autorität: Ehe, Familie, Schule, Militär, Staat, Nation.

Antiautoritär sind die Achtundsechziger und dabei höchst widersprüchlich. Ihre Idole und ihre Ideologie nämlich stehen für geistige Uniformierung statt für Freiheit. Selbst aufgeklärte Bürger trauen ihren Ohren nicht. Klingt das nicht alles totalitär? Mao und Ho und Fidel eignen sich nur als Mittel zur Provokation. Die Alten fürchten, die revolutionäre akademische Jugend könne ihr kaum vollendetes Werk zerstören. Die Jungen pfeifen auf dieses Wunder. »Macht kaputt, was euch kaputt macht!« – solche Parolen können nicht gerade als Beweis von Toleranz verstanden werden. Angst und Schrecken zu verbreiten ist des Revoluzzers wahrer Genuss. Darin spürt er seine Wirkung. Wasserwerfer und Gummiknüppel bestätigen ihn.

Revolutionär an den Achtundsechzigern ist nicht der Versuch, die staatliche Ordnung zu stürzen, sondern ihre *Selbstverwirklichung*. Dennoch haben die Bundesbürger Angst, absurderweise, denn nie besteht auch nur ein Hauch von Gefahr, die wild gewordenen Revoluzzer könnten die Intellektuellen oder gar die Arbeiter für den Umsturz gewinnen.

Zu den kanonischen Schriften der Bewegung zählt Adornos *Der autoritäre Charakter* ebenso wie Wilhelm Reichs *Die Funktion des Orgasmus*. Wenn überhaupt eine Revolution, dann ist Achtundsechzig eine Kulturrevolution. Sie wird von einer Generation ausgefochten, die Leitbilder und Lebensformen der Eltern langweilen. Das ist nicht fair, weil der von den Alten geschaffene Wohlstand die materielle Voraussetzung dieser Rebellion ist.

Wer sind die *Achtundsechziger?* Es wäre falsch, den Begriff auf die Aktivisten der Bewegung und ihre Anhängerschaft zu beschränken. Kampfzone sind nicht nur Charlottenburg und Schwabing, sondern auch das gewöhnliche Klassenzimmer und der Familientisch. In den meisten Familien und Schulen wird noch geschlagen, jetzt endlich auch millionenfach widersprochen, verweigert, rebelliert. Das ist gesellschaftlich relevanter als die Frankfurter Schule und sämtliche Go-ins, Sit-ins und Teach-ins zusammen. Die Kulturrevolution erfasst das ganze Land. Zu den Slogans der Revolte zählen nicht nur Politparolen, sondern auch »Wer zweimal mit derselben pennt, gehört schon zum Establishment«. Die Achtundsechziger fordern ein Höchstmaß an Toleranz gegenüber alternativen Lebensformen und demonstrieren selbst extreme Intoleranz gegenüber der Lebenswelt der Alten. Ein Widerspruch.

Paradox ist auch dies: Einerseits ist die APO tief durchdrungen von Antiamerikanismus, der über den bloßen Protest gegen den Vietnamkrieg hinausreicht, andererseits ist sie Teil einer von den Vereinigten Staaten ausgehenden, die ganze westliche Welt durchdringenden Bewegung. Die deutsche Studentenrevolte ist Ausdruck der kulturellen Amerikanisierung, die sie zu bekämpfen behauptet. Das verbindende Motiv der internationalen Revolte ist der Protest gegen den Vietnamkrieg der USA. Aber die deutsche Bewegung weist Besonderheiten auf. Kristallisationspunkt sind die Notstandsgesetze (»NS-Gesetze«) eines für faschistoid gehaltenen Staates. Speziell deutsch ist der beispiellose Konflikt mit der Kriegs- und Nazi-Generation. In Westdeutschland steht Achtundsechzig auch in der Tradition der romantischen Jugendbewegung, Eichendorffs Taugenichts also näher als Marx, meint der Ex-Achtundsechziger Rüdiger Safranski, »freilich ohne dessen Anmut zu besitzen«[15]. Die Parole »Alle Macht der Phantasie« verrät typisch deutsche Weltfremdheit, die in der Politik sucht, was nicht zu finden ist, und ein unrealistisches Verhältnis zur modernen Industriegesellschaft.

Der Staat tut alles, um den Konflikt weiter zu schüren. Ein Polizist erschießt am 2. Juni 1967 abseits einer Demonstration gegen den persischen Schah in Berlin den unbewaffneten, friedlichen Studenten Benno Ohnesorg aus nächster Nähe, vermutlich im Affekt, besser sollte man sagen: aus Hass. Die Justiz sieht es anders, gesteht dem Beamten zu, der Schuss habe sich versehentlich gelöst, was Zeugen bestreiten. Dass jetzt die Stimmung eskaliert, kann niemanden irritieren. Die rechte Presse, vor allem aus dem Hause Springer, hetzt. Am 11. April 1968, einem Gründonnerstag, wird der Studentenführer Rudi Dutschke von dem arbeitslosen, rechtsradikalen Hilfsarbeiter Josef Bachmann niedergeschossen, 23 Jahre alt, motiviert von Schlagzeilen in der *Bild*-Zeitung, wie er angibt. Am selben Abend explodieren Molotowcocktails vor dem Springer-Hochhaus. »Enteignet Springer«, fordern die Demonstranten. An den folgenden Ostertagen breiten sich die Proteste in 26 westdeutschen Städten aus. In München sterben zwei Unbeteiligte nach Steinwürfen. Es ist bereits der Höhepunkt und zugleich der Scheideweg der Bewegung. Der SDS (Sozialistischer Deutscher Studentenbund) verliert seine Dominanz, die Szene spaltet sich auf, schwächt sich selbst. Nur eine verschwindend kleine fundamentalistische Sekte entscheidet sich für den Weg in den terroristischen Untergrund.

Was ist *ziviler Ungehorsam?* Viele Studenten beziehen sich auf das Widerstandsrecht gegen die Nazi-Diktatur. Aus der mangelhaften Aufarbeitung der Vergangenheit schließen sie auf den faschistischen Zustand der Gesellschaft, ein nicht akzeptabler Trugschluss.

Im Übrigen beweist gerade die auf Drängen der Achtundsechziger beschleunigte Liberalisierung des Landes dessen Reformfähigkeit. Sie sind blind für den historischen Fortschritt, für das wirklich Neue dieser Republik. Sie messen sie »mit den Maßstäben idealer Vorstellungen«, klagt Kiesinger.[16] Der Bundeskanzler, auch andere Spitzenpolitiker, reagieren keineswegs so reaktionär, hilflos und verständnislos, wie es die Legende will. Sie stellen sich Diskussionen mit den Studenten. Das Volk ist hysterischer als seine Führung. Die NPD kommt kurz nach den Osterunruhen in Baden-Württemberg auf zehn Prozent der Stimmen.

Was bleibt? Die Achtundsechziger betreiben auf breiter Front die überfällige Öffnung und Liberalisierung der Nachkriegsgesellschaft. Sie erfasst zunächst die Universitäten selbst, später dann aber alle Bereiche der Gesellschaft, Medien, Parteien, sogar die Kirchen. Die politische Kultur des Landes wandelt sich zum Besseren. In der Justiz, in den Schulen, in den politischen Institutionen kommt eine neue Generation zum Zug, die den langen Marsch durch die Institutionen zügig absolviert und dabei doch am meisten sich selbst verändert. Die Anstößigen stoßen nun tatsächlich an, nicht nur ihre Karriere. Sie stoßen Fenster auf; das Land wird durchlüftet. Die Emanzipation der Frauen ist nun nicht mehr aufzuhalten; dies ist ebenso eine Wirkung der Achtundsechziger wie die nun beginnende Umweltbewegung. Aber es bleiben auch Flurschäden zurück.

Johano Strasser bringt es auf den Punkt: »Die Maßlosigkeit, die so typisch ist für unsere moderne Lebensweise, das Pathos der Grenzüberschreitung, des Immermehr – ein Großteil der Achtundsechziger war diesem Wahn auf ihre Weise genauso ausgeliefert wie die kapitalistische Gesellschaft, gegen die sie Sturm liefen.«[17]

Weniger pathetisch formuliert: Die Achtundsechziger tragen dazu bei, dass sich die Bundesrepublik auf ihren ökonomischen Lorbeeren ausruht, dass Wettbewerb eher verunglimpft statt gefördert, Leistung eher bestraft statt belohnt wird. Sie richten sich, auch wenn sie es nicht wahrhaben wollen, in ihrer Republik allzu bequem ein. Letztlich leiden die Achtundsechziger unter ganz ähnlichen Illusionen wie ihre bürgerlichen Gegner – an der idealistischen Vorstellung, ein guter Staat könne alles richten.

1969–1974 Willy Brandt
Aufbruch und Verrat

»Mehr Demokratie wagen« lautet das vollmundige Motto der Regierungserklärung Willy Brandts. »Nein, wir sind nicht am Ende unserer Demokratie, wir fangen erst richtig an!«, ruft er den Abgeordneten zu. Die Ankündigung enthält ein ungerechtes Urteil über die vergangenen zwei Jahrzehnte.

In mancherlei Hinsicht sind die ersten Regierungsjahre Willy Brandts sogar vergleichbar mit denen Konrad Adenauers. Die Bündnispolitik im Westen und die Brandt'sche Entspannungspolitik verfolgen dieselbe Absicht. Beide wollen die Bundesrepublik zu einem friedliebenden Partner der europäischen Nachbarn machen, wollen den Fluch des Nationalismus ein für alle Mal beenden. Beide haben ein spiegelbildliches Problem. Einst war eine nationalistische SPD gegen Adenauers Politik Sturm gelaufen. Nun ist es die Union, die Brandts Projekt im Osten bekämpft. Adenauer und Brandt befinden sich aber auf demselben langen Weg, ohne es sich einzugestehen.

Ohne die Westbindung, für welche die SPD Adenauer als

Verräter Deutschlands gebrandmarkt hat, besäße Brandts Entwurf einer modernen Gesellschaft kein Fundament. Ohne Entspannungspolitik, deretwegen die Unionsparteien Brandt zum Vaterlandsverräter erklären, könnte die Bundesrepublik der Welt nicht glaubhaft machen, mit der Politik des alten Reichs nichts mehr zu tun zu haben. Beiden, Adenauer wie Brandt, geht es nicht in erster Linie um Wiedervereinigung, auch wenn die jeweiligen Heiligenlegenden behaupten, sie hätten an nichts anderes gedacht. Eigentlich müssten die beiden wie Goethe und Schiller gemeinsam auf ein Denkmal, der Rationalist und der Idealist.

Beide interessieren sich aber auch zu wenig für wirtschaftliche Zusammenhänge und lassen Entwicklungen zu, die auf lange Sicht die Zukunftsfähigkeit des Landes schwächen. Mit Adenauer beginnt das goldene Zeitalter der Republik, mit Brandt endet es.

Koalition der Verlierer

Zunächst will Kurt Georg Kiesinger nicht wahrhaben, dass seine Zeit vorbei ist. Er hat die Wahlen 1969 gewonnen, die Union ist, mit 46,1 Prozent der Stimmen klar vor der aufholenden SPD mit 42,7 Prozent, erneut stärkste Fraktion. Die FDP hat eingebüßt, ist von 9,5 auf 5,8 Prozent gefallen. Aber Bundespräsident Gustav Heinemann, der ehemalige CDU-Politiker und Innenminister Adenauers, nach zweimaligem Parteiwechsel Justizminister für die SPD, beauftragt nicht Kiesinger, sondern Brandt mit der Bildung der Regierung. Die FDP, mit dem schlechtesten Ergebnis seit Bestehen der Republik geschlagen, steht als Koalitionspartner zur Verfügung. Dieses Bündnis der Verlierer ist keine Vergewaltigung der Demokratie, wie die Union meint, sondern entspricht der Logik eben jenes Verhältniswahlrechts, das zu ändern die Große Koalition nicht in der Lage gewesen ist. Nun sitzt die Union erstmals auf den Bänken der Opposition. Für manchen Konservativen geht die Welt schier unter, hält er doch seine Partei für mehr als nur eine Partei, nämlich für *die* Staatspartei der Republik.

Der Wechsel ist bereits mit der Wahl Heinemanns zum Staatsoberhaupt vorbereitet worden. Die CDU hätte den Abtrünnigen niemals gewählt. Die FDP aber ist für Heinemann zu gewinnen gewesen, gegen die Zusicherung der SPD, das für sie so gefährliche Mehrheitswahlrecht käme damit endgültig vom Tisch.

Der neue Bundespräsident verhält sich durchaus nicht neutral. Er erklärt, mit seiner Wahl habe sich ein »Stück Machtwechsel« vollzogen. In seiner Antrittsrede lässt er bereits die Leitmotive der Brandt'schen Kanzlerschaft anklingen. »Einige hängen noch immer am Obrigkeitsstaat. Er war lange genug unser Unglück und hat uns zuletzt in das Verhängnis des Dritten Reichs geführt ... Nicht weniger, sondern mehr Demokratie – das ist die Forderung, das ist das große Ziel, dem wir uns alle und zumal die Jugend verschrieben haben.« Nicht das Wahlvolk, sondern die FDP vollzieht diesen Machtwechsel.

Die FDP hat sich gewandelt. Die einst überwiegend nationalliberale, ja nationalistische Partei, in der zahlreiche Ex-Nazis eine politische Heimat fanden, hat sich während der Jahre der Großen Koalition erneuert, mit Walter Scheel einen Reformer zum Parteichef gewählt. Führende Intellektuelle wie der Soziologe Ralf Dahrendorf prägen nun die Partei; die »Freiburger Thesen« (1971) werden quasi zum Godesberger Programm der Liberalen.

Die Visionen des neuen Kanzlers mögen kühn sein und groß, die Mehrheit für die Koalition der Verlierer ist denkbar dünn. Zwischen Anspruch und Realität klafft eine Lücke.

Hatte Adenauer 1949 mit nur einer Stimme Mehrheit sein Werk begonnen, so sind es bei Brandt nun zwei. Diese Mehrheit verflüchtigt sich durch Parteiübertritte ostpolitischer Gegner Brandts. Der Kanzler der Entspannung verliert die Mehrheit im Parlament. Die Union will ihn vom Sockel stoßen, doch Rainer Barzel, der Beinahekanzler, scheitert mit dem sicher geglaubten konstruktiven Misstrauensvotum. Nicht der rauschende Erfolg der Politik Brandts stoppt ihn, sondern undemokratische Machenschaften. Es ist eine zynische Pointe, dass die Lichtgestalt Brandt, die mehr Demokratie wagen will, bestochenen Abgeordneten ihr politisches Überleben verdankt.

Eine zweite Pointe derselben Qualität wird folgen: Brandt, der sich für gutnachbarschaftliche Beziehungen zur DDR einsetzt, wird über einen DDR-Spion in seinem Büro stürzen. Sein Rücktritt schon kurze Zeit nach dem Wahltriumph 1972 hat freilich noch andere Gründe, die ökonomische Lage und seine Führungsschwäche in einer heillos zerstrittenen SPD. »Der Herr badet gerne lau – so in einem Schaumbad«, ätzt Fraktionschef Wehner ausgerechnet in Moskau über seinen Kanzler und Parteichef. Statt ihn unverzüglich aus dem Amt zu jagen, verliert Brandt die Lust am Regieren. Zu allem Überdruss glaubt er, seines Lebenswandels wegen erpressbar zu sein. Die Enttarnung des DDR-Spions Günter Guillaume in seiner engsten Umgebung lässt dieses Risiko realistisch erscheinen. Der größte Skandal aber ist, dass Guillaume nicht sofort aus Brandts Nähe entfernt wird, sondern mit Billigung der Spionageabwehr und des Innenministers Hans-Dietrich Genscher (FDP) bleiben darf, sogar unbeschattet den Kanzler in den Urlaub begleitet. Aber nicht Genscher tritt zurück, sondern Brandt wirft ausgelaugt hin.

Abflug ins Wolkenkuckucksheim

Bei den Olympischen Sommerspielen 1972 präsentiert sich tatsächlich ein neues Deutschland: heiter, liberal, tolerant, weltoffen, unverkrampft, modern. Die Bundesrepublik erlebt ihre schönsten Stunden. Viele sind es nicht, dann folgt schon der Anschlag der Palästinenser auf die israelische Olympiamannschaft. Erst versagen die Sicherheitsvorkehrungen, dann enden die dilettantischen Befreiungsversuche der Polizei in einem Blutbad. Innenminister Genscher übernimmt die Verantwortung nicht. Nach normalen demokratischen Maßstäben wäre sein Rücktritt unausweichlich.

Haben die Deutschen vor lauter Freude an der neuen Leichtigkeit des Seins den Ernst der Lage unterschätzt, aus lauter Liberalität das Notwendige unterlassen? Die Realität holt sie nun mit Macht und auf vielen Feldern der Politik ein.

Die größten Probleme mit der Realität hat die Republik seit geraumer Zeit in finanziellen Angelegenheiten. Der Begriff *Reform* erfreut sich hoher Beliebtheit, bedeutet aber etwas ganz anderes als heute. Reform ist damals ein Synonym für Wohltaten des Staates. So wird der Begriff gelernt und eingeübt, so schlägt er Wurzeln in den Köpfen der Bundesbürger. Heute gelten Reformen schlimmstenfalls als Angriff des Staates auf die Taschen der Bürger, bestenfalls als Versuch, von den Besitzständen zu retten, was noch zu retten ist.

Mit welchen gesellschaftspolitischen Visionen tritt Willy Brandt an? Mehr Demokratie soll mehr *Mitbestimmung* bedeuten, aber auch mehr *Mitverantwortung*. Beides sind zentrale Begriffe in Brandts Regierungserklärung. Er interpretiert sie jedoch einseitig. Freiheit, lernen die Bundesbürger, bedeutet vor allem die Befreiung von der Verantwortung für die individuellen Risiken des Lebens. Die Wohlfahrtsdemokratie steigert die Fehler der Ära Adenauer. Brandt forciert den Materialismus der Westdeutschen, auch wenn das nicht in seiner Absicht steht. Sie werden noch anspruchsvoller und glauben sich dabei auf dem rechten Weg. Denn der Musterdemokrat an der Spitze versieht ihre Ansprüche an den Staat mit moralischem Prüfsiegel. Selbst die motzenden Studenten glauben an die Pflicht des Staates zur Vollversorgung auch noch im zwanzigsten Semester. Subventionsmentalität gilt als korrekt. Außenpolitisch ist Brandt ein Realist, innenpolitisch ein Illusionist. Den maßlosen Forderungen der Gewerkschaften setzt er nicht viel entgegen. Sie unterhöhlen das Fundament des Wohlstands. Die IG Metall, die Gewerkschaft der Drucker, die Fluglotsen und die Gewerkschaft für den öffentlichen Dienst lähmen das Land mit Streiks. Es kommt zu astronomischen Lohnerhöhungen zwischen 11 und 17 Prozent. Die Gewerkschaften wollen jetzt nicht mehr nur als Tarifpartner wirken, sondern als »politische Bewegung«.

Arbeit wird zu teuer. Die Preise galoppieren davon, die Staatsverschuldung vervielfacht sich. Kein Wunder, denn allein das Sozialbudget steigt in den Jahren der Regierung Brandt um etwa ein Drittel. Am nachhaltigsten wirkt sich die Reform der Rentenversicherung aus. Eine Mindestrente wird eingeführt, die nächste Runde der Rentenanpassung um drei Jahre vorgezogen, zugleich die Altergrenze flexibilisiert, also gesenkt. Jetzt darf man schon mit 63 in Rente gehen, die Gewerkschaften hatten sogar 60 Jahre als Schwelle gefordert. Auch die Leistungen aus der Arbeitslosenversicherung werden drastisch erhöht. Sie steigen auf mehr als das Doppelte in wenigen Jahren. Sie sind nun ein Lohnersatz aus der Staatskasse, nicht bloß Hilfe in Not. Das paradoxe Ergebnis ist, dass die Zahl der »Armen« permanent steigt, weil auch die Definition von Armut den gehobenen Ansprüchen angepasst wird. Wer die Hälfte des Durchschnittseinkommens nach Hause trägt, gilt statistisch als arm. Das Füllhorn der vor den

Wahlen 1972 ausgeschütteten zusätzlichen Sozialleistungen ist noch nicht geleert. Ein einheitliches Kindergeld für alle wird eingeführt, ein Konkursausfallgeld erfunden, der Sparerfreibetrag verdoppelt.

Brandts späte Jahre sind der Höhepunkt des westdeutschen Sozialstaats. Das alles kann nur funktionieren bei Vollbeschäftigung und stetem Wirtschaftswachstum. Insgesamt wächst der Sozialstaat doppelt so schnell wie die Volkswirtschaft. Mitte der Siebzigerjahre kommt das Wirtschaftswachstum jedoch zum Erliegen. Die Arbeitslosenquote steigt rapide an, verglichen mit heute ist sie noch gering. Von 1 Prozent 1971 steigt der Anteil der Arbeitslosen auf 2,6 Prozent 1974. Es ist eine Zunahme um 160 Prozent.

Der grenzenlose Fortschrittsglaube wird nun schwer erschüttert. Plötzlich ist von den »Grenzen des Wachstums« die Rede. Unversehens wird auch das Schmiermittel allen Wohlstands, billige Energie, knapp und teuer. Ende 1973, bislang unvorstellbar, ruht gar der Verkehr auf den deutschen Autobahnen an zwangsweise autofreien Sonntagen. Geschwindigkeitsbegrenzungen (Tempo 100 auf Autobahnen, Tempo 80 auf Landstraßen) sollen Sprit sparen helfen. Das Sinnbild der deutschen Freiheit und Wirtschaftsdynamik, das Automobil, steht entweder ganz still oder schleicht nur noch dahin.

Globalisierung ist noch kein Begriff, weder in der Sprache noch im Denken. Dennoch ist die Republik bereits »in die Globalisierungsfalle getappt«[1]. Sie nimmt es nur nicht zur Kenntnis. Schlimmer: Ökonomisch beschreitet Bonn einen Sonderweg, als sei die Weltwirtschaft ohne großen Belang. Der Sozialstaat wird ausgebaut, die Industrie subventioniert. Im Sommer 1970 bekommen die Steuerzahler einen *Konjunkturzuschlag* aufgebrummt.

Auch die mit den Achtundsechzigern in die SPD geratenen antikapitalistischen Ideologen verhindern politische Korrekturen. Die Linke will die Belastbarkeit der Wirtschaft und der Steuerzahler testen. Auf 60 Prozent soll der Spitzensteuersatz angehoben werden, verlangt der SPD-Parteitag 1971 in Bonn. »Genossen, lasst die Tassen im Schrank!«, ruft entsetzt Karl Schiller, Superminister für Wirtschaft und Finanzen.

Auf diesem Feld der Politik erweist sich Willy Brandt als hilflos und lässt die Dinge treiben. Natürlich erfährt er heftigen Widerspruch im Kabinett. Zwei Finanzminister treten aus Protest zurück, weil die Regierung nicht sparen will, erst Alex Möller, dann Karl Schiller. »Ich bin nicht bereit, eine Politik zu unterstützen, die nach außen den Eindruck erweckt, die Regierung lebe nach dem Motto: ›Nach uns die Sintflut‹«, schreibt er an den Kanzler.

Als Schiller geht, bietet der Kanzler seinem Verteidigungsminister Helmut Schmidt die Nachfolge an. Der will den Job nur für wenige Monate machen, bis zur Wahl, »weil ich nicht verantwortlich sein will, wenn du zulässt, dass aus unserer Partei eine Nenni-Partei gemacht wird«, schreibt er an den Kanzler. Nenni, der italienische Parteiführer, steht für einen linkssozialistischen Kurs. Schmidt stellt Bedingungen. Eine ist, dass die ordnende Hand im Kanzleramt, Kanzleramtschef Horst Ehmke, die Regierungszentrale verlässt. Damit wird der Kanzler eine wichtige Stütze verlieren.

Der Kampf gegen die Linken in der SPD, vor allem gegen die Jusos, wird für Brandt zur permanenten Kraftprobe. Den damals ganz und gar antikapitalistischen Jungsozialisten gelingt es, dank enorm wachsender Mitgliederzahlen, weite Teile der Parteiorganisation zu dominieren. 400000 Jusos gibt es in den frühen Siebzigerjahren, die meisten sind zugleich SPD-Mitglieder. Dem Ansturm der rebellischen Jugend hat die Volkspartei wenig entgegenzusetzen.

Brandt schafft, was nicht wenig zählt, eine Brücke zur Generation der Achtundsechziger. Über diese Brücke dringen viele

Aktivisten der Bewegung in die SPD ein und proben dort den Aufstand. Die Jusos haben eine »Doppelstrategie«. Sie versuchen über Mehrheiten in der SPD die Politik zu prägen, zugleich außerhalb der Parlamente Druck zu machen. Die Idee, Politik nicht den Politikern zu überlassen, nimmt Willy Brandts Parole »Mehr Demokratie wagen« beim Wort. Nur verstehen die jungen Sozialisten unter Partizipation und Demokratie etwas anderes als der Kanzler. Sie sind gegen die NATO und gegen Unternehmer, übrigens aus denselben Gründen. Sie wollen die Regierungspartei in eine klassenkämpferische, sozialistische Partei zurückverwandeln. Auf Parteitagen werden absurde Vorschläge beantragt und gelegentlich sogar beschlossen: die Verstaatlichung von Banken etwa oder das Verbot von Maklern. Willy Brandt träumt weiter von der Integration aller Kräfte durch die Kraft der Vernunft. Immer wenn er aufwacht, wird er depressiv. Es zeigt sich, dass er gelegentlich selbst die Realität verkennt. Auch dem großen Adenauer ist das in der zweiten Hälfte seiner Regierungsjahre so ergangen.

Im Wahlkampf des Jahres 1972 preist Brandt jedenfalls die Segnungen des »demokratischen Sozialismus«. Er wirbt zugleich mit der Parole: »Deutsche, wir können stolz sein auf unser Land.« Das zielt auf die Mitte der Gesellschaft, dorthin, wo Nationalstolz gut ankommt. Bereits als Außenminister hat er erklärt, ohne Stolz könne ein Volk nicht leben, und ein »wahres Maß des Nationalgefühls« gefordert. Er hält das für die Voraussetzung für einen »gesunden Prozess der Genesung eines Volkes«.

Der *demokratische Sozialismus,* von dem die Linke schwärmt, wäre gleichbedeutend mit dem Ausscheren Deutschlands aus der Wertegemeinschaft des Westens. Im Wahlkampf jedenfalls kommt der merkwürdige Akkord aus nationalen und sozialistischen Tönen gut an.

Selbst die Union vertritt nun sozialdemokratische Überzeugungen. Beide politische Lager versuchen sich mit sozialpolitischen Versprechungen gegenseitig zu übertrumpfen. Die Union stimmt der verhängnisvollen Rentenpolitik zu, wo harte Opposition zwingend wäre.

Keine Frage: Es gibt auch Reformen, die nichts oder kaum etwas kosten. Das Wahlalter wird auf 18 gesenkt. Das Strafrecht wird erneuert; die Resozialisierung bekommt ein stärkeres Gewicht. Die Liberalisierung des Landes bleibt aber nicht frei von Widersprüchen. Unverhältnismäßig sind Reaktionen gegen politische Gegner am linken Rand, der *Radikalenerlass* ist eine Übertreibung. In der eigenen Partei kommt Brandt linken Forderungen weit entgegen, zugleich verbietet er, dass Kommunisten Lokomotivführer oder APO-Studenten Lehrer werden dürfen. Solche Leute sind aber in der SPD gefährlicher als in der DKP.

Der Kniefall

Kein Bild aus diesen Jahren hat sich stärker ins Gedächtnis eingegraben als Willy Brandts Kniefall am Denkmal für den Aufstand im jüdischen Getto in Warschau am 7. Dezember 1970. Nicht zuletzt dafür erhält der deutsche Kanzler den Friedensnobelpreis. Die großartige Versöhnungsgeste erhöht das Ansehen der Republik in der Welt, gilt sie doch als Meilenstein der Resozialisierung eines Volkes. Nur die Nationalisten sehen in der Geste eine Selbsterniedrigung. Die Ostpolitik Brandts verhilft der Bundesrepublik außenpolitisch zu größerem Gewicht. Der Verzicht auf längst Verlorenes, auf uneinklagbare Rechtsansprüche, erweist sich nicht als Verlust, sondern als Gewinn.

Die Unionsparteien halten den Friedensnobelpreis für den deutschen Kanzler durchaus nicht für eine Auszeichnung, die dem ganzen Land gilt. Den Preis verdankt Brandt schließlich jener Ostpolitik, die das Unionslager nach wie vor ablehnt.

Schon in seiner ersten Regierungserklärung vermeidet Brandt den Begriff der *Wiedervereinigung*. Die Existenz zweier deutscher Staaten, die dennoch füreinander nicht Ausland sein können, ist für ihn Realität. Schluss also mit Lebenslügen und Sonntagsreden! Brandt löst das Vertriebenenministerium auf, benennt das *Gesamtdeutsche Ministerium* um in *Ministerium für innerdeutsche Beziehungen*. Es sind erste Signale. Dann schafft Brandt rasch ein vierteiliges Vertragswerk. Ausgehend von der Erkenntnis, dass Entspannung nur mit, aber niemals gegen Moskau möglich ist, wird zunächst der deutsch-sowjetische Vertrag ausgehandelt. Moskau soll auf die DDR und auf Polen vermittelnd und mäßigend einwirken. Brandts Versuche, mit Ostberlin Verhandlungen aufzunehmen, sind bisher gescheitert, aber die Fortschritte in Moskau bringen auch innerdeutsch den Durchbruch.

Kern des ersten wie aller weiteren Verträge ist die Unverletzlichkeit der bestehenden Grenzen. Unverletzlich ist freilich etwas anderes als unveränderlich. Es hört sich nach Haarspalterei an, ist aber der Weg, um das größte Hindernis der neuen Ostpolitik zu umschiffen, das völkerrechtliche Beharren auf Wiedervereinigung. Das Ziel der friedlichen Verständigung mit den Nachbarn steht nur dann nicht im Widerspruch zur Wiedervereinigung, wenn es den Deutschen erlaubt bleibt, sich in freier Selbstbestimmung zu vereinen. Das hält zwar niemand in überschaubarer Zukunft für möglich, aber es sind diplomatische Finessen notwendig, das Undenkbare nicht auszuschließen. Ein in Bonn verfasster ergänzender »Brief zur Deutschen Einheit« wird von der deutschen Delegation zur Vertragsunterzeichnung in Moskau übergeben. Er wird damit Bestandteil des Vertrags. Sinn des Briefs ist es, den Sowjets zu ersparen, selbst das Wort Wiedervereinigung im Vertragstext verwenden zu müssen. Solche völkerrechtlichen Feinheiten schonen nicht nur das empfindliche DDR-Regime, sondern auch die Opposition in Bonn.

Auf sie muss Rücksicht genommen werden. Die Unterzeichnung der Verträge ist nämlich nur die halbe Sache, folgen muss ihre Ratifizierung durch den Bundestag. Das macht angesichts der äußerst knappen Mehrheit für Brandt die Lage spannend. Der Warschauer Vertrag muss sogar nachverhandelt werden, weil nach Ansicht der Unionsparteien die Rechte der deutschstämmigen Minderheit in Polen vernachlässigt werden. Für den deutsch-sowjetischen Vertrag gilt, dass er erst ratifiziert werden soll, wenn die Vereinbarungen der vier Siegermächte über Berlin beschlossen sind, die wiederum erst in Kraft treten, sobald deutsch-deutsche Zusatzvereinbarungen ausgehandelt und die übrigen Ostverträge ratifiziert sind.

Erst nach der Ratifizierung des Moskauer sowie des Warschauer Vertrags und nach dem Zustandekommen des Viermächte-Abkommens zu Berlin (das unter anderem den freien Zugang nach Westberlin regelt und die Aufrechterhaltung und Entwicklung der Verbindungen Westberlins zur Bundesrepublik erstmals auch durch Moskau bestätigt) beginnen die zähen Verhandlungen für den Grundlagenvertrag zwischen den beiden deutschen Staaten. Die Kontrahenten in Bonn steigern sich mit ungeheurer Intensität in dieses politisch-diplomatisch-juristische Spiel hinein. Rechthaberei wird zu patriotischer Tugend verklärt. Aber niemand kommt an der simplen Tatsache vorbei: Es gibt zwei deutsche Staaten. Am Ende werden beide in die UNO aufgenommen. Ostberlin hat sein Ziel der Anerkennung erreicht. Ein fünfter Vertrag folgt mit dem Prager Abkommen, ebenfalls einem Gewaltverzichts- und Grenzanerkennungsvertrag. Eingepasst sind die Ostverträge in die »Konferenz über Sicherheit und Zusammenarbeit in Europa« (KSZE), an der 35 Staaten, darunter auch die USA und Kanada, teilnehmen. Die Vereinigten Staaten und die Sowjetunion verhandeln gleichzeitig über eine Reduzierung ihrer Atomwaffenarsenale. Brandts Ostpolitik passt zur Großwetterlage.

Der Kurs der Unionsparteien hätte die Bundesrepublik isoliert. Das hindert die Opposition nicht daran, zähen Widerstand zu leisten. Doch ist sie selbst tief gespalten. Sie muss sozusagen mit sich selbst verhandeln und einen Kompromiss finden. Berühmt wird Rainer Barzels »So nicht« zu den Verträgen. So nicht, also anders, aber eben doch. Die Opposition ist weder ganz gegen noch ganz für die Verträge und verlangt im Zuge der Ratifizierung laufend Nachbesserungen. Die meisten Unionsabgeordneten enthalten sich der Stimme; von »Annahme trotz Ablehnung« ist die Rede. Aber auch das Bundesverfassungsgericht, angerufen von der Bayerischen Staatsregierung, akzeptiert schließlich die Anerkennung der DDR, erklärt zugleich die Präambel des Grundgesetzes für nach wie vor gültig. Es gibt ein gesamtdeutsches Staatsvolk, rechtlich ist die Bundesrepublik »teilidentisch« mit dem Deutschen Reich. Das verstehe, wer mag. Damals glauben nicht wenige Deutsche, das Schicksal ihres Volkes hänge von solchen Spitzfindigkeiten ab.

Wer geglaubt hatte, ein Vierteljahrhundert nach der Kapitulation hätten alle Deutschen die Lektion der Geschichte kapiert, wird enttäuscht. Ein Beispiel: Zum hundertsten Jahrestag der Bismarck'schen Reichsgründung rechnet Bundespräsident Heinemann mit einem Nationalstaat ab, der letztendlich nach Auschwitz und Stalingrad geführt hat, während Ex-Kanzler Kiesinger am Grab Bismarcks Reich und Nation rühmt.

Die Westdeutschen haben offenbar kein gemeinsames Geschichtsbild. Das ist nicht beunruhigend, zeigt es doch nur, dass die Bundesrepublik die alten Mythen nicht nötig hat. Sie steht durchaus schon auf dem Fundament einer eigenen Identität. Verfassungspatriotismus löst zwanglos den Nationalstolz ab. Freiheit ist das höchste Ziel eines Staates, ihre Verfassung garantiert sie. Das Deutsche Reich dagegen erzählt nur eine Geschichte von Blut und Eisen zum Ruhme Preußens.

Verräterische Pointen

Die Ostpolitik führt beinahe zum Sturz der Regierung. Je erfolgreicher Brandts Ostpolitik ist, desto bedrohter ist paradoxerweise seine Mehrheit im Parlament. Drei nationalliberale FDP-Abgeordnete, darunter der Ritterkreuzträger und frühere Parteichef Erich Mende, wechseln als »Hospitanten« zur Union. SPD-Abgeordnete folgen, etwa der Vertriebenenfunktionär Herbert Hupka. Um jeden wankelmütigen Hinterbänkler wird geworben, mit sicheren Listenplätzen, mit Geld. Brandt verliert die Mehrheit im April 1972, als auch noch der niedersächsische Bauer Wilhelm Helms von der FDP sich der CDU anschließt.

Die Mehrheit der Wähler hat gegen die Ostpolitik durchaus nichts einzuwenden. Der Union ist das gleichgültig. Sie wittert die große Chance zum Kanzlersturz. Oppositionsführer Barzel will sich mit einem konstruktiven Misstrauensvotum zum Kanzler wählen lassen. Wird das Wahlvolk sich das gefallen lassen? Wird die Studentenbewegung wieder aufflackern, diesmal weite Teile des Bürgertums mitreißen? Solche Fragen schwirren tagelang durch die Republik. Am 27. April 1972 misslingt das allseits Erwartete. Barzel fehlen bei der Abstimmung zwei Stimmen. Er fasst sich an den Kopf und versteht die Welt nicht mehr. Später stellt sich heraus, dass Bestechungsgelder den Machtwechsel verhindert haben. Sie sind vermutlich aus der DDR gekommen und in die Taschen mindestens eines CDU-Abgeordneten geflossen. Julius Steiner, Deckname *Streit,* heißt der Empfänger, ein CDU-Abgeordneter aus Baden-Württemberg, der entschieden über seine Verhältnisse lebt und als Doppelagent sein Zubrot verdient.

Welch windige Figuren sitzen in diesem Parlament? Zum Beispiel der kriminelle Parlamentarische Geschäftsführer der SPD, Karl Wienand, Wehners rechte und linke Hand. Er arbeitet nebenbei für Markus Wolf, den Geheimdienstchef der DDR. Was wusste Wehner? »Ich kenne zwei Leute, die das wirklich bewerkstelligt haben«, wird er später bekennen. »Der eine bin ich, der andere ist nicht mehr im Parlament.« Nur Wienand kann damit gemeint sein.[2] Aber auch der parlamentarische Geschäftsführer Leo Wagner von der CSU, Deckname *Löwe,* ein Verschwender, der mit seinen Diäten nicht auskommt, wird von der Stasi als IM geführt.

Wie auch immer, schon am Tag nach Barzels großer Niederlage verfehlt Brandt die Mehrheit für den Bundeshaushalt. Jetzt wird es eng, nicht nur bei der notwendigen Ratifizierung der ersten beiden Ostverträge mit Moskau und Warschau. Die Regierung hat es schwerer als seinerzeit Adenauer mit den Westverträgen. Ihr bleibt nichts anderes übrig, als den Verhandlungen mit den kommunistischen Führern Verhandlungen mit der Unionsführung anzuschließen. Es ist nicht leicht zu sagen, was schwieriger ist.

Eine schäbige Groteske geht über die Bonner Bühne, von der nur die Parteien selbst glauben, es handle sich um großartiges Staatstheater. In dieser Frage von historischer Bedeutung wäre eine Volksabstimmung die sauberste, sicherste, demokratischste Lösung gewesen. Nur leider sieht die Verfassung sie aus Angst vor dem Volk nicht vor.

Brandt hat im Parlament keine Mehrheit mehr. Am ehrlichsten wären Neuwahlen. Die FDP aber scheut das Risiko.

Brandt fürchtet um die Ostverträge. Die Union sonnt sich in dem Gefühl, dass nun ohne sie nichts mehr geht. Brandt stellt im September 1972 die Vertrauensfrage; die Regierungsmitglieder enthalten sich, damit Brandt zum Schein das Vertrauen verlieren und den Bundespräsidenten um Auflösung des Bundestags bitten kann. Die vorzeitigen Neuwahlen sind Brandts Triumph. Nun zeigt sich, dass seine Politik die klare Mehrheit der Bevölkerung hinter sich hat. Die SPD wird 1972 erstmals stärkste Partei im Bundestag (45,8 Prozent), auch die FDP legt zu. Die Union verliert Stimmenanteile.

In seiner zweiten Regierungserklärung, wesentlich inspiriert von seinem Berater Klaus Harpprecht, gibt sich Brandt weniger visionär als bei der ersten. Er ist auf dem Boden der Tatsachen angekommen. Vom »Willen zur Kontinuität« ist nun die Rede, davon, dass Reformen einen »langen Atem« bräuchten. Die SPD hat jetzt die »neue Mitte« im Visier.

Der Grundlagenvertrag der beiden deutschen Staaten wird nun ratifiziert. CDU-Chef Barzel tritt zurück, weil die Unionsparteien es ablehnen, dem UNO-Beitritt der Bonner Republik zuzustimmen. Davon profitiert ein gewisser Helmut Kohl, dessen Ära als Parteichef nun beginnt. Es ist allein die ostpolitische Starrköpfigkeit der Union gewesen, die dem sozialliberalen Bündnis den Bruch erspart hat. Denn in der Wirtschafts- und Sozialpolitik ist der Vorrat an Gemeinsamkeiten nach dem Wahlsieg 1972 bereits aufgebraucht. Die FDP kann einige sozialdemokratische Pläne verhindern, zum Beispiel die paritätische Mitbestimmung. Insgesamt ist den Liberalen die Überfrachtung des Sozialstaats, der Trend zum Dirigismus ein Graus. Aber noch gruseliger ist die Vorstellung, mit den Kalten Kriegern der Union regieren zu sollen.

Das ist der innere Zusammenhang zwischen der deutschlandpolitischen Unbeweglichkeit der Union und dem inneren Verfall der Erhard'schen Marktwirtschaft. Durch ihr halsstarriges Bekenntnis zur Nation lässt die Union zu, dass das liberale Fundament der Republik Schaden nimmt. Verantwortungslos falsche Politik aus nationalistischen Motiven ist freilich nichts Neues in Deutschland.

Das Ende der goldenen Jahre

Helmut Schmidt hat gewissermaßen eine Ausbildung zum Kanzler hinter sich. Der Hamburger Innensenator war Krisenmanager während der großen Flut 1962, der Fraktionsvorsitzende gemeinsam mit dem CDU-Politiker Rainer Barzel Motor der Großen Koalition, der frühere Weltkriegsleutnant der erste sozialdemokratische Verteidigungsminister, der Volkswirt genießt als Minister für Wirtschaft und Finanzen weltweites Ansehen. Die Führungsqualitäten sind so unbestritten wie die rhetorische Brillanz von *Schmidt-Schnauze*. Er ist ein *Macher*, wie man sagt, aber nicht nur das. Zwar führt er die Staatsgeschäfte pragmatisch, aber nach Grundsätzen seines philosophischen Leitbildes Karl Popper. Schmidt ist gewiss kein Populist, folgt einem inneren Kompass, fühlt sich als Diener des Staates, als sein »leitender Angestellter«, wie er sagt, sieht seinen Job als Managementaufgabe. Könnten Bundeskanzler per Stellenausschreibung gefunden werden, Helmut Schmidt wäre der ideale Bewerber gewesen.

Am Ende seiner achtjährigen Amtszeit fällt dann aber die

Bilanz doch nicht so glänzend aus. Schmidt habe Fortune gefehlt, schreiben die Kommentatoren. Aber das ist nicht sein wahres Handicap. Schmidts Rationalität kommt nicht klar mit den irrationalen Kräften in seiner Partei.

Die zweite Hälfte der Siebzigerjahre markiert bereits das Ende des kurzen goldenen Zeitalters der Republik. Schmidt hat es mit dem vollen Sortiment der Probleme und Krisenerscheinungen zu tun, das noch heute, drei Jahrzehnte später, deutsche Politik bestimmt, vom Terrorismus bis zum Umweltschutz, vom überbordenden Sozialstaat bis zur Globalisierung. Die gravierendsten Fehlentwicklungen könnten mit einiger Entschlossenheit und Weitsicht gemildert werden. Doch ist die Bundesrepublik dazu nicht bereit und wohl auch nicht in der Lage. Schuld daran ist nicht allein, aber doch spürbar der Einfluss der Achtundsechziger. Linke und grüne Positionen werden besonders in der Partei des Kanzlers politisch wirksam.

Ein neues, globales Thema sind die »Grenzen des Wachstums«. Der gleichnamige Bericht des *Club of Rome*[1] wird besonders in Deutschland als Menetekel empfunden. Die exponentiell wachsende Weltbevölkerung wird freilich nicht an Ressourcenmangel zugrunde gehen. Den Wachstumspfad zu verlassen und stattdessen ein weltweites Gleichgewicht zu schaffen, wie es die Autoren fordern, bleibt Utopie.

Helmut Schmidt hat dafür keine Antenne. Wer Visionen habe, müsse zum Arzt, sagt er. Aber auch Visionen sind im politischen Wettstreit harte Fakten, wenn sie das Denken von Wählern und Politikern bestimmen. Schmidt hat es zudem mit höchst widersprüchlichen Visionen, Illusionen und Ängsten zu tun. Er wird gleichsam in die Zange genommen von denen, die glauben, die zuverlässige Mehrung des Wohlstands sei Gewohnheitsrecht, und denen, die ihren Glauben an den Fortschritt gründlich verloren haben. In dieser Zwickmühle macht Schmidt Fehler. Im Zweifel entscheidet er zugunsten seiner Hausmacht in der Partei, den Gewerkschaften. Mit ihnen ist die Modernisierung der Gesellschaft aber nicht leichter als mit den Weltverbesserern der Linken.

Reformen, Reformstau, Reformgegner

Dass Reformen notwendig sind, darüber gibt es keinen Zweifel. Aber die Deutschen wissen nicht mehr, was sie unter *Reform* verstehen sollen. Unter Brandt bedeuteten Reformen vor allem den Ausbau des Sozialstaats. Nun gilt *Reform* als Zumutung, als Kürzung staatlicher Leistungen, als Anpassung an schwierigere Bedingungen. Die *Stärkung der Wettbewerbsfähigkeit,* von der nun dauernd die Rede ist, klingt in den Ohren der meisten Wähler bedrohlich. In den Jahren der Regierung Schmidt wandelt sich Reformfreude in Reformallergie.

Reform steht in roter Leuchtschrift auch über dem Wolkenkuckucksheim Willy Brandts. Deshalb vermeidet Schmidt in seiner ersten Regierungserklärung das Wort, spricht stattdessen von *Stabilität.* Eigentlich aber meint er: Deutschland braucht Reformen, nur andere als bisher. Auch Adenauer hatte unter dem Schlagwort *Keine Experimente* Deutschland reformiert. Er wusste mit den Ängsten der Deutschen umzugehen, Schmidt kann das nicht so gut.

Seinem kargen Realismus mangelt die Fähigkeit, die Emotionen der Westdeutschen anzusprechen. Darauf verstand Willy Brandt sich besser. Schmidts Botschaft ist ernüchternd; alles, was die Bundesbürger sich zusätzlich leisten wollen, müssen sie sich erst erarbeiten. Das Machbare ist selten zugleich das Wünschbare. Die Folgen politischer Vorschläge müssen abgeschätzt werden. Die SPD sei keine »futurologische Seminareinrichtung«, schreibt Schmidt seinen Genossen zum Amtsantritt ins Stammbuch. Pläne müssen finanzierbar sein. Das ist Schmidts erste Regel. Deshalb wird gleich zum Start seiner Regierung der Gesetzentwurf zur Vermögensbildung aus dem Verkehr gezogen sowie das Gesetz zur Berufsbildung »abgespeckt«.

Der Ölpreis stieg im Herbst 1973 dramatisch. 1979 geschieht es erneut. Die Folge ist jeweils ein Konjunktureinbruch. Die Inflationsrate schnellt in der ersten Ölpreiskrise auf bis zu 6,9 Prozent. Die Wirtschaft schrumpft, die Zahl der Arbeitslosen springt von 580 000 auf über eine Million und sinkt nach dem Abklingen der ersten Ölpreiskrise nicht tief genug. Während der gesamten Regierungszeit Schmidts nimmt die Zahl der Beschäftigten in Westdeutschland um zwei Millionen ab. Deutschlands Wirtschaft leidet an Wachstumsschwäche. 1973 sinkt das Bruttosozialprodukt um 1,6 Prozent. Jetzt würde der Dienstleistungssektor entlastend wirken; in den Siebzigerjahren ist er jedoch in Deutschland, anders als etwa in den USA, noch kaum entwickelt. Der Strukturwandel lässt auf sich warten, Versäumnisse rächen sich. Die Regierung schafft jetzt im öffentlichen Dienst eine Million Stellen. Das ist kurzfristig gut, langfristig aber eine schwere Hypothek für den Staatshaushalt. Die öffentliche Verschuldung explodiert von 126 Milliarden auf 671 Milliarden DM, die jährliche Neuverschuldung von 8 Milliarden (1970) auf 77 Milliarden DM (1981) am Ende der Regierung Schmidt.

Ihr Krisenmanagement muss aus heutiger Perspektive kritisch gesehen werden. Seinerzeit gilt Schmidts Wirtschaftspolitik als vorbildlich. Der Staat versucht *antizyklisch,* der Konjunktur auf die Beine zu helfen. Geld wird verbilligt, die Inflationsrate bis 1976 auf 4,4 Prozent gedrückt. Aber die Instrumente der nationalen Wirtschaftspolitik sind nicht mehr sehr durchschlagend. Was noch immer *Volkswirtschaft* heißt, ist *Weltwirtschaft*. 1977 ist bereits jeder fünfte Arbeitsplatz abhängig vom Export, zum Ende der Ära Adenauer war es nur jeder siebte. Schmidt versucht mal das eine, mal das andere. Investiert die Wirtschaft zu wenig, weil die Arbeitskosten zu sehr drücken, die Gewinne zu schmal sind, die Risiken zu hoch? Oder liegt das Heil in satten Lohnsteigerungen, welche die Kaufkraft stärken, in staatlichen Beschäftigungsprogrammen, in gerechterer Verteilung von Arbeit? Zwischen diesen beiden Richtungen kann sich der Gewerkschafter Schmidt nicht wirklich entscheiden. Er versucht es 1975 mit einem Subventionsprogramm zugunsten der Bauwirtschaft und zugleich mit einem Sparprogramm zur Haushaltssanierung. Schon damals warnen die Wirtschaftsweisen vor zu viel staatlichem Dirigismus. Der liberale Koalitionspartner der SPD kann sich wirtschaftspolitisch nicht durchsetzen.

Schmidt zieht 1976 mit dem Slogan *Modell Deutschland* in den Bundestagswahlkampf. Hat er die Zeichen der Zeit nicht erkannt? Von einem Modell kann keine Rede mehr sein. Doch ist die Propaganda erfolgreich, weil sie dem Selbstbild der Westdeutschen entspricht. Sie glauben nach wie vor, ökonomisch Weltklasse zu sein, vorbildlich fleißig und erfindungsreich.

Die Unionsparteien gewinnen die Wahlen, verfehlen mit 48,6 Prozent der Stimmen nur knapp die absolute Mehrheit. Doch SPD und FDP treten als Bündnis an. Beide Partner verlieren Stimmen, behaupten dennoch ganz knapp, mit nur vier Sitzen, ihre Mehrheit im Bundestag.

Schmerzhaft ist der Abschied von den alten Modell-Deutschland-Illusionen. Schmidt startet seine Amtszeit mit einem erstklassigen Fiasko. Die Koalition hat vor der Wahl versprochen, die Renten 1977 nach den bisherigen Regeln zu erhöhen. Es stellt sich nun heraus, dass die Rentenkasse in die Krise geraten ist. Die versprochene zehnprozentige (!)

Rentenerhöhung, so schlägt es die Koalition nun vor, soll um ein halbes Jahr verschoben werden; künftig sollen außerdem nicht mehr die Bruttolöhne, sondern die Nettolöhne das Maß der Anpassung sein. Auch sollen die Rentner mehr für ihre Krankenkassen zahlen. Der übliche Verschiebebahnhof zwischen den Sozialversicherungssystemen soll die Tiefe des Desasters verschleiern. Die Opposition schäumt, spricht von *Rentenbetrug*. Das ist, gemessen am Wahlversprechen, eine zutreffende Vokabel. Doch sorgen Schmidts Gegner auch dafür, die Lage zu verharmlosen. Das ganze Rentensystem müsste erneuert werden. Das hat auch die Union vor der Wahl nicht gefordert. Was nun geschieht, ist das Gegenteil des Notwendigen. Die Renten werden erhöht, wie vor der Wahl versprochen. Als Bauernopfer tritt Sozialminister Walter Arendt zurück.

Ratlosigkeit bestimmt den wirtschaftspolitischen Kurs der sozialliberalen Regierung. Erst wird gespart, ab 1977 dann wieder mit vollen Händen ausgegeben. Der Staat will die Wirtschaft ankurbeln, obwohl der Spielraum dafür ausgereizt ist. Mal senkt die Koalition den Liberalen zuliebe die Steuern, mal beschließt sie der SPD zuliebe neue Sozialleistungen. Konsequent ist das alles nicht. Immerhin wächst die Wirtschaft bis zur nächsten Ölpreiskrise wieder um vier Prozent (1979).

Schmidt bemüht sich international um Stabilisierung. Mit seinem Freund, dem französischen Präsidenten Valéry Giscard d'Estaing, schafft er die Institution der Weltwirtschaftsgipfel; zum ersten Mal treffen sich die Staats- und Regierungschefs der sechs führenden Industriestaaten 1975 in Frankreich. Zwei Jahre später schaffen Weltwirtschaftsgipfel und EU-Gipfel auch in Deutschland eine Kulisse, die Schmidt als großen Zampano erscheinen lässt und ihm innenpolitisch Luft schafft. So eine Gelegenheit wird fast 30 Jahre später auch Angela Merkel nutzen. Auch damals schon versprechen die USA, Öl zu sparen und die Inflation zu bekämpfen. Was das Ölsparen angeht, bleibt es ein hohles Versprechen, die Vereinigten Staaten sind bis heute die größten Energieverschwender der Welt.

1980 kann Helmut Schmidt die Wahl gegen Franz Josef Strauß siegreich bestreiten. Es ist eher ein Plebiszit gegen Strauß als für Schmidt. Die SPD gewinnt wenig hinzu, die Union verliert viel (4,1 Prozent). Die Grünen treten erstmals an und landen bei 1,5 Prozent.

Die wirtschaftliche Lage spiegelt das Ergebnis nicht. Wieder steigt die Arbeitslosigkeit, diesmal schon auf fast 1,4 Millionen, wieder sinkt die Produktion, und die Inflation klettert auf 7 Prozent. Doch über die richtigen Schlüsse daraus zerstreiten sich SPD und FDP. Die Liberalen wollen stärkere Einschnitte ins soziale Netz. Die Sozialdemokraten eine Ergänzungsabgabe für höhere Einkommen. Die Partner blockieren sich gegenseitig. Nichts geschieht. Nur der Schuldenberg wächst.

Dennoch entfernt sich der Kanzler zunehmend von der eigenen Partei, die noch immer unter dem Vorsitz seines Vorgängers Brandt nach links strebt. Viel Energie verpufft in fruchtlosen, zermürbenden, weitgehend theoretischen Programmdebatten.

Volksparteien im Richtungsstreit

Die innerparteilichen Konflikte machen die SPD am Ende regierungsunfähig. Außerdem kommt die Gründung der Grünen einer Abspaltung eines Teils des linken Lagers gleich.

Die Linke in der SPD fordert staatliche Investitionslenkung. Es ist das Gegenteil dessen, was der Kanzler der sozialliberalen Koalition gebrauchen kann. Schmidt provoziert: »Ihr beschäftigt euch mit der Krise des eigenen Hirns statt mit den ökonomischen Bedingungen, mit denen wir es zu tun haben.«

Der Streit hält die SPD vor dem Parteitag in Mannheim 1975 monatelang im Griff. Schließlich beschließen die Delegierten lediglich eine *Meldepflicht* für Investitionen ab einer bestimmten Größenordnung. Das wäre, würde es realisiert, bürokratischer Mumpitz. Zu erkennen ist der Wunsch der marxistischen Linken, die Möglichkeiten staatlicher Wirtschaftslenkung in der Marktwirtschaft auszuloten und gegebenenfalls auszureizen. Zwar scheitern sie mit Forderungen nach Vergesellschaftung von Produktionsmitteln, doch versetzen sie die Partei in wachsende Unruhe und Verwirrung. Im März 1977 wird Klaus Uwe Benneter zum Juso-Vorsitzenden gewählt, im September aus der Partei geworfen. Er vertritt die kommunistische Stamokap-Theorie, die Ansicht also, der Staat sei ein Werkzeug in der Hand kapitalistischer Monopole. Drei Jahrzehnte später wird Benneter als Generalsekretär auftauchen, dann an der Seite des doch ziemlich kapitalistischen Reformkanzlers Schröder. So ändern sich nicht nur Zeiten, sondern auch Charaktere. Aber auch gewichtigere Politiker wie der Erste Bürgermeister Hamburgs, Hans-Ulrich Klose, glauben damals, der Staat sei nichts anderes als ein »Reparaturbetrieb des Kapitalismus«. Kraftproben mit der Partei begleiten Schmidt bis zum Ende seiner Amtszeit. Nicht alle kann er gewinnen. Wirtschaftspolitisch verliert er sie häufiger als außenpolitisch. Parteitage, wie der in München 1982, beschließen staatliche Beschäftigungsprogramme und Steuererhöhungen, obwohl sie in der Koalition mit der FDP nicht durchsetzbar sind. Aber Schmidt hat am Ende seiner Kanzlerschaft nicht nur die Linken als Gegner. Ihm fallen nun ausgerechnet die in den Rücken, auf die er fest gebaut hat, diejenigen, die das traditionelle Wählermilieu der SPD repräsentieren, die Gewerkschaften. Das Konzept der Volkspartei versagt im Fall der SPD an der Unfähigkeit, im verschärften Verteilungskampf wirtschaftlich gebotene, vernünftige, nach heutigen Maßstäben sanfte Korrekturen zu akzeptieren. Es sind die Gewerkschaften, die im Sommer 1983 zur Kampagne gegen die Haushaltsbeschlüsse der Regierung blasen. Es geht wie meist in solchen Fällen um Kleinigkeiten, um eine Eigenbeteiligung der Kassenpatienten von fünf D-Mark pro Nacht in Krankenhäusern und Kurheimen, um einen geringfügigen Beitrag der Rentner zur Krankenversicherung sowie um die Erhöhung der Arbeitslosenversicherungsbeiträge um ein halbes Prozent. Die Gewerkschaftspropaganda übertreibt maßlos, spricht nun von »Unsozialpolitik«, von einem Übermaß an »Zumutungen«, gar vom »Bruch« der traditionellen Beziehungen zwischen Gewerkschaften und SPD. Somit erweist sich die Bundesrepublik bereits in den Siebzigerjahren als reformunfähig. Der Fortschrittsglaube ist gründlich erschüttert, die Deutschen igeln sich ein.

Die Probleme der anderen Volkspartei sind nicht geringer und nicht völlig verschieden. Auch der Union droht eine Spaltung. Franz Josef Strauß war schon einmal auf dem Weg zur Kanzlerschaft gestoppt worden, von Adenauer, Augstein und von sich selbst. Jetzt probiert er es mit geringen Chancen ein zweites Mal und scheitert erneut. Sein Hauptwidersacher ist jetzt nicht Schmidt, sondern Helmut Kohl. Zu erleben ist ein effektvolles, pointenreiches, derbes Stück aus dem Komödienstadel der Republik. Es zeigt den Richtungsstreit, der den konservativen Volksparteien zu schaffen macht.

Zunächst einmal unternimmt die CDU in der Opposition alle Anstrengungen, als intellektuell lebendige, diskussionsfreudige Programmpartei Profil zu gewinnen, sich in dieser Hinsicht der SPD anzunähern. Es geht letztlich darum, Wähler zurückzugewinnen. Sozialer, wenn nicht gar sozialdemokratischer will die Union erscheinen. Offenbar neigen in ökonomischen Krisen beide Volksparteien dazu. Das ist gegenwärtig wieder zu beobachten.

Der Generalsekretär der CDU, Kurt Biedenkopf, bekennt auf dem Mannheimer Parteitag 1975, das Ahlener Programm von 1947 sei kein Irrtum gewesen, »sondern wesentliche Grundlage der CDU-Politik«. Die CSU hingegen hält diesen Standpunkt für einen »Sündenfall«. Die CDU entdeckt die *neue soziale Frage*. Was das ist, weiß niemand genau zu sagen, irgendwie eine Antwort auf die sozialliberale Sozialpolitik. Die Union will die Kompetenz für das Soziale zurückgewinnen. Deshalb ist nun auch sie für mehr staatliche Umverteilung.

Zwei Jahre später freilich kritisiert Kurt Biedenkopf, nun nicht mehr Generalsekretär, was er über die *neue soziale Frage* im Entwurf für ein neues Parteiprogramm lesen muss. Es wecke »neue verteilungspolitische Erwartungen«. Jetzt, da die Grenzen des Wachstums wie des Wohlstands erkennbar sind, wird die Harmonie zwischen Marktwirtschaft und Sozialpolitik brüchig, auf welche die Bundesrepublikaner so stolz sind. Letztlich ist die *neue soziale Frage* also nur ein verharmlosender Begriff für neue soziale Konflikte. Gerade weil sie Volksparteien sind, geraten Union und SPD in die Klemme zwischen Freiheit und Sozialismus.

»Freiheit statt Sozialismus« (CDU-Version) lautet der Slogan denn auch im Wahlkampf 1976, beziehungsweise »Freiheit oder Sozialismus« (CSU-Version). Das Motto soll vergessen machen, dass die Union keineswegs eine klare Haltung zu bieten hat. Warum aber grenzen sich CDU und CSU voneinander ab? Sie sind nicht in der Lage, unter einem gemeinsamen Slogan aufzutreten, weil sie keine gemeinsame Strategie haben. Die CDU unter Kohl setzt darauf, die FDP aus einem zunehmend zerrütteten sozialliberalen Bündnis herauszulösen. Das erfordert sanftere Töne. Die CSU dagegen sucht die Konfrontation. »Die Furcht, die Angst und das düstere Zukunftsbild« machten »die Wahlergebnisse für morgen aus«, wettert Strauß in seiner legendären Sonthofener Rede. Er setzt darauf, dass »die Krise so stark wird, dass aus der Krise ein heilsamer Schock erwächst«. Strauß glaubt, die absolute Mehrheit bei den Wahlen sei erreichbar, der Regierungswechsel ohne FDP zu schaffen. SPD und Freie Demokraten hält er für einen ideologischen Block. Deshalb fehle der Union ein Koalitionspartner, es sei denn, man schüfe ihn sich selbst. »Getrennt marschieren und vereint schlagen«, lautet nun das Motto derjenigen, die aus der bisher nur in Bayern kandidierenden CSU eine bundesweit agierende vierte Partei machen wollen. Strauß könnte sich die CSU als die konservativere der beiden Unionsparteien vorstellen, national und wirtschaftsliberal zugleich. Die CDU erschiene als gemäßigte Sozialdemokratie. Doch das ist eine Fehleinschätzung. Die Fronten verlaufen anders. Nationale und wirtschaftsliberale Haltungen passen nicht mehr unbedingt zusammen, weder CDU noch CSU sind weltanschaulich homogen und schon gar nicht klar voneinander unterscheidbar.

Richtig an solchen Überlegungen ist, dass große Volksparteien zwar populistische Wahlkämpfe organisieren können, aber die programmatischen Widersprüche zunehmend schlechter bewältigen. Das Parteiensystem der Bundesrepublik scheint dem Wandel der Zeit nicht gewachsen. Entscheidend ist am Ende das Machtkalkül. Der in Bayern überaus erfolgreichen CSU fiele es wesentlich schwerer, in ganz Deutschland eine schlagkräftige Organisation aufzubauen, als umgekehrt der CDU, in Bayern Fuß zu fassen. Nach der Spaltung hätte die CSU ihre überragende Rolle in Bayern ausgespielt.

Dieser strategische Konflikt wird überwölbt und dramatisiert von der persönlichen Rivalität und gegenseitigen

Abneigung der beiden Hauptkontrahenten. Die Wähler der Union außerhalb Bayerns schätzen den Konfrontationskurs von Strauß nicht, widerspricht er doch ganz der deutschen Konsensmentalität. Strauß hat 1976 keine Chance auf die Kanzlerkandidatur; mag er auch noch so fest von seiner geistigen Überlegenheit gegenüber Kohl überzeugt sein. Für das Bild der Zerrissenheit, das die Union bietet, wird er verantwortlich gemacht.

Das Wahlergebnis scheint Strauß recht zu geben. Obwohl die Union stärkste Fraktion im Bundestag ist und nur knapp die absolute Mehrheit verfehlt, muss sie in der Opposition bleiben. Die Frage der vierten Partei ist deshalb aktuell. Die CSU kündigt auf der Klausurtagung der Bundestagsabgeordneten in Wildbad Kreuth am 19. November 1976 die Fraktionsgemeinschaft mit der CDU auf, die das als Kriegserklärung und Vorstufe der bundesweiten Ausdehnung der Schwesterpartei versteht. Kohl droht seinerseits mit einer Ausdehnung der CDU nach Bayern. Die CSU gibt nach und führt nun sozusagen Koalitionsverhandlungen mit der CDU über die Zusammenarbeit in der Opposition.

Strauß attackiert weiter zornig »die politischen Pygmäen der CDU«, die nur um ihre Wahlkreise bangen, die »Zwerge im Westentaschenformat« und »Reclamausgabe von Politikern«. Über Kohl: »Er ist total unfähig, ihm fehlen die charakterlichen, die geistigen und die politischen Voraussetzungen. Ihm fehlt alles dafür … Und glauben Sie mir eines, der Helmut Kohl wird nie Kanzler werden, der wird mit 90 Jahren die Memoiren schreiben: Ich war 40 Jahre Kanzlerkandidat, Lehren und Erfahrungen aus einer bitteren Epoche.« Goldene Worte aus dem Poesiealbum der neurotischen Republik.

Bei der nächsten Wahl 1980 wird nicht Kohl Kanzlerkandidat, sondern Strauß. Es ist ein cleverer Schachzug, ihm den Vortritt zu lassen. Strauß ist gegen Schmidt so aussichtslos, wie es Kohl wäre. Mit ihm würde die FDP niemals koalieren. Strauß selbst ist nicht so naiv, an seine Chance zu glauben. Aber er hat sich in eine Lage manövriert, aus der er nicht mehr zurückkann, und es schmeichelt wenigstens seinem Selbstbild, offiziell als die Nummer eins der Union zu gelten.

Linksnationaler Protest

Eine vierte Partei spielt trotzdem bald mit, nicht auf der rechten, sondern auf der linken Seite. Ehe allerdings aus den Grünen eine etablierte vierte Partei wird, muss einiges geschehen. Überall im Land bilden sich Bürgerinitiativen. In der Regel organisieren sie sich gegen Umgehungsstraßen durch Sumpfgebiete, Großprojekte wie die Startbahn West in Frankfurt/M. und Atomkraftwerke. 1975 schließen sich die Bürgerinitiativen zum Bundesverband zusammen. Mit dem Ziel, ihren Einfluss zu stärken, denken viele Aktivisten an die Gründung einer neuen Partei. Rechts und links sind zu dieser Zeit nicht immer leicht auseinanderzuhalten. Die *Aktionsgemeinschaft Unabhängiger Deutscher* (AUD) etwa spielt eine treibende Rolle. Sie war Ende der Sechzigerjahre aus der Fusion nationalistischer Splitterparteien entstanden und geht im Januar 1980 in der Partei der Grünen auf. In ihr lebt der »Mythos vom Volk als heiler Kraft«[2] gegen den Staat. Die *Grüne Aktion Zukunft* (GAZ) ist eine Gründung des wertkonservativen ehemaligen CDU-Bundestagsabgeordneten Herbert Gruhl, der den Bestseller *Ein Planet wird geplündert* geschrieben hat, im Richtungsstreit dann eigene Wege geht und die Ökologisch-Demokratische Partei (ÖDP) gründet. Bei Kommunal- und Landtagswahlen treten zunächst verschiedene *Grüne Listen Umweltschutz* (GLU) auf, gelegentlich kandidieren auch zwei gegeneinander, wie in Hamburg die eher rechte GLU und die linke *Bunte Liste Wehrt Euch,* ihrerseits ein Sammelsurium aus rund 200 Basisgruppen und Interessenvertretern von Homosexuellen bis zum *Kommunistischen Bund.* Im Oktober 1979 zieht als erste grüne Partei die *Bremer Grüne Liste* in ein Landesparlament ein. Diese Vorgeschichte macht Richtungsstreit unausweichlich. Überwiegend sind die Grünen zunächst mit sich selbst beschäftigt. Unterschiedliche Wertvorstellungen, Pazifismus und konservativer Umweltprotest passen nicht gut zusammen. Nur das Etikett *Ökologie* umfasst irgendwie alle. Über die zulässigen Formen des Protestes sind sich die Grünen nicht einig. Sie legen einerseits ein Bekenntnis zur Gewaltfreiheit ab, klammern dabei aber *Gewalt gegen Sachen* aus.

Als die Grünen im Herbst 1983 in den Bundestag einziehen, sind sie und bleiben noch lange in zwei Lager gespalten. Das eine Lager, die *Fundamentalisten,* lehnt Zusammenarbeit mit anderen Parteien ab, das andere, die kompromissbereiteren *Realos,* ist an Machtteilhabe interessiert.

Die Grünen sind im Wesentlichen die Partei einer Generation, die Diktatur und Krieg nicht mehr erlebt hat, die Wohlstand als selbstverständlich empfindet und mehr vom Leben erwartet als materielle Sicherheit. 70 Prozent ihrer Wähler sind 1980 jünger als 35 Jahre, die Hälfte davon hat Abitur, bei der Union sind es nur 12 Prozent.

Die Grünen sind aber auch eine Reaktion auf anhaltende Defizite der Volksparteien. Union und SPD haben sich einander angeglichen. Beide Volksparteien haben nun sogar annähernd gleich viele Mitglieder, jeweils etwas weniger als eine Million, beide werden dominiert von Mitgliedern des öffentlichen Dienstes. Auch die Zusammensetzung ihrer Wähler nach sozialer Herkunft ähnelt sich immer mehr. Da im Bundesrat von unterschiedlichen Koalitionen regierte Länder sitzen, erscheint die Regierung zunehmend als eine Art immerwährende Große Koalition.

Die Volksparteien haben sich den Staat angeeignet. Eine Kaste von Berufspolitikern teilt sich Ämter und Macht. So ist die Gründung der Grünen mit ihren basisdemokratischen Spielregeln auch Ausdruck wachsender Unzufriedenheit mit dem Zustand der Demokratie.

Die beiden Ölpreisschocks haben drastisch die Abhängigkeit von fossilen Energiequellen verdeutlicht. Zugleich rücken das *Waldsterben* und die Belastung der Atmosphäre erstmals ins Zentrum der Aufmerksamkeit. Doch die bisher einzige realistische Antwort auf diese Gefahren, die Kernenergie, lehnt ein wachsender Teil der Bevölkerung ab. Irrationale Ängste werden geschürt, die friedliche Nutzung der Kernenergie gleichgesetzt mit atomarer Rüstung. Keine Experimente! Der Erfolgsslogan Adenauers könnte im Grunde auch für die Ökologiebewegung gelten. Abschied zu nehmen vom Wachstum als Gesetz des Fortschritts, das ist das neue Wunschbild, die neue Illusion vieler Deutscher.

Traditionalisten unterschiedlichster Art von links bis rechts führen einen Krieg gegen die Moderne. Wertkonservative Haltungen vermischen sich mit revolutionären Phrasen. Intellektuelle Stubenhocker misstrauen der Bonner Demokratie. Wer auf das Holz klopft, aus dem die Barrikaden sind, hört, wie hohl sie sind.

Der deutsche Wald stirbt! Die Hysterie hat einen dunklen Hörnerklang, ein Echo aus völkischer Zeit. Sicherheitsstandards und Exportchancen deutscher Reaktortechnik interessieren die Anti-Atomkraft-Bewegung nicht. Gegen den vermeintlichen Teufel hilft nur ein »Weiche Satan!« Nicht wenige Pastoren schreiten im Talar voran. Dabei stören demokratische Umgangsformen nur. Im totalen Krieg gegen das absolut Böse kann sich der Protestant nicht mit seinem Demonstrationsrecht begnügen. Er fühlt sich so fundamental im Recht, dass er Widerstand für seine Pflicht und für sein

Recht hält. Gewalt, wenngleich *nur* gegen Sachen, scheint ihm legitim. Übt er nicht Notwehr?

Die Deutschen sind, unter welcher Fahne auch immer, im Übermaß erregbar. Mal marschieren sie im Namen des Volkes, mal im Namen der Natur. Die *Republik Freies Wendland* wird ausgerufen, weil in Gorleben die Eignung des felsigen Grunds als atomares Endlager geprüft wird. Er wird bis heute geprüft, obwohl die Eignung praktisch feststeht, aber politisch nicht opportun ist. In Schleswig-Holstein kommt es zur »Schlacht von Brokdorf«. Die Anti-Kernkraftbewegung wird zum Sammelbecken der Gegner einer vermeintlich dem Konsum verfallenen Gesellschaft.

Ähnliches lässt sich über die Friedensbewegung sagen. Auch hier regieren irrationale Ängste. Das Gleichgewicht des Schreckens erhält den Frieden. Es funktioniert selbst in heiklen Momenten wie der Kuba-Krise und der Berlin-Blockade. Natürlich ist der Einsatz von Atomwaffen moralisch verwerflich. Die Logik des Kalten Kriegs zielt aber nicht auf Einsatz, sondern auf Abschreckung. Diesen Krieg kann nur der ökonomisch Stärkere gewinnen. Der freie Markt ist die stärkste Waffe, nicht die Bombe. Der Kalte Krieg ist ein Wettkampf der Systeme, kein Gemetzel. Die Friedensbewegung kann das nicht so sehen. Denn sie hält den Sozialismus prinzipiell für das humanere Prinzip und für vereinbar mit Demokratie. Die westdeutschen Protestierer fühlen sich offenbar nicht als Bürger des westlichen Bündnisses. Der deutsche Sonderweg – den Adenauer politisch beendete – spukt unter veränderten Vorzeichen noch immer in ihren Köpfen. Eine neue Form des linken Nationalismus gedeiht. Pastoren marschieren wieder voran. »Der deutsche Protestantismus, wie er sich auf Kirchentagen darstellte, hatte ein überwiegend antiwestliches, ein sehr deutsches Gesicht.«[3]

Die Antikernkraft- wie die Friedensbewegung reichen weit

hinein in die beiden Regierungsparteien, auch ins linksliberale Lager der FDP. Setzte die Energiepolitik der etablierten Parteien Anfang der Siebzigerjahre noch geschlossen auf Kernenergie, so zerfällt dieser Konsens unter dem Eindruck der Krawalle in Gorleben, Brokdorf, Wyhl und Kalkar. Die Errichtung neuer Kraftwerke wird verzögert, schließlich an die Lösung der Entsorgungsfrage geknüpft. Der Richtungswechsel wird in den von umstrittenen Projekten betroffenen Bundesländern betrieben, wo die SPD aus der Opposition heraus mit Kernkraftgegnern paktiert. Der Schnelle Brüter in Kalkar, eine Art plutoniumbetriebenes Perpetuum mobile, einst die große Hoffnung, wird zur Milliardenruine. Am Ende wird der Ausstieg aus der Kernenergie stehen.

Sozialliberales Ende

Schmidt kämpft an beiden Fronten, gegen die Friedens- wie die Antikernkraftbewegung. Und beide Fronten verlaufen mitten durch seine Volkspartei. Parteichef Brandt fordert die SPD auf, »selbst ein Stück grüner Partei zu sein«, und stützt damit die Kernkraftgegner, was Schmidt für aberwitzig hält.

Der NATO-Doppelbeschluss – der die Modernisierung des Atomwaffenarsenals vorsieht, falls die Sowjetunion auf die angebotenen Abrüstungsverhandlungen nicht eingeht – erzürnt die Friedensbewegung und damit auch weite Teile der SPD. Brandt sieht sein Lebenswerk in Gefahr. Dann, so Bahr, sei die Ostpolitik zu Ende. Brandts Solidarität mit dem Kanzler schwindet erkennbar. Der NATO-Doppelbeschluss findet in seiner Partei keine Mehrheit. Massendemonstrationen, an denen Brandt teilnimmt, machen gegen die Regierung Schmidt mobil. Zahlreiche Abgeordnete der SPD verfassen 1980 die *Bielefelder Erklärung,* in der sie den Kurs der NATO für eine »verhängnisvolle Fehlentscheidung« halten. Schmidt droht erfolgreich mit Rücktritt, setzt sich in seiner Partei durch, wenn auch knapp.

Nicht am Koalitionspartner FDP also scheitert Schmidt. Er wird aber, partei- und gewerkschaftstreu bis zum Schluss, in einem grandiosen Schauspiel versuchen, die Liberalen als Verräter abzustempeln.

Auslöser für den Machtverlust ist die wirtschaftliche Lage. Ende 1982 übersteigt die Zahl der Arbeitslosen erstmals die Zwei-Millionen-Marke. Das Bruttosozialprodukt sinkt. Schmidt verliert den Rückhalt der Gewerkschaften. Schon der Streik in der gesamten Stahlindustrie im Winter 78/79 (der erste seit 1928) um die 35-Stunden-Woche erinnert eher an Klassenkampf als an das *Modell Deutschland*. Nach dem Wahlsieg 1980 geht es rasch bergab. Die Staatsverschuldung, an der Schmidt nicht unschuldig ist, erfordert Antworten, die der FDP nicht genügen, den Gewerkschaften dagegen entschieden zu weit gehen. Der zweite Ölpreisschock schwächt die Wirtschaft, treibt die Inflation auf fast sieben Prozent, die Zahl der Konkurse und die Arbeitslosigkeit erklimmen neue Rekordmarken. Die D-Mark muss abgewertet werden. Die hohe Staatsverschuldung erweist sich nun als Handicap. Der Staat hat auf zu großem Fuß gelebt und nun keinen Spielraum mehr. Gegen Ende der sozialliberalen Koalition erreicht die Sozialleistungsquote trotz sinkenden Wachstums die Spitzenmarke von 33,5 Prozent. Von der »Krise des Sozialstaats« ist nun die Rede.

Die Bonner Republik aber ist durchdrungen von »Sehnsucht nach Stillstand, nach Endgültigkeit. Kein Wachstum mehr, kein spontaner, nur noch geordneter Strukturwandel, kein Arbeitsplatz- und kein Wohnungswechsel mehr, Sicherung des sozialen Besitzstands.« So resümiert in dem damals stark beachteten Buch *Die Deutschen werden ärmer* die Journalistin Renate Merklein die Lage. Die nächste Regierung wird dies so wenig bekümmern wie die nun bald abtretende.

Eine zentrale Figur des wachsenden Widerstands gegen Schmidt in der SPD, Erhard Eppler, schreibt schon kurz nach der Wahl: »Noch nie hat sich nach einer Regierungserklärung … eine solche Atmosphäre geistiger Öde verbreitet.« Aber auch Schmidt wohlgesonnene Genossen wie SPD-Bundesgeschäftsführer Peter Glotz beklagen zumindest im Nachhinein, was die politische Führung nicht nur im Kanzleramt, sondern auch in der Partei versäumt. Sie »müsste die mittel- und langfristige ökonomische Entwicklung interpretieren, die Menschen auf neue Entwicklungen vorbereiten, Ziele und Werte setzen, nicht bloß aktuelle Krisen zu meistern versuchen«[4]. Nun ist nicht mehr nur von Krise die Rede, sondern von Depression. Schmidt weiß, dass er verloren hat. Mit Rücktritt hat er seinen Gegnern in der SPD mehr als einmal gedroht.

Jetzt aber beginnt auch sein Koalitionspartner um die Mehrheit zu fürchten und deshalb mit dem Koalitionswechsel zu liebäugeln. Die FDP sagt dazu nicht Wechsel, sondern Wende. Der Begriff stammt vom FDP-Vorsitzenden Genscher. Im Sommer 1982 schreibt er seinen Wendebrief an den Kanzler. Eine Wende sei notwendig, um die »Anspruchsmentalität zu brechen, die nicht deshalb entstand, weil die heute lebende und arbeitende Generation weniger leistungsbereit wäre als ihre Vorgänger, sondern weil manches Gesetz geradezu zur ›Inanspruchnahme‹ auffordert, um nicht zu sagen ›verleitet‹«. Er sieht die Bundesrepublik am »Scheideweg«. Die FDP lehnt ab, was die Gewerkschaften wollen und zu ihrer Enttäuschung nun auch der Kanzler fordert, nämlich eine Ergänzungsabgabe auf die Einkommenssteuer.

Das ist der Casus Belli. Er wird nach einigen Wochen heftigen Streits mit einem *Sparpaket* fürs Erste beendet. Schmidt verzichtet auf die Ergänzungsabgabe, obwohl die Linken am liebsten mit der Erhöhung des Spitzensteuersatzes und der Vermögensteuer, also noch dickeren Kalibern, in den Verteilungskampf hätten ziehen wollen. Schon taucht ein neues Milliardenloch auf, ein neues Sparpaket wird fällig. Nun blasen die Gewerkschaften zum Aufstand. Wieder bringt Schmidt die Ergänzungsabgabe ins Spiel, obwohl er selbst zugibt, sie sei »konjunkturpolitisch nicht zu vertreten«.

Schmidt greift zum äußersten Mittel der Disziplinierung sowohl des Koalitionspartners wie des linken Flügels der eigenen Fraktion, stellt die Vertrauensfrage – erstmals in der Geschichte der Republik ist sie echt gemeint.

Wenige Monate später geht es Schmidt nur noch darum, für die Geschichtsbücher eine Legende zu inszenieren, welche die Liberalen zu Verrätern stempeln soll. Offen fordert er sie auf, Kohl zum Kanzler zu wählen. Darauf können und wollen die Liberalen nicht eingehen, zumal sie selbst zerrissen sind zwischen sozialliberalem und wirtschaftsliberalem Flügel. Schmidt muss sie auf andere Weise zwingen, den Bogen zu überspannen. Er provoziert den Koalitionspartner, indem er Treueschwüre an die Adresse der Gewerkschaften abgibt. Niemandem werde er erlauben, »Keile zwischen die Gewerkschaftsbewegung in Deutschland und die Sozialdemokraten zu treiben«. Dann bittet er seinen Wirtschaftsminister, den Grafen Lambsdorff, seine Sicht der Dinge darzustellen, um damit nichts anderes zu tun, als so einen Keil in schriftlicher Form zu bestellen. Lambsdorff lässt in seinem Ministerium ein »Konzept für eine Politik zur Überwindung der Wachstumsschwäche und zur Bekämpfung der Arbeitslosigkeit« erarbeiten, in dem nichts steht, was nicht schon bekannt wäre, nun aber als *Wendepapier* interpretiert wird. Lambsdorff fordert Steuersenkungen und die Kürzung von Sozialleistungen, mehr Eigenverantwortung der Bürger, sinkende Lohnnebenkosten.

Interessant ist, wie Helmut Kohl, der künftige Koalitionspartner, darauf reagiert – ausgesprochen reserviert. Etliches sei sozial nicht ausgewogen, erklärt er. Sozialpolitische Tabus bricht einer, der Kanzler werden will, nicht so schnell in dieser Republik, selbst wenn er die Liberalen als Partner umgarnt. Nur Strauß applaudiert, allerdings auf seine Weise mit bissigem Spott. War denn dieser Lambsdorff, schreibt er in der Parteipostille *Bayernkurier*, »13 Jahre lang in einem Schweigelager in Sibirien verschwunden? Steckte Lambsdorff in einer Taucherglocke in der Südsee (…) Erkläre mir, Graf Oerindur, diesen Zwiespalt der Natur?«

Der Kanzler hat die Provokation, die er braucht, einen »Scheidungsbrief«. Er erklärt, Graf Lambsdorff habe mit dem von ihm selbst bestellten Papier die Grundlagen der Koalition verlassen. Ihrer Entlassung kommen die FDP-Minister am 17. September mit Rücktritt zuvor. Der Kanzler einer Minderheitsregierung spricht im Bundestag vom Stolz auf das Geleistete, insbesondere »die Aufarbeitung des Reformdefizits, das wir 1969 vorgefunden haben«, und rühmt sich zugleich für »den Ausbau des Sozialstaats«. Diesen Widerspruch erklären will er nicht.

Der Bundestag wählt per konstruktivem Misstrauensvotum Helmut Kohl zum Kanzler. Am 13. Oktober erklärt der das Land zum Krisenfall. Angela Merkel wird es ihm nachmachen und gleich nach Amtsantritt vom »Sanierungsfall« sprechen. Wie ein guter Krisenmanager handelt Kohl anschließend allerdings nicht.

Es besteht ein merkwürdiger Widerspruch zwischen Helmut Schmidt, dem greisen, weisen Mahner und Zeitanalysten von bestechender Rationalität und Klarheit heute, und dem einstigen Kanzler, dessen Leistungen seinem guten Ruf weit hinterherhinken. Der Elder Statesman Schmidt ist konkurrenzlos. Seine Nachfolger – Kohl, aber auch Schröder – besitzen weder seine intellektuelle Brillanz noch seine moralische Integrität. In der Erinnerung verklären sich deshalb Schmidts Kanzlerjahre. Er scheiterte als Kanzler daran, dass die Bundesbürger nicht wahrhaben wollten, dass die Welt sich grundlegend zu ändern begonnen hatte und die goldenen Jahre der Bundesrepublik zu Ende gingen. Es sind Jahre der »Ernüchterung und Kärrnerarbeit«[5], eine Zeit wachsender Zweifel, der Einsicht in die Grenzen des Wachstums und die Grenzen teurer Reformen. Ökologie und Ökonomie werden als schroffer Gegensatz empfunden. Die Regierung laviert, gezwungen von ideologischen Flügelkämpfen in der SPD. Der wirtschaftliche Abstieg der Bundesrepublik hat begonnen. Statt entschieden zu konsolidieren, wartet die Koalition auf bessere Zeiten. Halbherzige, eher symbolische Kostendämpfungsmaßnahmen in der Renten- und Krankenversicherung ändern so gut wie nichts, neue Sozialleistungen werden ungeniert eingeführt, etwa der Mutterschaftsurlaub. Der Missbrauch des sozialen Netzes, die Anspruchsmentalität der Bundesdeutschen werden thematisiert, aber nicht bekämpft. Staatsverschuldung und Arbeitslosigkeit nehmen zu, das Wirtschaftswachstum kann dem Sozialstaat nicht mehr folgen. Seit 1972 altert die Gesellschaft, der demografische Wandel aber wird von den Politikern kaum wahrgenommen. Vor allem die Gewerkschaften erweisen sich als Bremser – doch diese Gewerkschaften braucht Schmidt im Kampf gegen die Linken. So bietet die Regierung des als *Weltökonom* gepriesenen Kanzlers wirtschafts- und sozialpolitisch ein »Bild der Lähmung«. Der reformorientierte Peter Glotz beklagt sie in einem Buch, dessen Titel eine treffliche Metapher ist: *Die Unbeweglichkeit des Tankers.*

Wie Angela Merkel kompensiert der *Krisenmanager*

Schmidt seine Unbeweglichkeit mit glänzenden außenpolitischen Auftritten. Das ist, damals wie heute, gut für das Image, schlecht für das Land.

Wahn und Hysterie – der Terror der RAF

Die Geschichte der RAF beginnt während der Kanzlerschaft Willy Brandts, führt 1977 zur größten Herausforderung der Regierung Helmut Schmidts und wird nach dem Fall der Mauer 1989 noch immer nicht zu Ende sein.

Nichts verrät die psychische Labilität der westdeutschen Gesellschaft dramatischer als die Geschichte des linksextremistischen Terrors. Als Kinderkrankheit der Demokratie ist der Terror der *Roten Armee Fraktion* und anderer Desperadogruppen beschrieben worden. Aber für eine Kinderkrankheit dauert der Spuk zu lange. Eigentlich sind zwei Geschichten zu erzählen; die der Verbrechen, der Opfer und Täter, und zum anderen die Geschichte der so schwierigen Verarbeitung.

Wie so oft, wenn die Deutschen ein unangenehmes Kapitel Geschichte zu klären haben, wird verleugnet, verfälscht, verdrängt, zu wenig aufgeklärt und deshalb auch nicht genug verstanden oder gar bewältigt. Auch in dieser Geschichte ertönen Rufe nach einem Schlussstrich, obwohl es den nach derart traumatischen Erfahrungen nicht geben kann und auch nicht geben sollte. Die bundesrepublikanische Gesellschaft hat alles andere als Frieden gemacht mit der RAF.

Linksextremistischen Terror gibt es in den Siebzigerjahren auch in anderen europäischen Ländern, aber nirgends reagieren Staat und Bevölkerung hysterischer als in der Bundesrepublik. Außerdem weist der deutsche Terrorismus ideologische Besonderheiten auf und deutsch-deutsche Hintergründe.

Deshalb dauert die Geschichte des Terrors in Deutschland 30 Jahre lang, länger als anderswo. Drei Generationen der RAF versetzen das Land in Panik. Schon nach der ersten Generation könnte Schluss sein. Doch der Staat facht die Glut an, statt sie auszutreten. Noch heute macht die RAF Schlagzeilen, und es steigt der Pegel der Erregtheit, wenn etwa die Terroristin Brigitte Mohnhaupt nach 24 Jahren im Gefängnis ihre Strafe verbüßt hat und entlassen wird. Selbst dieser rechtsstaatlichen Normalität schlägt weithin Unverständnis entgegen. Auch das Gnadengesuch des nach wie vor ideologisch verbohrten, jedoch alt und ungefährlich gewordenen Terroristen Christian Klar erhitzt Talkshowrunden und Stammtische. Politiker kämpfen noch immer die alte ideologische Schlacht, bei der es darum geht, wie viel Liberalität sich ein Rechtsstaat selbst unter terroristischer Bedrohung leisten kann. Es ist angesichts der islamistischen Gefahr ein hochaktuelles Thema. Nichts deutet darauf hin, dass die Deutschen, sollte islamistischer Terror die Republik erschüttern, der Versuchung widerstehen könnten, Bürgerrechte massiv einzuschränken.

Auch von schwer bestraften Terroristen verlangt die Öffentlichkeit mehr als Buße. Solange es keine Ex-Opfer gebe, seien auch Ex-Terroristen nicht möglich. Frau Mohnhaupt wiederum erwartet vom verachteten Rechtsstaat, dass er ihre Persönlichkeitsrechte verteidigt. Auch will sie sich verbitten, als Mörderin bezeichnet zu werden. So schaukelt sich die Sache moralisch auf. Politiker attackieren Klars Kritik am Kapitalismus, als handle es sich dabei um eine besonders verwerfliche Form der Unbelehrbarkeit. Er war aber nicht wegen antikapitalistischer Reden im Gefängnis gelandet.

Skandalös ist etwas ganz anderes. Die dritte und letzte Welle der RAF-Mordtaten ist noch immer nicht aufgeklärt. Die Mörder sind noch nicht einmal identifiziert, und es sieht nicht aus, als unternehme die Justiz größere Anstrengungen.

Der erste einer Reihe schwer begreiflicher Widersprüche besteht darin, dass der Terror in einer Phase deutlicher Liberalisierung beginnt. Brandt wagt tatsächlich mehr Demokratie, alte Nazis sind nicht mehr am Ruder, die Aktivisten der Achtundsechziger-Bewegung bereits erfolgreich auf dem Marsch durch die Institutionen. Die Mehrheit der rebellischen Jugend nutzt alle Möglichkeiten der Einmischung und Mitbestimmung und verändert das Land spürbar. Eine kleine Minderheit aber erklärt dennoch lieber dem »Schweinesystem« den Krieg.

Es ist die Geschichte eines Wahns. Die Terroristen glauben tatsächlich, die Bevölkerung sei reif für eine Revolution und wollte befreit werden von den Zumutungen des Kapitalismus. Die Westdeutschen haben aber gerade erst angefangen, die kapitalistische Freiheit zu genießen. Sie wollen das Wirtschaftswunder jetzt auskosten. Absurd ist, was Ulrike Meinhof schon zur Gründung der RAF erklärt: »Die Revolution ist bereits ausgebrochen! Die Massen haben sich bereits von der herrschenden kapitalistischen Eigentumsfrage bewusstseinsmäßig emanzipiert. Sie klauen massenhaft in den Warenhäusern. Sie klauen massenhaft in den Betrieben.«

Es ist die missglückte Variante eines alten deutschen Volkslieds. Wieder einmal verraten deutsche Idealisten ihre eigenen romantischen Ideale und werden zu menschenverachtenden Mördern. Der vermeintlich antifaschistische Terror hat einen faschistischen Kern.

So sind die anderen Widersprüche der RAF-Geschichte zu verstehen. Sie beginnt ja doch angeblich mit einem radikalen Bruch. Die Unfähigkeit der Eltern und Großeltern, ihre Irrtümer und ihre Schuld zu bekennen, trägt ihnen die Verachtung der Achtundsechziger ein. Nun sind es gerade die Veteranen der RAF sowie ihre einstigen Unterstützer und Sympathisanten, die sich – von Ausnahmen abgesehen – als unfähig erweisen, die eigenen Irrtümer und Verbrechen einzusehen und für sie einzustehen.

Sie schweigen beharrlich über Taten und deren Hintergründe. Sie halten ihre Morde, wie es in der Schlusserklärung der RAF 1998 heißt, nicht für Unrecht. Die RAF sei lediglich strategisch gescheitert. Und sie zweifeln nach wie vor nicht an ihrem Ziel. »Die RAF ist nichts als ein Durchgangsstadium auf dem Weg zur Befreiung.« Diese Befreiung wird, wie einer der Täter des Anschlags auf die deutsche Botschaft in Stockholm im April 1975, Karl-Heinz Dellwo, schreibt, »die Trennung von der bürgerlichen Gesellschaft zur Bedingung haben«[1].

Nach wie vor verteidigen ehemalige Terroristen und Sympathisanten ihren selbst geschaffenen Mythos. Es kann keinen Zweifel daran geben, dass sich Baader, Ensslin und Raspe in ihren Stammheimer Zellen im Oktober 1977 selbst getötet haben. Ihre Bewunderer jedoch wollen, wenn schon nicht an regelrechten Mord, dann doch wenigstens daran glauben, dass der Selbstmord »unter Aufsicht und Zustimmung zumindest eines Teils des Staatsapparates«[2] geschehen sei. Tatsächlich waren die Zellen vom Geheimdienst verwanzt.

Größenwahn, Machtphantasien, Verfolgungswahn: Brigitte Mohnhaupt und Christian Klar halten die vermeintliche Tötung ihrer Vorgänger in Stammheim, wie auch den Bonner Krisenstab, für ferngesteuert aus Washington.

Das Leugnen, Verfälschen und Schweigen kann nicht mit der verständlichen Weigerung begründet werden, Komplizen nicht denunzieren zu wollen. Für die Morde an Generalbundesanwalt Siegfried Buback und seinen Begleitern, am Bankier Jürgen Ponto, für die Hinrichtung des Arbeitgeberpräsidenten Hanns Martin Schleyer sind die Tatbeteiligten wegen Mordes verurteilt und haben ihre Strafe verbüßt. Das Strafrecht macht zwischen den Mördern an den Waffen und mittelbaren Tatbeteiligten ohnehin keinen Unterschied. Aussagen über den genauen Ablauf der Taten hätten deshalb für niemanden mehr Nachteile. Für die Angehörigen der Opfer aber brächten Fakten Erleichterung. Nicht die Reue von Klar und Mohnhaupt, den Rädelsführern dieser Morde, würde ihnen viel bedeuten, aber Klarheit. Darauf haben sie einen Anspruch. Mitverantwortlich für den Mangel an Klarheit ist die Justiz. Sie hielt zum Beispiel jahrzehntelang Gerichtsakten des Prozesses gegen die Täter der Morde an Generalbundesanwalt Buback und seinen Begleitern zurück, obwohl noch immer schwere Zweifel daran bestehen, ob die wirklichen Täter verurteilt worden sind. Michael Buback, der Sohn des Ermordeten, hat den begründeten Verdacht geäußert, dass die Mordschützin nicht belangt wurde, womöglich aufgrund ihrer Bereitschaft, mit den Behörden zu kooperieren. Wichtige Zeugenaussagen wurden im Urteil nicht berücksichtigt.

Die Terroristen kommen nicht von den benachteiligten Rändern der Gesellschaft, sondern überwiegend aus ihrer Mitte. Es sind Söhne und Töchter von Ärzten, Juristen, Architekten, Bankern und Pastoren. Sie kommen, auch das fällt auf, überwiegend aus evangelischem Milieu, dort wo das Moralisieren zum guten Ton gehört, wo auch die Deutschtümelei stets stärker ausgeprägt ist als im katholischen Umfeld.

Die antifaschistischen Äpfel fallen nicht weit vom faschistischen Stamm. Selbst eine neue Form militanter Judenfeindlichkeit im Kreis der Terroristen ist unverkennbar. Sie geht über Sympathie für die palästinensische Befreiungsbewegung

weit hinaus. Die Rechtfertigung, die Israelis seien gewissermaßen neue Nazis, macht die Sache nur noch schlimmer, enthält
sie doch eine absurde Verharmlosung des Holocaust.

Schon der Vergleich der Haftbedingungen von RAF-Tätern
mit dem Grauen in Auschwitz ist eine empörende Relativie-
rung der Nazi-Verbrechen und beweist nebenbei die maßlose
Selbstbezogenheit der RAF-Täter. Alles kreist um sie selbst.
Alle Morde der zweiten Generation dienen nur noch der Befreiung der ersten Generation. Das ist alles, was von ihren
Revolutionsträumen bleibt.

Zu den ersten Taten zählt die Bombe der »Tupamaros West-
Berlin« im jüdischen Gemeindehaus am 9. November 1969.
Sie zielt auf die Gedenkveranstaltung zum Jahrestag der
Reichs-Pogromnacht. Mit dem palästinensischen Befreiungskampf hat das nichts zu tun. Glücklicherweise versagt die
Bombe. Nach dem Anschlag palästinensischer Terroristen auf
die israelische Olympiamannschaft in München 1972 feiert
die deutsche RAF die Tat als mustergültige antiimperialisti-
sche Aktion. Im Juli 1976 entführt ein deutsch-palästinensi-
sches Kommando ein Air-France-Flugzeug nach dem Start in
Tel Aviv nach Uganda, um Komplizen freizupressen. Dort
werden die nichtjüdischen Geiseln freigelassen. Die beteiligten
Revolutionären Zellen selektieren die Juden wie in einem Ver-
nichtungslager der Nazis. Die Juden werden von einem is-
raelischen Spezialkommando befreit, zahlreiche Menschen
sterben. Noch das letzte Sprengstoffattentat der RAF im Dezember 1991 gilt einem Bus mit jüdisch-russischen Auswan-
derern in Ungarn.

Die enge Zusammenarbeit zwischen Palästinensern und
deutschen Terroristen ist bis heute nicht völlig aufgeklärt.
Fest steht nur, dass nicht wenige Terroristen, darunter auch
die Gruppe um Baader und Meinhof, im Nahen Osten trainiert werden oder dort untertauchen, etwa im Jemen, wie die

mit der Entführung des Berliner CDU-Politikers Peter Lorenz freigepressten Terroristen im Februar 1975.

Wie rechtfertigt die RAF ihren Antisemitismus? »Die Juden wurden mit ihren Geschäften identifiziert. Der Antisemitismus war seinem Wesen nach antikapitalistisch«[3], so die Anwälte damals. Das ist der Schlüssel. Antisemitismus und Antiamerikanismus sind für deutsche Terroristen mehr oder weniger dasselbe. Der linksextremistische Terror in der Bundesrepublik ist nicht das Gegenteil von Rechtsextremismus, und es ist auch kein Zufall, dass einer der Gründer der RAF, der Anwalt Horst Mahler, im Lauf der Jahre zu einem Rädelsführer des Rechtsextremismus mutiert.

Auch RAF-Schriften widerlegen die Legende vom RAF-Antifaschismus. In einer ausführlichen Erklärung zum Stammheimer Prozess erläutern im Januar 1976 Baader und Meinhof, wie sie die Bundesrepublik verstehen. Sie sehen in ihr nicht nur eine Kolonie des »Hauptfeinds der Menschheit«, in ihren Augen die Vereinigten Staaten, sondern steigern sich in die Vorstellung hinein, schon Hitler und das Dritte Reich seien ein Instrument Washingtons gewesen. »Es war das antikommunistische Ausrottungsprojekt der Strategen des US-Imperialismus, die Sowjetunion durch die faschistischen Armeen vernichten zu lassen.«[4] So relativiert die RAF die Schuld der Nazis und verteidigt das deutsche Volk. Hitler war schuld, nicht die Gesellschaft. Das entspricht der sattsam bekannten Strategie der Kriegsgeneration. Es gelte, den »Judenknax« der Deutschen zu überwinden, so der Terrorist Dieter Kunzelmann.[5] Der ungenierte Nationalismus der RAF ist nur teilweise taktischer Natur. Tatsächlich will sich die RAF bei den Deutschen anbiedern, um Sympathien für ihren angeblichen Befreiungskampf zu erzeugen. »Ohne dass wir das deutsche Volk vom Faschismus freisprechen«, so Ulrike Meinhof, »können wir es nicht für den revolutionären Kampf mobilisieren.«[6] Das ist fern von jeder Realität. Die Terroristen greifen auch deshalb zur Gewalt, weil nur sie, wie Jan Philipp Reemtsma treffend bemerkt, »dem Wahn Realität«[7] verleiht.

»Man muss die RAF als Identitätsprojekt beschreiben, als militante Geschichtspolitik, als nationalrevolutionäres Projekt«, so die Historikerin Dorothea Hauser. »Das ist vielleicht deshalb lange nicht so klar gewesen, weil diesen Nationalisten die Nation nichts bedeutet. Es sind auch Klassenkämpfer, die mit ihrer Klasse nichts zu tun haben wollen.« Dennoch verstehen sie ihre Terrororganisation als eine Art nationale Befreiungsfront.[8]

Folgerichtig beklagt Ulrike Meinhof, dass nach dem Krieg »die Amerikaner von uns nicht angeklagt«[9] worden sind. Die Deutschen als Opfer, nicht als Täter, das ist das Muster. Folgerichtig hält die RAF auch nichts von demokratischer Erziehung nach dem Krieg. Im Gegenteil, dies sei nur »psychologische Herrschaftstechnik« und »Gehirnwäsche«. Es wird nun klar, weshalb der Nazi-Gegner Willy Brandt die RAF nicht vom Krieg gegen die Bundesrepublik abhalten kann, handelt es sich in seinem Fall doch ebenfalls um einen von der CIA bezahlten Hauptverbündeten der USA, um eine »imperialistische Fratze«[10].

Der Protest gegen den Vietnamkrieg der USA verbindet Studentenbewegung und Terroristen. Protest und Mord aber sind zweierlei. Anschläge auf Einrichtungen der US-Streitkräfte in Deutschland werden damit gerechtfertigt, dass der Vietnamkrieg überall auf der Welt zu führen sei. Bei genauerem Hinsehen zeigt dieser Guerillakrieg antiamerikanische Züge älterer faschistischer Bauart. Der Kampf der Linksterroristen richtet sich zuerst gegen die Befreier von 1945. Das beweist eine Reihe von Attentaten gegen den »US-Imperialismus«. Die Bombenserie vom Mai 1972 wollen sie fortsetzen mit der Entführung des alliierten Stadtkommandanten von Berlin. Die Festnahme von Baader und Meinhof verhindert es.

Insgesamt sind 34 Mordopfer in 22 Jahren zu beklagen. Es gibt gute Gründe zu der Annahme, dass etliche Morde hätten verhindert werden können, wenn nicht auch der Staat an der Spirale der Gewalt gedreht hätte.

Ohne die Tötung des Studenten Benno Ohnesorg durch einen Polizisten wäre die Radikalisierung eines Teils der Studenten ausgeblieben oder schwächer verlaufen. Aus ihrer Sicht ging der Terror vom faschistischen Staat aus. Dennoch hat der Studentenführer Rudi Dutschke, ein aus Ostdeutschland stammender nationalistischer Marxist, bereits 1966 als Erster von *Stadtguerilla* gesprochen. Die Tupamaros West-Berlin, die erste Gruppe, die in den Untergrund geht, rekrutiert sich aus Kommunen der Achtundsechziger.

Nach dem Anschlag auf Dutschke kommt es zu schweren Ausschreitungen, vor allem gegen den Springer-Verlag. Nicht Organisator des Aufruhrs, sondern nur einer der Agitatoren ist der Rechtsanwalt Horst Mahler. Er wird dafür zu sehr hohen Schadensersatzzahlungen verurteilt, die seine bürgerliche Existenz vernichten. Das kann sein Abgleiten in den Terror nicht entschuldigen, aber erklären. Mahler wird eine der maßgeblichen Gründungsfiguren der RAF. Er reist herum, um Mitglieder zu rekrutieren. In London versucht er vergeblich, Dutschke zu gewinnen.

Überharte Urteile gegen Hausbesetzer und Demonstranten beschleunigen den No-return-Zug, in dem die erste Generation der künftigen Terroristen sitzt. Ähnlich läuft bei Andreas Baader die Karriere von der Gewalt gegen Sachen bis zur Gewalt gegen Menschen. Im April 1968 stecken er und andere in Frankfurt/M. zwei Kaufhäuser in Brand. Er fährt im auberginefarbenen Porsche zur Tat. Der Revolutions-Dandy wird gemeinsam mit seiner Gefährtin Gudrun Ensslin zu drei Jahren Gefängnis verurteilt. Die Anwälte, darunter der spätere Bundesinnenminister Otto Schily, gehen in Revision. So kommen Baader und Ensslin noch einmal frei. Alles, nur nicht in den Knast! Nach Ablehnung der Revision bitten sie den Staat sogar um Milde, zu Recht vergeblich. Jetzt erst tauchen sie unter. Baader wird bald darauf gefasst und bei einer Ausführung des Häftlings unter Bewachung ins *Deutsche Zentralinstitut für soziale Fragen* der Freien Universität freigeschossen. Dabei wird ein Angestellter schwer verletzt. Nun wird Ulrike Meinhof wegen Mordversuchs verfolgt.

Nur die erste Welle der Bombenanschläge, vor allem im Mai 1972, ist im engeren Sinn politisch motivierter Terror. Bomben auf US-Einrichtungen in Heidelberg und Frankfurt/M. mit mehreren Toten, auf Polizeidienststellen, auf einen Bundesrichter und auf den Springer-Verlag in Hamburg mit zahlreichen Verletzten. Die zweite Welle des Terrors dient dann nur noch der Befreiung der Terroristen.

Der Anschlag auf das Springer-Haus in Hamburg, bei dem auch nach Ansicht der RAF »unschuldige« Arbeiter und Angestellte zu Schaden kommen (welches Opfer wäre nicht unschuldig?), entzweit die Gruppe. Im Stammheimer Prozess baut sie ihre Verteidigung auf die Behauptung, sich als Kriegsteilnehmer auf der Seite des Vietcong gegen die USA zu befinden. Der Anschlag auf den Springer-Verlag in Hamburg ist damit nicht zu rechtfertigen. Das *Kommando 2. Juni* und damit Ulrike Meinhof sind für ihn verantwortlich. Die Gruppe distanziert sich von ihr im Prozess, sie verliert den Rückhalt, will aber auch nicht aussteigen und damit zum Verrat gezwungen werden. In diesem Dilemma begeht sie kurz darauf Selbstmord.

Aus den Gefängnissen heraus gelingt es der RAF, eine zweite Generation von Tätern zu rekrutieren, zu führen und darüber hinaus ein breites Umfeld von Unterstützern und Sympathisanten zu finden. Wie ist das möglich? In einigen Gefängnissen, etwa in Köln, werden die Häftlinge in toten Trakten isoliert und leiden unter dem Reizentzug. Später in Stammheim, im eigens errichteten Hochsicherheitsgefängnis mit angeschlossenem Gerichtssaal, herrschen komfortable Haftbedingungen, was die RAF nicht daran hindert, die Legende von der Isolationsfolter fortzusetzen. Der französische Philosoph Jean-Paul Sartre besucht den Bau, bestätigt angebliche Menschenrechtsverletzungen. Irregeführt und aufgehetzt wird er von dem Anwalt Klaus Croissant, dessen Stuttgarter Kanzlei die Schalt- und Rekrutierungszentrale des Terrors ist, aus der auch die Anführer der zweiten Generation, Brigitte Mohnhaupt und Christian Klar, hervorgehen. Hungerstreiks verschärfen die Situation. Die Häftlinge benutzen ihren Körper als Waffe bis zur letzten Konsequenz. Holger Meins stirbt 1974. Unmittelbar danach beginnt die zweite Welle der Anschläge.

Der Staat verhält sich widersprüchlich. Bis heute ist vor allem von Politikern zu hören, RAF-Täter seien gewöhnliche Kriminelle. Hätte man sie wie gewöhnliche Kriminelle behandelt, wäre die Lage nicht so eskaliert. Nicht nur die Anwälte, kriminelle wie Croissant, aber auch gesetzeskonforme wie Otto Schily, führen die Verfahren politisch, auch der Staat tut es. Er beschneidet die Rechte der Verteidigung, verschärft das Straf- und das Prozessrecht, paukt in wenigen Tagen ein Kontaktsperregesetz durch alle Lesungen. Dieses wie andere Gesetze können nicht verhindern, dass in Prozessakten Schusswaffen in die Stammheimer Zellen geschmuggelt werden. In Bonn regiert im Herbst 1977 praktisch ein Allparteien-Krisenstab, als sei tatsächlich der Notstand ausgebrochen. Davon kann keine Rede sein. Die Bundesrepublik ist nie gefährdet, es sei denn durch die Hysterie der Bundesbürger und ihrer Politiker.

Selbst Angehörige der Opfer konstatieren verhängnisvolle

staatliche Fehler. Patrick von Braunmühl, Sohn des 1985 ermordeten Politischen Direktors des Auswärtigen Amts, Gerold von Braunmühl, glaubt, »dass man die RAF zu ernst genommen hat … die Art und Weise, wie man ihr Gedankengut tabuisiert hat, wie man mit ihnen umgegangen ist, hat auch der RAF Argumente in die Hand gegeben, sich ein Sympathisantenumfeld zu schaffen und zu rekrutieren«[11]. Die Bundesrepublik hat Freiheitsrechte ohne Not zur Disposition gestellt. »Er [der Kampf gegen die RAF]wurde dann teilweise so hässlich, wie ihn die Terroristen haben wollten«, so heute der damals am Geschehen beteiligte ehemalige Innenminister Gerhart Rudolf Baum.[12]

Der deutsche Herbst 1977: Showdown, aber noch lange kein Ende. Terroristen entführen den Arbeitgeber-Präsidenten Hanns Martin Schleyer. Bundeskanzler Schmidt bleibt hart. Die Staatsräson kostet den Industriemanager das Leben. Zuvor entführen Palästinenser die Lufthansa-Maschine »Landshut« nach dem Start auf Mallorca, um die Stammheimer Häftlinge freizupressen. Die Odyssee der »Landshut« endet in Mogadischu, wo die neu aufgestellte Antiterroreinheit des Bundesgrenzschutzes GSG9 die Geiseln befreit. Ein Pilot ist bereits getötet worden, alle übrigen Geiseln und ihre Befreier bleiben am Leben. Das Heldenstück erlaubt Bundeskanzler Schmidt, im Amt zu bleiben. Baader, Ensslin, Raspe verüben Stunden später in Stammheim Selbstmord.

Ein ungelöstes Rätsel bleibt bis heute, weshalb sich selbst nach der Festnahme von Mohnhaupt und Klar noch eine dritte Generation von Terroristen bilden konnte. Ihre Mordanschläge auf Kurt Zimmermann, den Chef des Rüstungskonzerns MTU, auf den Siemens-Forschungsvorstand Karl Heinz Beckurts, auf den Politischen Direktor des Auswärtigen Amts Gerold von Braunmühl, auf den Vorstandsvorsitzenden der Deutschen Bank Alfred Herrhausen nur drei Wochen nach dem Mauerfall, und auf den Chef der Treuhandanstalt Detlev Karsten Rohwedder bleiben ungeklärt, ja die Täter sind größtenteils noch nicht einmal bekannt. Der größte Sprengstoffanschlag in der Geschichte Europas, bei dem Menschen nicht zu Schaden kommen, ereignet sich 1993 im hessischen Weiterstadt. Der noch nicht bezogene Neubau eines Gefängnisses wird mit einem Schlag zur Ruine. Eine große Gruppe von Tätern mit ausgefeilter Logistik muss am Werk gewesen sein. Die Polizei ist bis heute ratlos. Der Unterstützersumpf ist seit 1977 bereits trockengelegt. Es muss andere, mächtigere Unterstützer geben.

Die Indizien führen in die DDR. Auf Stasi-Chef Mielkes Schreibtisch lag die Akte Beckurts. Für Mielke war – auch nach dem Fall der Mauer – Terror womöglich die Fortsetzung des Kalten Kriegs mit heißen Mitteln. Die DDR hat mindestens zehn Terroristen nicht nur ein sicheres Rückzugsgebiet zur Verfügung gestellt, sie mit falschen Identitäten ausgestattet. Sie hat, muss vermutet werden, auch Geld und Waffen zur Verfügung gestellt, Terroristen trainiert und ihnen wahrscheinlich auch Aufträge für neue Straftaten erteilt. Terroristenanwalt Klaus Croissant hat hohe Geldbeträge von der Stasi kassiert. Vielleicht sind auch die Alibis jener RAF-Mitglieder falsch, die nach der Wiedervereinigung in der ehemaligen DDR enttarnt wurden.

Die Mitwisser schweigen, Akten sind vernichtet. Der Drang nach Aufklärung ist nach dem Beitritt der DDR auch in bundesdeutschen Behörden auffallend gering, wie der frühere Chef des hessischen Landesamts für Verfassungsschutz, Günther Scheicher, bestätigt.[13] Niemand will offenbar die *innere Einheit* mit unappetitlichen Enthüllungen behindern. Ein weiteres schmutziges Beispiel deutscher Verdrängungskunst ist zu bestaunen. Nicht ausgeschlossen werden kann, dass eine Spezialeinheit der Stasi Mordanschläge der RAF imitiert oder mit ihr gemeinsam begangen hat. Nicht wenige Indizien deuten darauf hin, dass namentlich der Mord an Herrhausen der dritten Generation der RAF fälschlich zugeschrieben wird. Weniger am innerdeutschen Frieden als an Aufklärung interessierte Behörden hätten noch ein gutes Stück Arbeit vor sich.

1982–1990 Helmut Kohl
Die selbstvergessene Republik

Die 16 Jahre der Kanzlerschaft Helmut Kohls zerfallen in zwei fast gleich lange Hälften. Vor dem Mauerfall ist Kohl ein schwacher Kanzler. Verhängnisvoller für die Republik ist freilich seine Stärke nach dem Mauerfall. Immer aber ist Kohl mehr ein die Regierungsgeschäfte führender Parteichef als ein Kanzler, der auch noch seiner Partei vorsitzt. Alles, was er tut und lässt, ist zuerst Parteipolitik; die Partei ist die ihm bedingungslos ergebene Machtbasis.

So hat es das noch nie gegeben, selbst unter Adenauer nicht. Alle Kanzler vor Kohl haben mit starken Flügeln zu kämpfen, Schmidt hat es sogar das Amt gekostet. Kohl dagegen ist, vor allem nach dem Mauerfall, *die* Partei, einschließlich ihrer Flügel. Es wäre falsch, dies Kohl als Verdienst anzurechnen. Der Primat der Geschlossenheit der CDU korrespondiert mit der Unbeweglichkeit der Republik. Niemals zuvor war eine Volkspartei so mächtig wie die CDU unter Kohl. Niemals zuvor ist eine Partei als Forum der Demokratie so machtlos wie die CDU unter Kohl. Sein Führungsprinzip basiert auf absoluter

Loyalität, nicht gegenüber der Partei, sondern ihm gegenüber. Er ist die personifizierte Paraphrase absolutistischer Herrschaft in demokratischem Kostüm: *Le parti c'est moi.*

Loyalität belohnt er mit Ämtern, Kritik bestraft er mit dem Entzug von Posten. Über die Jahre schafft Kohl sich eine bis zur Hörigkeit domestizierte Gefolgschaft. Wer das Spiel verweigert, wird kaltgestellt. In der Partei trifft es vor allem die Vordenker: Generalsekretär Heiner Geißler, Kurt Biedenkopf, Lothar Späth, Rita Süssmuth und andere. Geißler zum Beispiel scheidet 1985 aus dem Kabinett Kohls aus und lehnt es 1988 ab, wieder einzutreten, weil er es für seine Pflicht als Generalsekretär hält, Programm und Profil der Partei weiterzuentwickeln, statt sich der Kabinettsdisziplin zu unterwerfen. Geißler verliert sein Parteiamt im Sommer 1989. Der Versuch, Kohl als Parteichef abzulösen, scheitert anschließend auf dem Parteitag in Bremen an der mangelnden Entschlossenheit seiner Gegner und an der Dichte des Kohl'schen Lehenssystems.

Kohl sitzt in den ersten acht Jahren die Dinge aus, sagt man. Das ist nicht richtig. Seine Regierung fasst vieles an, führt aber nur wenig konsequent zu Ende. Sozialdemokratische Illusionen halten sich unter christdemokratischer Führung hartnäckig. Die Republik leidet unter veralteten Strukturen. Symptome schwerer Störungen sind unübersehbar.

So zivil, pluralistisch, hedonistisch, weniger nationalistisch war die Bonner Republik nie zuvor. Zwar liegen die goldenen Jahre hinter ihr, doch ist sie selbstvergessen ganz bei sich. Bonn wird zur Hauptstadt ausgebaut. Schon wankt das Machtgefüge des Ostblocks. Kohl aber sorgt dafür, dass Westdeutschland alles andere als bereit ist zum Kraftakt der Wiedervereinigung.

Es ist sein großer Fehler, die Wiedervereinigung so in Szene zu setzen, als müsse der Bundesrepublik keine fundamentale Modernisierung zugemutet werden. Kohl wird den berühmten Satz aus Lampedusas *Leopard,* »wenn alles bleiben soll, wie es ist, muss sich alles ändern«, umdrehen. Seine Politik gehorcht der Maxime, wenn sich alles ändern soll, muss alles bleiben, wie es ist, damit die Wähler es nicht spüren. So denken Parteichefs, nicht Staatsmänner.

Geistig-moralische Wende

Die Ära Kohl beginnt im Dezember 1982 mit einem die Verfassung strapazierenden Akt, der zweierlei beweist. Erstens, wie schwer das Grundgesetz Regierungswechsel zwischen Wahlen macht. Zweitens, wie nonchalant der Politiker Kohl mit dem Grundgesetz verfährt, wenn es ihm ins Kalkül passt. Mit Hilfe des konstruktiven Misstrauensvotums wird er ins Amt gewählt. Jeder Kanzler braucht demokratische Legitimität, deshalb besteht er auf Neuwahlen. Weil das Grundgesetz nicht vorsieht, dass sich das Parlament selbst auflöst, lässt Kohl sich von den Parlamentariern, die ihn soeben zum Kanzler gewählt haben, zum Schein das Misstrauen aussprechen. Die FDP fürchtet, von den Wählern eine Quittung für ihren »Verrat« an Schmidt zu bekommen. Deshalb wird erst einige Zeit lang regiert, im Frühjahr 1983 dann gewählt.

Es ist ein Erdrutschsieg für Kohl, wieder bis knapp an die absolute Mehrheit heran (48,8 Prozent), die SPD verliert 4,7 Prozent, die FDP 3,6 Prozent. Dafür überspringen die Grünen die Fünfprozenthürde.

Bis dahin müssen neue Löcher im Etat gestopft werden. Das passt überhaupt nicht zu dem neuen Kurs, den Graf Lambsdorff verlangt und Kohl ankündigt. Die Rentenanpassung wird verschoben, das Arbeitslosengeld und das Schüler-Bafög gekürzt, den Besserverdienenden eine *Zwangsanleihe* (verharmlosend *Investitionsabgabe* genannt) abgeknöpft. Dazu hätte man nun wahrlich keine neue Regierung gebraucht, denn eine *Ergänzungsabgabe* hatte die SPD schon im Jahr zuvor gefordert. Schon am ersten Tag der neuen Regierung ist das Dilemma erkennbar: Die Sozialstaatstraditionalisten in der Union wollen den leistungsfähigeren Bürgern eine *Abgabe* aufbrummen und setzen sich intern gegen den Wirtschaftsflügel durch, der für eine rückzahlbare *Anleihe* plädiert. Aus Gründen der *sozialen Symmetrie* (das Schlagwort, das dem der *sozialen Gerechtigkeit* vorauseilt) verspricht die CDU diese Steuererhöhung auch im Wahlkampf. Daraus kann nichts werden, weil die FDP dagegen ist, was ebenfalls im Wahlkampf schon bekannt gewesen ist. Kohl startet also mit einem Glaubwürdigkeitsproblem. Erst hott, dann hü, dann wieder hott, am Ende hü. Auch das Bundesverfassungsgericht wird die Abgabe für verfassungswidrig erklären. Viel Gedöns um wenig: Es ist das Grundmotto der ersten Kohl-Jahre. Ein echter Neuanfang gegenüber der Ära Schmidt ist nirgends zu erkennen.

Die *geistig-moralische Wende,* von der Kohl nun so oft spricht, ist etwas anderes und kaum mehr als eine propagandistische Floskel. Übrig bleibt allenfalls ein stilistischer Kontrast – Kohls bramarbasierendes Pathos folgt Schmidts brillanter Nüchternheit. Von der geistigen Starre der Republik kann diese Wende nicht ablenken. Kohl wohlgesonnene Historiker sehen das anders. Kohls Wende »versöhnte … die wertkonservativen Schichten zumindest vorübergehend mit der unaufhaltsamen Pluralisierung und Individualisierung der Gesellschaft und bereitete sie damit auf den nächsten Modernisierungsschub vor«[1]. Aber es kommt kein Modernisierungsschub, und es ist deshalb nicht notwendig, irgendjemanden mit irgendetwas zu versöhnen.

Aus der Distanz der Jahre liest man deshalb verblüfft nach, wie allergisch, ja geradezu hysterisch Kohls Gegner auf das lauwarme Schlagwort reagieren. »Die geistig-politische Wende des Kanzlers Kohl entpuppt sich nach wenigen Monaten als drastischer Schwenk in eine steile Rechtskurve. Wir sind auf dem Wege in eine andere, eine christdemokratische Republik: einen Klassenstaat, der – wie gehabt – Klassenkampf von oben nach unten betreibt …«, dröhnt etwa Hamburgs Erster Bürgermeister Hans-Ulrich Klose.[2] Er sieht ein Gespenst. Kohl und seine Regierung denken gar nicht daran, den in die Jahre gekommenen Sozialstaat unter veränderten demografischen wie ökonomischen Bedingungen zu stabilisieren. Sie wollen auch nicht liberale Errungenschaften der vergangenen zwei Jahrzehnte wieder einkassieren. So bleibt es beim bisherigen Abtreibungs-, Scheidungs-, Sexual- und Demonstrationsstrafrecht.

Parteienherrschaft, Parteienmissbrauch

Es sind Jahre großer Skandale. Bereits seit November 1981 erschüttert die Flick-Affäre die Glaubwürdigkeit der Parteien. 1975 hatte der Flick-Konzern ein großes Aktienpaket am Daimler-Benz-Konzern für 1,9 Milliarden D-Mark verkauft und den größten Teil davon, 1,6 Milliarden, steuerfrei reinvestiert. Die *Pflege der Bonner Landschaft,* überwiegend mittels Bündeln von Banknoten aus schwarzen Kassen, zahlte sich aus, die gesetzlich erforderliche Offenlegung der Spenden dagegen unterblieb.

Die Flick-Affäre ist nur der Höhepunkt. Die Missstände sind Alltag, und sie haben Tradition. Bereits 1958 hatte das Bundesverfassungsgericht die unbegrenzte steuerliche Abzugsfähigkeit von Parteispenden verboten, weil sie die Chancengleichheit der Parteien verletzte. Spenden der Industrie waren überwiegend den wirtschaftsfreundlichen Unionsparteien zugefallen. 1967 hat die Große Koalition ein Parteiengesetz verabschiedet, das verlangt, Spender und Beträge ab einer bestimmten Höhe zu veröffentlichen. Doch es gibt Wege, das Gesetz zu umgehen. Scheinfirmen, etwa die *Europäische Unternehmensberatungs-Anstalt* in Liechtenstein, und gemeinnützige Vereine, die *Staatsbürgerlichen Vereinigungen,* stellen falsche Quittungen aus, dienen seit den Fünfzigerjahren als Spendensammel- und Spendenwaschanlagen und sorgen dafür, dass die Pflegemittel auch noch von der Steuer absetzbar sind. Die Parteien halten dies für Gewohnheitsrecht, so wie sie es sich insgesamt zur Gewohnheit gemacht haben, den Staat als ihr Eigentum zu betrachten; keineswegs nur an der politischen Willensbildung »mitzuwirken«, wie es im Grundgesetz heißt.

Seit 1977 ermitteln Staatsanwälte. Schon die Regierung Schmidt gerät in den Strudel der Flick-Affäre, als ein von allen Parteien initiiertes Amnestiegesetz an der SPD scheitert, was die FDP sehr erzürnt. Nun, 1983, gleich zu Beginn der schwarz-gelben Regentschaft, belastet die Anklage gegen Wirtschaftsminister Otto Graf Lambsdorff (er tritt im Juni 1984 zurück) auch diese Koalition. Ein Untersuchungsausschuss des Parlaments begleitet das Verfahren. Skandalös ist die Entscheidung der Regierung, mit einem neuen Parteienfinanzierungsgesetz steuerfreie Großspenden zu legalisieren. Das Bundesverfassungsgericht wird später die Summen limitieren. Darüber hinaus versucht die Koalition mittels Amnestie, Gesetzesverstöße in der Vergangenheit nachträglich zu billigen. Die Parteichefs Kohl, Strauß und Genscher überrumpeln ihre Fraktionen mit diesem Vorschlag. Offenbar verwechseln sie das Wohl ihrer Parteien mit dem Wohl des Landes. Außerdem wird klar, wie weit die Spitzen der Bonner Republik sich von den Empfindungen ihrer Wähler entfernt haben.

In der Öffentlichkeit entsteht das, was unter dem Schlagwort der *Parteienverdrossenheit* Karriere macht. Die Deutschen, sowieso hin und her gerissen zwischen der generellen Ansicht, politisch Lied sei garstig Lied, und idealistischen Vorstellungen von Demokratie, verlieren den Glauben an die Rechtschaffenheit der politischen Klasse und überfordern sie zugleich. In Deutschland sind die Ansprüche an die Sauberkeit der Politik immer höher als die Ansprüche an ihre Lösungskompetenz. Ein fatales Missverständnis.

Der Bundestagsuntersuchungsausschuss bricht 1985 die Beweisaufnahme auf Wunsch einer großen Parteispendenkoalition, der außer den Grünen alle Parteien angehören, ab. Trotzdem kommt Kohl selbst 1986 als Zeuge vor einem Untersuchungsausschuss im Landtag von Rheinland-Pfalz in höchste Bedrängnis. Von der Funktion der *Staatsbürgerlichen Vereinigung Koblenz* als Spendenbeschaffungsanlage will er nichts gewusst haben, behauptet er wahrheitswidrig. Die Fortsetzung seiner politischen Karriere hängt am seidenen Faden, als ihn Otto Schily, damals noch Abgeordneter der Grünen, wegen uneidlicher Falschaussage anzeigt. Kanzler darf er bleiben, dank des außerordentlichen Wohlwollens der Justiz und falscher Aussagen der für die Parteifinanzen zuständigen Parteifreunde.

Die SPD hat es erstmals mit Konkurrenz auf der linken Seite des Parlaments zu tun, mit der Partei der Grünen. Die Volkspartei SPD ist nicht in der Lage gewesen, die Protestbewegungen zu integrieren. Allerdings zeichnet sich schon bald die Möglichkeit rot-grüner Koalitionen ab, was die FDP ihrer Rolle als *Zünglein an der Waage* beraubt und sie mit den Unionsparteien in ein Lager bindet.

Eine Bemerkung zur FDP: Der Mangel an Liberalismus ist eine Konstante deutscher Nachkriegsgeschichte. Daran ist die FDP nicht ganz unschuldig. Sie verabschiedet liberale Manifeste wie jenes zu Beginn der Kohl-Ära im Februar 1983, in dem sie »konsequente Politik für die Freiheit des Einzelnen«

fordert. Aber im Regierungshandeln bleibt davon kaum etwas übrig. Die FDP ist selbst nicht gerade ein Muster demokratischer Lebendigkeit. Der im Parteispendenskandal erlittene Imageverlust trifft auch sie, sogar besonders stark. Parteichef Genscher setzt sich an die Spitze der Amnestiebefürworter. Ralf Dahrendorf, ehemaliger FDP-Politiker und weltberühmter Soziologe, sieht die FDP unter Führung Genschers gar zu einer »zentralistischen Kaderpartei«[3] verkommen.

Im Dezember 1985 wird in Hessen die erste rot-grüne Landesregierung gebildet. Sie zerbricht bereits im Februar 1987 an der Frage der Stilllegung der Hanauer Nuklearfabrik Alkem. Auch in Bonn wollen die pragmatischen, weil machtbewussten *Realos* die Teilhabe an der Regierungsmacht, können sich gegen die *Fundis* aber zunächst nicht durchsetzen. Der Flügelstreit beschäftigt die Grünen, wenn auch nach dem Austritt ihrer radikalökologischen Parteisprecherin Jutta Ditfurth (1991) mit abnehmender Heftigkeit, bis in die Gegenwart. Die Grünen unterscheiden sich, zumal in ihren frühen Jahren, fundamental von den etablierten Parteien. Sie versuchen Schwächen des Berufspolitikertums zu vermeiden. Doch die zunächst praktizierte Rotation der grünen Abgeordneten (sie tauschen nach zwei Jahren mit Nachrückern) passt nicht zur Praxis der Parlamentsarbeit. Der strikten Trennung von Parteiamt und Parlamentsmandat zum Trotz werden auch bei den Grünen einige Stars in den Vordergrund rücken. Joschka Fischer wird zwar nie Parteichef sein, aber immer die wichtigste Leitfigur.

Die Sozialdemokraten müssen sich auf lange Zeit in der Opposition einrichten. Alarmierend für die SPD ist, dass sie bei der Bundestagswahl im Frühjahr 1983 erstmals weniger Stimmen von jüngeren Wählern unter 38 bekommt als die Union. Arbeiter sind in der früheren Arbeiterpartei längst in der Minderheit. Das Hauptproblem der SPD ist, dass die

Geschäftsgrundlage ihrer Wirtschafts- und Sozialpolitik nicht mehr existiert. Es gibt nichts mehr zu verteilen in der Bundesrepublik. Darüber gerät die Partei in eine handfeste Identitätskrise. Sie setzt alle Anstrengungen in die Ausarbeitung eines neuen Programms. Am Ende wird das *Berliner Programm* beschlossen – wenige Wochen nach dem Fall der Mauer, als sich die Geschäftsbedingungen der Republik bereits tief greifend geändert haben. Das jahrelang wild umkämpfte Stichwort *Frieden* im Sinne von Abrüstung ist kein Thema mehr. Für Umweltpolitik interessiert sich angesichts der bevorstehenden Wiedervereinigung kaum noch jemand.

Bleibt das Thema Arbeit. Die SPD versucht, die Notwendigkeit des Strukturwandels zu begreifen, aber zugleich am alten Erfolgsrezept der sozialen Konsensgesellschaft festzuhalten. In der Frage der Liberalisierung der Wirtschaft ist die Partei tief gespalten. Deshalb scheitert der Versuch, auf dem Parteitag in Essen 1984 ein Programmpapier zu verabschieden, weder die Gruppe der Reformer noch die traditionelle Linke findet eine Mehrheit. Die Linke besteht auf alten, längst wirkungslosen Rezepten wie Beschäftigungsprogrammen und Steuererhöhungen für *Besserverdienende*.

Immer wieder erarbeiten Kommissionen Papiere und stoßen auf entschiedenen Widerstand der Traditionalisten, vor allem der Gewerkschafter. Die Forderung der 35-Stunden-Woche ohne Lohnverzicht wird zum Anliegen der SPD. Leider nimmt die Weltwirtschaft keinerlei Rücksicht auf die Schmerzen der deutschen Sozialdemokratie. Die Bundestagswahl im Januar 1987 bestreitet die Partei mit dem nordrheinwestfälischen Ministerpräsidenten Johannes Rau. Das Motto des Kanzlerkandidaten lautet »Versöhnen statt spalten«. Aber mit der Rhetorik evangelischer Kirchentage lassen sich die tief greifenden Verwerfungen in der SPD und in der Gesellschaft nicht glattbügeln.

Die Wahl gerät zur Niederlage beider Volksparteien. Die SPD verliert selbst als Oppositionspartei 1,2 Prozentpunkte und landet bei 37 Prozent. Die regierende Union erleidet sogar einen Verlust von 4,5 Prozentpunkten. Nach der Niederlage macht Parteichef Willy Brandt Hans-Jochen Vogel Platz. Die Generation seiner Enkel rückt nach vorn. Björn Engholm, Oskar Lafontaine, Rudolf Scharping scheitern der Reihe nach als Kanzlerkandidaten, ehe Gerhard Schröder zum Zug kommen wird. Lafontaine zählt damals zu den Reformern, der das Aufsehen und den Widerspruch der Traditionalisten dadurch erregt, dass er Arbeitszeitverkürzungen ohne Lohnausgleich vorschlägt. Er wirft den Gewerkschaften vor, an der Arbeitslosigkeit mitschuldig zu sein.

Viel Lärm um wenig

Die zunehmende Auflösung herkömmlicher Erwerbsbiografien ist eine neue und wesentliche Ursache der Krise der Sozialsysteme. Die Deutschen sind im Schnitt länger in Ausbildung, früher in Rente und zwischendurch häufiger nicht oder nur geringfügig berufstätig. Schwarzarbeit boomt unabhängig von der Konjunktur. Die schwindende Neigung, Familien zu gründen, hat mit Lebenseinstellungen zu tun, aber auch damit, dass Kinder zum höchsten Risiko geworden sind, der sogenannten *neuen Armut* anheimzufallen. Die Politik beklagt, dass junge Leute rechnen, ehe sie sich daran machen, den *Generationenvertrag* zu erfüllen. Es nützt nur nichts, über die Trittbrettfahrer des Rentensystems zu klagen.

Um die Geburtenrate zu steigern, lässt die Regierung Kohl Erziehungsgeld an Familien verteilen, statt die Möglichkeiten der Mütter zu vergrößern, Beruf und Familie besser zu vereinen. Dazu bedürfte es des flächendeckenden Ausbaus von

Betreuungseinrichtungen. Entsprechende Vorschläge der Familienministerin Ursula Lehr (sie will Kindergartenplätze für Zweijährige einführen) enden im Sturm der Entrüstung ihrer Partei. Noch mehr als zwei Jahrzehnte wird es dauern, bis Familienministerin Ursula von der Leyen mit einem ähnlichen Vorschlag Erfolg hat. Kohl gewährt Steuerfreibeträge für Kindermädchen, aber auch nur, wenn deren Bezahlung sozialversicherungspflichtig erfolgt. Eine Schnapsidee, die nur den bürokratischen Aufwand erhöht. Insgesamt investiert die Regierung Milliarden in die Familienpolitik, erreicht damit aber nichts, weil sie am alten Leitbild der ans Haus gefesselten Frau festhält.

Die Ausgaben für Sozialhilfe verdoppeln sich in den ersten acht Jahren der Regierung Kohl. Von einer »Selbstüberforderung des politischen Systems« spricht der führende Soziologe dieser Zeit, Niklas Luhmann.[4] Anderswo in Europa reagiert die Politik. In Großbritannien zerstört die *Eiserne Lady* Maggie Thatcher die Übermacht der Gewerkschaften, liberalisiert den Staat, befreit den Unternehmungsgeist und überlässt den Bürgern mehr Verantwortung für die Risiken ihres Lebens. Im Nie-wieder-Weimar-Deutschland verhindert schon das Verhältniswahlrecht, dass ein Kanzler in die Lage versetzt werden könnte, etwas eisern durchzusetzen. Es würde auch keiner einen Angriff auf den spezifischen Gerechtigkeitssinn der Deutschen wagen, auf die Illusion von einer gemeinsamem Wohl verpflichteten Volksgemeinschaft. Kohl distanziert sich unmissverständlich von seiner radikalliberalen Kollegin jenseits des Ärmelkanals, sie ist ihm fremder als jeder »Soze«.

Trotzdem erobert der Begriff *Strukturwandel* die Schlagzeilen. Nur wird die Größe dieser Aufgabe unterschätzt. Das hat mehrere Gründe. Einer liegt in der Selbstgefälligkeit des *Exportweltmeisters.* Die Deutschen halten ihre Wirtschaft für robuster, als sie ist. Deshalb versäumen sie die deutliche Stärkung des Dienstleistungssektors. Der Staat subventioniert stattdessen Industrien, die nicht mehr zu halten sind. Die Überreguliertheit und Unflexibilität des Arbeitsmarkts werden nicht angetastet.

Kohl profitiert zu Beginn von einer zyklischer Erholung der Konjunktur. Aber der Aufschwung bleibt hinter früheren Hochs zurück und reicht nicht aus, die im Abschwung verloren gegangenen Arbeitsplätze neu zu schaffen. Im Gegenteil, die Zahl der Arbeitslosen klettert 1983 erstmals deutlich über die Zweimillionenmarke. Gewinne werden überwiegend in die Rationalisierung statt in Produktionsausweitung investiert.

Sozialpolitische Maßnahmen verschärfen das Problem, das zu mildern ihr Ziel ist. 1984 beginnt die Regierung mit dem *Vorruhestandsgesetz* einen verhängnisvollen Trend, der dazu führt, dass sich die Betriebe zulasten der Sozialkassen bequem und ohne schlechtes Gewissen von älteren Arbeitskräften trennen. Noch 1989, unmittelbar vor den dramatischen Belastungen der Sozialsysteme durch den DDR-Beitritt, werden neue Teilzeitregelungen eingeführt.

Weil zu Rentnern erklärte Langzeitarbeitslose nicht mehr aus der Kasse der Bundesanstalt für Arbeit bezahlt werden, bleibt Geld übrig. Sinnvoll wäre es jetzt, die hohen Lohnnebenkosten durch Senkung der Beiträge zur Arbeitslosenversicherung zu verringern. Doch die Regierung erhöht stattdessen die Leistungen. Die Bezugsdauer des Arbeitslosengeldes wird verlängert, 45-Jährige bekommen es 18 Monate, 57-Jährige sogar 32 Monate lang statt wie bisher generell nur ein Jahr.

Erst der sozialdemokratische Kanzler Schröder wird dies fast zwei Jahrzehnte später rückgängig machen – zum Missfallen der eigenen Partei, die in der Großen Koalition darauf besteht, die Reform zu revidieren. Auch CDU-Politiker wie der Ministerpräsident von Nordrhein-Westfalen, Jürgen Rüttgers, werden eine verlängerte Bezugsdauer erneut einfordern und sich damit in der eigenen Partei durchsetzen. Sozialpolitische Fehler werden in Deutschland immer mehrmals gemacht.

Die Krise der Arbeitsgesellschaft wird allseits beklagt, aber die Deutschen bleiben ihrem Modell verhaftet, das nur funktionieren kann, solange stetes Wachstum der breiten Masse Einkommenssteigerungen ermöglicht. Die Gewerkschaften jedoch gehen 1984 in ihren bislang härtesten, wochenlangen Streik um die 35-Stunden-Woche bei vollem Lohnausgleich. Sie steigern damit die Arbeitslosigkeit.

Anstrengungen der Bundesregierung, den Staat zurückzustutzen, beschränken sich auf die Privatisierung des Post- und Fernmeldewesens und die Einführung des Privatfernsehens. Der Arbeitsmarkt bleibt überreguliert. Eine *Deregulierungskommission* aus Experten wird erst 1987 berufen, welche die wenigen bis dahin gesetzten kleineren Schritte – wie die einmalige Befristung von Arbeitsverträgen bis zu 18 Monaten – als viel zu gering beurteilt. Auch jetzt noch geschieht wenig, vor allem wenig Effizientes. Erst 1996 wird etwa das Vermittlungsmonopol der Bundesanstalt für Arbeit aufgehoben sowie das Kündigungsschutzgesetz für Kleinbetriebe mit bis zu zehn Beschäftigten (vorher fünf) eingeschränkt. Kraftvolle Politik ginge anders. Die schwarz-gelbe Koalition traut es sich aber nicht zu, das kollektive Arbeitsrecht – zu Deutsch: die Macht der Gewerkschaften – anzutasten. Die Regelungswut der Deutschen zeigt sich zum Beispiel auch an den absurden, immer wieder fehlschlagenden Bemühungen, das Ladenschlussgesetz aufzuheben. Heraus kommt immer nur eine schrittweise Lockerung.

Zweifellos leidet die Regierung Kohl unter der massiven Verschlechterung der Staatsfinanzen und der konsumtiven Ausweitung des Staatshaushalts in der sozialliberalen Ära. Trotzdem will sie die Steuern senken, denn längst sind auch mittlere Einkommen in eine Zone verschärfter Progression geraten. Wieder folgt die Debatte dem bekannten Muster. Die Linke in der Union beklagt mangelnde *soziale Symmetrie* und stemmt sich gegen die von FDP und CSU geforderte Herabsetzung des Spitzensteuersatzes von 56 auf unter 50 Prozent. Der Sozialdemokrat Schröder wird zwei Jahrzehnte später unter ungleich schwierigeren Bedingungen den Spitzensteuersatz auf 42 Prozent senken. Rinks und lechts kann man in Deutschland leicht velwechsern, weiß der Dichter Ernst Jandl.

Ergebnis des heftigen Steuerstreits in der CDU: Vom Versprechen des »größten Entlastungsvolumens in der Geschichte der Republik« bleibt kaum etwas übrig. Kohl muss mit Rücktritt drohen, um wenigstens eine Senkung von drei Prozent in der eigenen Partei durchzusetzen. Im Gegenzug steigt die Mineralölsteuer, nur nicht auf Flugbenzin, was dem Wunsch eines einzelnen Herrn in München entspricht. Letztlich kommt die Reform nur zustande, weil Niedersachsen die Zustimmung im Bundesrat abgekauft wird. Auch dies ein Muster, das sich wiederholt.

Bis 1988 dauern die Querelen um die sogenannte Reform. Inzwischen hat sich die Lage der Staatsfinanzen jedoch so verschlechtert, dass gleichzeitig über eine Erhöhung der Verbrauchssteuern diskutiert wird. Erst 1990 soll die Steuerreform in Kraft treten. Dann steht die *Wiedervereinigung* unmittelbar vor der Tür, dann wären massive Steuererhöhungen die dringendste Maßnahme und zwingende Voraussetzung des Beitritts. Nur will Kohl davon nichts wissen.

Schon in den ersten Jahren der Regierung Kohl steigen die Reallöhne nur noch geringfügig. Die Zahl der Geburten kann seit Mitte der Siebzigerjahre die Zahl der Todesfälle nicht mehr ausgleichen, die Bevölkerung altert. Im Jahr 1989, dem historischen Schlüsseljahr, erreicht der Anteil der über 60-Jährigen fast schon den Anteil der unter 21-Jährigen, jeweils etwa genau ein Fünftel der Gesamtbevölkerung. Bereits 1984 erscheint ein alarmierender regierungsamtlicher Bericht über die Bevölkerungsentwicklung. Entweder, so die Prognose, müssten im Jahr 2030 die Renten halbiert oder der Beitrag zur Rentenversicherung auf 35 Prozent angehoben werden. Zwar nimmt der Anteil der Ausländer beständig zu, aber die Regierung versäumt eine geregelte Einwanderungspolitik mit dem Ziel, integrationswilligen, qualifizierten Ausländern die Einwanderung zu erleichtern. Kohl verkündet stattdessen gleich in der ersten Regierungserklärung im Oktober 1982 ein *Dringlichkeitsprogramm* zur Zuzugsbegrenzung von Ausländern. Das gebetsmühlenartig verkündete Dogma, Deutschland sei kein Einwanderungsland, ist ebenso Selbstbetrug wie die Selbstberuhigung, Deutschland sei kein ausländerfeindliches Land. Kohl bestreitet, dass nur mit Hilfe gezielter Einwanderung die demografische Schieflage ausgeglichen werden kann.

Über ernsthafte Fehlentwicklungen wird kaum gesprochen, anderes maßlos übertrieben. So verfehlen die endlosen Debatten über den Missbrauch des Asylrechts vollkommen das eigentliche Problem des türkischen Proletariats und schüren noch dazu die Xenophobie. Zunehmend werden Einwanderer als Konkurrenten um Arbeitsplätze und Sozialleistungen empfunden. Schwer integrierbar sind auch großzügig ins Land geholte *deutschstämmige* Russen, die sogenannten *Spätaussiedler.* Ihre Zahl steigt von unter 40 000 zu Beginn der schwarz-gelben Koalition auf fast 400 000 im Jahr der Wiedervereinigung.

Auch die *Gesundheitsreform* Kohls ist diese Vokabel nicht wert. Alle Maßnahmen folgen mehr oder weniger den Empfehlungen betroffener Interessengruppen. Zu kurz greifende Kostendämpfungsmaßnahmen verpuffen rasch, führen zuvor aber dennoch zu Proteststürmen. Es revoltieren sogar die Steinmetze, weil die Kassen das Sterbegeld streichen und

Grabsteine nicht mehr von ihnen bezahlt werden. Kohl erweist sich als Prophet, wenn er vor dem Scheitern des in tausend kleinen Einwänden und Einsprüchen nahezu untergehenden Reförmchens klagt: »Und dann sage ich Ihnen voraus: Mitten in den Neunzigerjahren werden wir einen totalen und irreparablen – jedenfalls mit konventionellen Mitteln irreparablen – Kollaps im deutschen Gesundheitswesen haben.« Umso unverständlicher bleibt, dass er trotz dieser Einsicht 1990 die Sozialunion mit der DDR übers Knie bricht, ohne die Systeme vorher den Anforderungen anzupassen.

Die Regierung vermeidet nicht nur nachhaltige Sanierungsarbeiten an den Sozialkassen, sie führt sogar noch eine neue ein, noch nach dem DDR-Beitritt: die Pflegeversicherung nach dem Umlage- statt dem Kapitaldeckungsverfahren. Sie beantwortet mit einem uralten, untauglichen Rezept das wachsende Problem der alternden Gesellschaft. Die Krise der Pflegeversicherung wird nicht lange auf sich warten lassen.

Kohls Regierung versagt auch in der *Rentenreform*. Es wäre höchste Zeit, vom Prinzip der an die Löhne gekoppelten Rente als eine Art Lohnersatzzahlung im Alter abzuweichen, eine kapitalgedeckte Grundvorsorge einzuführen und zugleich den Versicherten bessere Möglichkeiten zu offerieren, sich für das Alter zusätzlich privat abzusichern. Die Regierung aber zieht vor, es sich nicht mit den Rentnern zu verscherzen. Auch im internationalen Vergleich zählen sie fraglos zu den großen Gewinnern in der lange prosperierenden Bundesrepublik. Nie zuvor und nie mehr danach ging es auch einfachen Rentnern so gut wie in den Jahren vor der Wiedervereinigung. Fachleute warnen längst vor einer Zeitbombe. Kohl und sein Sozialminister Norbert Blüm überhören ihr Ticken. Die Sanierungsarbeiten werden auf Kosten der nachwachsenden Generationen vertagt. Es bleibt bei minimalen Korrekturen, der künftigen Koppelung der Renten an die Netto- statt wie bisher an die Bruttolöhne. Aber zugleich belastet die Einführung zusätzlicher Ansprüche aus Kindererziehungs- und Pflegezeiten das System. Die Zuschüsse aus dem Bundeshaushalt müssen erhöht werden – Gift für die Staatsfinanzen. Wieder setzt die Geschichte eine Pointe: Die Rentenreform wird just am 9. November 1989, dem Tag des Mauerfalls, verabschiedet und soll 1992 in Kraft treten, dann für alle Deutschen. Um einen wesentlichen Teil der Einheitskosten zu tragen, taugt das westdeutsche Rentensystem aber wahrlich nicht.

Das alles liest sich ernüchternd und ermüdend, aber so ist nun einmal die Politik dieser Jahre. Um die Bundesrepublik herum gerät die Welt aus den Angeln, die Regierung aber bewegt nur den Löffel in der Tasse.

Widersprüche vor dem Mauerfall

Auch deutschlandpolitisch beginnt Helmut Kohl seine Amtszeit im Geist seiner Vorgänger. Er verschärft die Schizophrenie, die mit der Teilung des Deutschen Reichs begonnen hat. Je nationalistischer die Phrasen klingen, desto pragmatischer gestaltet sich die Zusammenarbeit der beiden deutschen Staaten.

Es sind die Jahre, in denen der Bonner Republik der Charakter eines Provisoriums endgültig genommen zu werden scheint. Das seit 40 Jahren als Bundeshauptstadt zweckmäßige Bonn ist Großbaustelle. Neue Ministerien, Bürokomplexe für Abgeordnete, attraktive Bundesmuseen entstehen, das repräsentative Regierungshotel auf dem Petersberg wird restauriert. Bonn darf Hauptstadt sein.

Für einige Jahre zieht der Bundestag in ein Wasserwerk, weil an Stelle des alten ein neuer Plenarsaal entsteht. Architekt ist Günter Behnisch, der bereits mit den Olympiabauten in München ein weltberühmtes Wahrzeichen der Bonner Republik geschaffen hat. Sein gläserner Saal am Rheinufer, in dem die Regierung nicht erhöht gegenüber den Abgeordneten thront, sondern sich ins Rund fügt, gerät leicht und transparent und zu einem Sinnbild der Demokratie schlechthin. Wenn der Saal endlich eingeweiht werden wird, ist der Umzug in den wilhelminischen Reichstag bereits beschlossene Sache. Regierung und Parlament werden sich dort wieder gegenübersitzen.

Bonn akzeptiert die DDR immer offener als normalen Nachbarstaat. Es ist absehbar, dass der Kalte Krieg zu Ende geht. Ginge es zuerst um Freiheit im Osten, müsste Bonn jetzt die wachsende Opposition in der DDR unterstützen. Die Regierung unternimmt stattdessen alle Anstrengungen, das kommunistische Regime ökonomisch zu stabilisieren. Das ist ein merkwürdiger Widerspruch. Offenbar haben die Bonner Parteien Angst vor unkontrollierbaren Protestbewegungen in der DDR. Es ist »eine sehr deutsche Angst«, die bewirkt, »dass die bestehende Ordnung, auch wenn sie unrechtmäßig war, Vorrang vor der Freiheit erhielt«[5].

Die SPD treibt die Umarmung des DDR-Regimes noch weiter, arbeitet mit der SED gar Abrüstungsprojekte aus, als sei sie noch an der Regierung. Noch schlimmer: In einer gemeinsamen Erklärung, dem *Streitkulturpapier,* erkennt die SPD 1987 nicht nur den zweiten deutschen Staat an, sondern auch noch das Gesellschaftssystem der DDR. Beide Systeme seien reform- und entwicklungsfähig, heißt es da. Man fühlt sich an die Fünfzigerjahre erinnert, als die linksnationalistische SPD den Bonner und den Ostberliner Staat nicht für gesellschaftliche Antipoden halten wollte, sondern stets die Einheit der Nation betonte, oder an den Deutschlandplan Wehners, in dem sich eine tiefe Geringschätzung der Bonner Demokratie ausdrückte. Damals wie jetzt wird die oberste Priorität der Freiheit geleugnet. Die SPD darf sich wenigstens zugutehalten, dass sie ihren fundamentalen Irrtum mit Michail Gorbatschow teilt, der ebenfalls den Kommunismus für reformierbar hält – um sich dann selbst zu widerlegen.

Ein Höchstmaß an Kontinuität der sogenannten Entspannungspolitik verbindet die Regierung Kohl mit einem Höchstmaß an verbaler Scharfmacherei. Der neue CDU-Generalsekretär Volker Rühe spricht vom »Wandel durch Anbiederung« statt vom »Wandel durch Annäherung«, meint damit zu Recht die SPD und beschreibt doch nur exakt auch das Verhalten der eigenen Regierung. CSU-Chef Strauß beschuldigt im April 1983 die DDR des Mordes, nachdem ein Westdeutscher während der Grenzformalitäten einem Herzinfarkt erlegen ist. Wenig später fädelt er einen privaten Bankkredit, den bereits zweiten *Milliardenkredit* für die DDR ein, für den Bonn bürgt, aber keinerlei Vorleistung fordert. Strauß macht auch Erich Honecker seine Aufwartung.

Die Deutschlandpolitik ist auf beiden Seiten widersprüchlich. Honecker lässt einerseits Selbstschussanlagen an der Grenze abbauen und schafft den Mindestumtausch für Kinder bei Besuchen in der DDR ab, storniert andererseits 1984 seinen bereits Helmut Schmidt zugesagten Besuch in Bonn. Kohl und Honecker treffen sich trotzdem, jeweils bei den Beerdigungen der roten Zaren Jurij Andropow (1984) und Konstantin Tschernenko (1985). Erst der frühe Tod der beiden erlaubt Gorbatschow den Sprung an die Spitze. Beim zweiten Treffen garantiert Kohl der DDR, was er in allen Sonntagsreden strikt abstreitet, nämlich »die Souveränität aller Staaten in Europa in ihren gegenwärtigen Grenzen«. Paradoxerweise muss es die nun ganz und gar souveräne DDR zulassen, in immer stärkere finanzielle Abhängigkeit von Bonn zu geraten.

Sie lässt sich auch an der rapide steigenden Zahl freigekaufter Häftlinge ablesen. Sie sind für die DDR eine sichere und unverzichtbare Einnahmequelle, die ihr Jahr für Jahr bis zu

400 Millionen D-Mark einbringt, etwa 100 000 D-Mark pro Kopf. Einzige Bedingung: Es darf nicht darüber gesprochen werden. Beide Seiten halten sich daran. Das noch 1988 neu abgeschlossene Transitabkommen über den freien Zugang Westberlins hätte der DDR zuzüglich Straßennutzungspauschale jährlich nahezu eine Milliarde D-Mark eingebracht. Dazu ist es zu spät.

Die DDR geht im Wesentlichen aus zwei Gründen zugrunde. Erstens ist dieser Staat trotz finanzieller Hilfe aus dem Westen so gut wie bankrott. Der Regierung in Bonn entgeht das nicht. Umso unverständlicher ist es, dass sie den Wert der DDR-Wirtschaft nach dem Mauerfall so maßlos überschätzt. Zweitens stehen in der UdSSR die Dinge nicht besser. Dort aber tut sich Revolutionäres. Der neue Parteichef Gorbatschow macht Ernst mit Glasnost (Offenheit) und Perestrojka (Umbau). »Wir brauchen Demokratie wie Luft zum Atmen«, sagt er. Er glaubt tatsächlich, das kommunistische System sei reformierbar. Das ist es nicht. Statt es wie beabsichtigt zu stabilisieren, zerstört Gorbatschow sein Weltreich und beendet die Teilung der Welt. Bei Lichte betrachtet ist es ein Triumph der Dummheit. Ausnahmsweise steht sie auf der Seite des Fortschritts.

Das weltgeschichtliche Erdbeben ist schon nicht mehr zu überhören, als Helmut Kohl im Herbst 1986 besondere Feinfühligkeit beweist. In einem *Newsweek*-Interview vergleicht er Gorbatschow mit Joseph Goebbels. »Das ist ein moderner kommunistischer Führer, … aber er versteht etwas von PR. Der Goebbels verstand auch etwas von PR. Man muss die Dinge doch auf den Punkt bringen.«

Auf den Punkt gebracht, leistet Kohl damit auch einen – verspäteten – Beitrag zum sogenannten Historikerstreit, der die Republik zu Beginn der Kohl'schen Amtszeit erregt hat. Der Historiker Ernst Nolte hat ihn 1986 mit der These entfacht, Hitler sei nur eine Antwort auf Stalin, die Judenvernichtung mithin nicht verbrecherischer als der bolschewistische Terror. »War nicht der ›Archipel GULag‹ ursprünglicher als Auschwitz?«, fragt Nolte. Eine abwegige These, die jedoch dem unausgesprochenen Sehnen der Deutschen nach Erlösung von Schuld und Schmach entgegenkommt.

Gorbatschow bewirkt, dass es nun auch in Polen, Ungarn und in der Tschechoslowakei zu Reformen kommen kann. Die ostdeutschen Kommunisten sind langsamer. Honecker versteigt sich sogar zu der Ansicht, was Gorbatschow für die Sowjetunion anstrebe, habe die DDR bereits erreicht. Die SPD scheint daran nicht zu zweifeln. Lafontaine rühmt den »relativen Wohlstand« in der DDR. Helmut Schmidt verrät, weshalb er Honecker nicht verdammen kann: Er »ist ein Deutscher, der seine Pflicht erfüllen will«. Diese Sekundärtugend gilt als wichtiger als das, was sie bewirkt.

Von Gorbatschow muss sich Honecker zum 40. Jahrestag der DDR-Staatsgründung deutlichere Worte gefallen lassen: Dass den, der zu spät komme, das Leben bestrafe. Die Führung glaubt noch, den wachsenden Druck aus dem Kessel lassen zu können, wenn sie Regimegegnern die Ausreise gestattet. Aber es sind zu viele, die gehen möchten. Es ist fast völlig gefahrlos, seit Ungarn im Sommer 1989 den Zaun geöffnet hat. Dies bricht dem Regime in Ostberlin das Genick, nur merkt es das selbst noch nicht. Die vielen tausend DDR-Bürger, die sich in Prag und anderswo in bundesrepublikanische Botschaften flüchten, haben nichts mehr zu befürchten. Nur um der Gesichtswahrung der DDR willen müssen sie auf dem Weg in die Freiheit noch einmal mit dem Zug ihren Staat durchqueren.

Polen, Tschechen, Ungarn können nicht einfach gehen, weil sie nicht wissen, wohin. Sie müssen ihren Protest im eigenen Land umsetzen. Die Ostdeutschen dagegen stimmen mit den Füßen ab, werden im Westen sofort als vollwertige Bundesbürger anerkannt. Das führt dazu, dass es in der DDR nicht wie in anderen Ostblockstaaten rechtzeitig zu demokratischen Reformen kommt. Es bleiben zu wenige übrig, denen am Fortbestand ihres Staates läge. Der Exodus über Jahrzehnte hinweg rächt sich nun für die DDR doppelt.

Der Regierung in Bonn sind die Bürgerrechtler in der DDR ebenfalls ziemlich gleichgültig. Lieber dealt sie mit den Machthabern. Als höchste Weisheit der Regierungskunst gilt noch bis nach dem Fall der Mauer das Prinzip, die DDR bloß nicht zu destabilisieren. Noch im Oktober 1989 sagt Kohl, Ziel seiner Politik sei, dass die Menschen in der DDR bleiben wollen. Noch drei Tage vor dem Fall der Mauer erklärt er sich zu finanzieller Hilfe für die DDR in bisher nicht vorstellbarer Höhe bereit, wenn dort freie Wahlen stattfänden. Noch geht Freiheit vor Einheit.

Die Wiedervereinigungsrhetorik der Vorwendezeit ist also *noch* Heuchelei. Die Legende geht inzwischen anders. Es wird getan, als sei die Wiedervereinigung nach dem Mauerfall das klare, alternativlose Ziel gewesen. Im Westen hat der größte Teil der Bevölkerung längst Abschied genommen vom Wunsch nach Einheit. Man fühlt sich nicht mehr als Bürger eines Teilstaats. In diesem Bewusstsein reist Erich Honecker auch im September 1987 nach Bonn und wird dort mit (fast) allen Ehren empfangen, ganz so, als handle es sich um einen regulären Staatsbesuch. Beim Abschlussessen sagt Kohl, die Lösung der deutschen Frage stehe nicht auf der Tagesordnung der Weltgeschichte. Und Honecker antwortet spontan, Sozialismus und Kapitalismus ließen sich ebenso wenig vereinen wie Feuer und Wasser. Das ist nicht falsch. Er kann nur nicht begreifen, wie schnell es genau deshalb mit dem Sozialismus zu Ende geht.

In Bonn gibt es für diesen Fall keinen Plan. Bereits in seiner ersten Regierungserklärung hatte Kohl den Begriff *Wiederver-*

einigung vermieden. »Der Nationalstaat der Deutschen ist zerbrochen. Die deutsche Nation ist geblieben«, hatte er formuliert. Das ist die offizielle Haltung. Die Bundesministerin für innerdeutsche Beziehungen, Dorothee Wilms, erklärte in Paris sogar, »der Nationalstaat um seiner selbst willen« sei nicht Auftrag des Grundgesetzes. Auch im Kommissionsentwurf des Leitantrags der CDU für den Parteitag im Juni 1988 kommt nicht einmal mehr das heilige Wort *Wiedervereinigung* vor. Erst auf Protest des nationalen Flügels hin wird es wieder aufgenommen. Generalsekretär Heiner Geißler nennt noch im November 1988 die Vorstellung, man könne den deutschen Nationalstaat »in den Grenzen von 19xy« wiederherstellen, einen »historischen Irrtum«. Kohl widerspricht, nicht so sehr, weil er anderer Meinung wäre, sondern um Ärger mit den Vertriebenenverbänden zu vermeiden, gegen die Geißlers Satz gemünzt ist, und weil die Parteien am rechten Rand einige Erfolge feiern; die Republikaner etwa haben gerade den Sprung ins Berliner Abgeordnetenhaus geschafft.

Demokratie in der DDR gilt als vorrangiges Ziel – auch im Osten –, nicht die Einheit. »Wir sind das Volk«, lautet zunächst der Slogan der Montagsdemonstranten in Leipzig. Später erst wird daraus »Wir sind *ein* Volk«.

Das angesichts nicht enden wollender Ausreisewellen panische DDR-Regime öffnet die Mauer am 9. November. Eigentlich ist das die Folge einer Fehlinterpretation einer Entscheidung des Politbüros durch dessen Mitglied Günter Schabowski. Über die Medien verbreitet sich die Kapitulation der Machthaber wie ein Lauffeuer.

Auch im Bundestag, wo noch am 8. November die *Lage der Nation* debattiert wird, gilt nach wie vor Adenauers Reihenfolge, Freiheit vor Einheit. Am Tag darauf, Kohl ist gerade in Warschau eingetroffen, überrascht ihn die Nachricht von der Öffnung der Berliner Mauer. Er bricht seinen Polen-Besuch ab, um am Abend des 10. November auf einer Kundgebung in West-Berlin zu sprechen.

Vor dem Schöneberger Rathaus wird er von einer Ansammlung von Berlinern ausgepfiffen, und der Regierende Bürgermeister Walter Momper gefällt mit dem Satz, man erlebe nun ein »Wiedersehen«, keineswegs eine »Wiedervereinigung«. Momper ist einer der wenigen westdeutschen Politiker, die nun schon enorme Lasten auf die Deutschen zukommen sehen. Ein anderer ist Oskar Lafontaine. Um die Sozialsysteme zu schonen, fordert er sogar, Ostdeutsche nicht mehr automatisch als Bundesbürger anzusehen und vorübergehend die DDR-Staatsbürgerschaft anzuerkennen.

An dieser Wendemarke ihrer Geschichte sind die Deutschen alles andere als einig über das Ziel und weder geistig noch materiell reif für das, was kommen wird. Kohl liebt verharmlosende Geschichtspolitik. Manches gerät ihm zu sentimentaler Geschichtsfolklore, wie das Händchenhalten mit François Mitterrand auf dem Soldatenfriedhof in Verdun oder – noch peinlicher – mit US-Präsident Ronald Reagan 1985 auf dem Soldatenfriedhof in Bitburg vor den Gräbern von 2000 Mitgliedern der Waffen-SS.

Geschichte lässt sich nicht rituell abwickeln. Auch nicht, wenn man wie Kohl, die »Gnade der späten Geburt« für sich reklamieren mag, wie er es ausgerechnet in Israel tat. Eine Gnade mag es gewesen sein, dass Kohl im Dritten Reich nicht vor der Versuchung stand, dem Regime zu folgen. Sein älterer Bruder fiel im Krieg. Aber weshalb rechtfertigt er die stramme vaterländische Haltung seines Vaters? Gegen Hitler gewesen zu sein legitimiert noch nicht den geistigen Defekt, den der gewöhnliche Nationalismus darstellt. Insofern hat Kohl aus seiner Gnade nichts gelernt.

Es ist eine böse Ironie der Geschichte, dass in dem Augenblick, in dem das zwanzigste Jahrhundert politisch zu Ende geht, in Deutschland noch immer eine Generation am Drücker ist, deren Geschichtsbild tief im neunzehnten Jahrhundert wurzelt: Kohl, Genscher, Brandt. Jetzt, genau jetzt, bestünde die Chance, nicht nur die Folgen des Nationalismus zu heilen, sondern den Erreger selbst auszurotten. Und jetzt rächt sich auch, dass die Generation der Achtundsechziger außen vor bleibt, gar nicht erst gefragt wird, was sie denn von einem gesamtdeutschen Vaterland halten mag. Die Generation von Kohl und Brandt macht diese Einheit unter sich aus. Der Fall der Mauer kommt ein Jahr zu früh. Bei der nächsten Bundestagswahl schon wäre Kohls Amtszeit zweifellos zu Ende gewesen. Brandts Enkel hätten dann entschieden – zweifellos mit kühlerem Kopf.

Kohl hat seine Zukunft eigentlich schon hinter sich. Einen Putsch aus den eigenen Reihen muss er auf dem Bundesparteitag in Bremen im Sommer 1989 abwehren. Doch dann tragen ihn die fliegenden Rockschöße der Geschichte zu weiteren acht Jahren ins Amt. Er gilt nun als *Kanzler der Einheit*.

Ein Sieg der Tempokratie

Kohls Republik ist zum Kraftakt der Vereinigung nicht bereit. *Doch wie gut, dass niemand weiß, dass ich Rumpelstilzchen heiß'.* Wenn das Geheimnis von Rumpelstilzchen entdeckt wird, reißt es sich selbst entzwei. So ist es auch mit der Rumpelstilzchenrepublik. Ihre Regierung glaubt, aus Stroh Gold spinnen zu können. Im Augenblick der Vereinigung bricht das überlastete Fundament des Wohlstands. Das ist das Paradox der Vereinigung: Es geht zugleich etwas entzwei. Kohl und die ihm Gleichgesinnten sehen etwas anderes: die Wiedergeburt der Nation aus dem Geist der Bonner Republik.

Schon der staatsrechtlich korrekte Begriff *Beitritt* täuscht. Rotwein, der in Weißwein geschüttet wird, hört auf, Rotwein zu sein; aber auch der Weißwein ist dann kein Weißwein mehr, selbst wenn es das Etikett noch immer behauptet. Der größte Irrtum der Vereinigung besteht in dem Glauben, man könne Rotwein zu Weißwein erklären, auch noch mit dem Argument, die Trauben stammten vom selben jahrhundertealten Weinberg.

Die Mehrheit der Ostdeutschen sehnt sich nach einer Bundesrepublik, die es, wenn überhaupt, nur wenige Jahrzehnte lang gegeben hat – einem Konsumparadies, in dem Unmögliches möglich ist, weil nicht nur Leistung belohnt wird, sondern auch wer wenig leistet, wenig zu befürchten hat. So treten die meisten DDR-Bürger nicht der real existierenden Bundesrepublik bei, sondern einem Trugbild des rheinischen Kapitalismus. Das gelobte Land ist erreicht, man kann es betreten. Aber die Berührung verändert King Kohls Land wie ein böser Zauber. So sehr kann man sich doch nicht getäuscht haben! Den wenigsten Ostdeutschen schwant, dass der Beitritt selbst den Traum zerstört.

Auch die meisten Westdeutschen sind zunächst beschwingt von schweren Illusionen. Nicht nur, dass sie sich den Zustand ihrer Republik seit Langem schönreden. Sie lassen sich auch vorgaukeln, dieser als Beitritt verharmloste Schritt sei für alle ein Gewinn, ja sogar eine Art Jungbrunnen für die gemächlich gewordene Republik. Die Wirtschaft schließlich sieht in 18 Millionen Ostdeutschen 18 Millionen Konsumenten. Die Politiker verteilen im Geiste Milliardenerlöse aus der Privatisierung der angeblich zehntgrößten Volkswirtschaft der Welt. Auf Jahre hinaus würden die Deutschen im Fußball nun nicht mehr besiegbar sein, deliriert Franz Beckenbauer.

Auch die Westdeutschen haben ein Trugbild vor Augen, das zerspringt, sobald sie die verschleierte Schöne berühren. Hinter dem Schleier kommen schlechte Zähne zum Vorschein, sie stinkt aus dem Hals und keift.

Beide, Ost- wie Westdeutsche, bekommen nicht, was sie erwartet haben. Gegenseitig haben sie sich, wie es aussieht, übers Ohr gehauen. Den Liebesschwüren und falschen Versprechungen folgen Vorwürfe, Forderungen, Unverträglichkeiten. Auf beiden Seiten der deutsch-deutschen Grenze wirkt sich nun die Unfähigkeit zu Reformen aus.

Die ostdeutsche Führung hat zu lange die Augen vor den Umbrüchen im eigenen Lager verschlossen und die einmalige Chance zu einem Neuanfang verpasst. Noch könnte sie handeln, die DDR ist kein Satellit Moskaus mehr. Eine entschieden reformerische DDR hätte beide Optionen, die eines eigenen Weges als auch die Möglichkeit, die Voraussetzungen für den reibungslosen Zusammenschluss mit dem Westen zu schaffen. Sie begibt sich in die totale Abhängigkeit von Bonn, aber nicht aus dem tiefen Verlangen, Schluss zu machen mit dem zweiten deutschen Staat, sie lässt sich einfach nur hängen.

Und im Westen? Sanierte Sozialsysteme, eine wettbewerbsfähigere Wirtschaft, solidere Staatsfinanzen würden die gewaltige Aufbaulast im Osten mindern. Kohl aber sieht keinen Grund zu schnellstmöglichen Reformen. Gleichwohl verspricht er das *Geschenk* der Einheit. Er erwartet ein zweites Wirtschaftswunder. Diesmal wäre es wirklich eines. Nach dem Krieg stand der Fleiß vor dem Preis. Jetzt wird nur der Preis verhandelt, den der Westen bezahlen muss. Ein guter Teil des Wohlstands wird in den Osten umverteilt werden müssen, bis das Gefälle nivelliert ist. Absurderweise glauben bis heute nicht wenige Ostdeutsche trotzdem, vom Westen enteignet worden zu sein. Das eint Ost und West: Sie halten sich jeweils für Betrogene. Sie sind vereint im Selbstbetrug.

Unglück im Glück

»Der 9. November [1989] markiert die glückliche Überwindung der deutschen Teilung, wenn auch das formale Ende bis zum 3. Oktober 1990 auf sich warten ließ. In dieser Zeitspanne wurden die Umrisse eines neuen Problemkatalogs sichtbar, dessen Aufarbeitung noch lange Jahre dauern sollte.«[1] Das ist der Mythos, wie er von der Regierung verbreitet wird, hier von der Bundeszentrale für politische Bildung. Was in der viel zu knappen Zeitspanne tatsächlich geschieht, was merkwürdig verklemmt als »Umrisse eines Problemkatalogs« verniedlicht und verfälscht wird, kommt der Zerstörung der Bonner Republik gleich, des erfolgreichsten Staatswesens der deutschen Geschichte.

Zum großen Glück kommt das Unglück in Gestalt der Regierung Kohl. Noch einmal: Die Chance zur Beendigung der deutschen Teilung bietet sich dem Kanzler am tiefsten Punkt seines Ansehens. Nach menschlichem Ermessen kann er die nächsten Wahlen nur verlieren. Er denkt jetzt nicht daran, Geschichte zu machen, sondern Wahlen zu gewinnen. Kohl sieht immer alles aus der Perspektive des Parteipolitikers, warum sollte das jetzt anders sein? Was sich im Osten tut, ist in dieser Hinsicht ein Geschenk des Himmels.

Und ein nicht zu unterschätzendes Problem. Der Zustrom von DDR-Bürgern wird nämlich keineswegs einhellig begrüßt. Kohl ahnt, dass die Brüder und Schwestern nicht auf Dauer mit offenen Armen empfangen werden würden. 850 000 Übersiedler kommen allein 1989. Schon muss die Regierung per Anzeige um freundliche Aufnahme werben.

Kohl will den Zuzug stoppen. Schon vor dem Fall der Mauer hat er der DDR großzügige Hilfe angeboten. Doch die meisten DDR-Bürger haben, wie es aussieht, zu Recht kein Vertrauen in einen raschen Aufbruch Ost. Viele brechen lieber selbst auf. Zu lange haben sie auf das verzichten müssen, was im vermeintlichen Schlaraffenland auf sie wartet. Kohl glaubt, sie nur zum Bleiben überreden zu können, wenn sie die Perspektive der Wiedervereinigung vor Augen haben. Noch versteht er darunter aber einen langsamen Prozess des Zusammenwachsens.

Egon Krenz, der neue schwache starke Mann in Ostberlin, hofft, sich vor Reformen drücken zu können, wenn er möglichst viele Unzufriedene laufen lässt. Statt Vorwärtsverteidigung bietet die DDR Rückzugsgefechte. Am 13. November wird Hans Modrow Ministerpräsident. Die DDR-Führung denkt noch immer nicht an die Einführung der marktwirtschaftlichen Ordnung und zögert demokratische Wahlen weiterhin hinaus. Es wäre jetzt der letztmögliche Zeitpunkt, die DDR gleichsam noch einmal zu gründen, zusammen mit den Bürgerrechtsbewegungen mehr Demokratie zu wagen, mit Bonn einen Weg der Partnerschaft zu suchen. Stattdessen fordert Modrow von Bonn eine Summe, die dem Staatsdefizit der DDR entspricht, 15 Milliarden DM, ohne das Geringste dafür zu bieten.

Im Westen gehen die Bilder vom Fall der Mauer ins Blut. *Wahnsinn* wird zum ersten gemeinsamen Lieblingswort der Deutschen. Im Bundestag drückt man sich vorsichtiger aus, erinnert an das *Selbstbestimmungsrecht* der Ostdeutschen. Wäre es nicht am bequemsten, wenn die DDR-Bürger sich aus eigenen Stücken für eine runderneuerte DDR entschieden? In Bonn würde man es erleichtert begrüßen. Daran will sich inzwischen niemand mehr erinnern. Andererseits sind die Parteien nun aber auch schon dabei, ihre Claims in der DDR abzustecken. Deshalb betreiben sie ein Doppelspiel. Sie reden West- und Ostdeutschen nach dem Munde. Im Westen geben sie sich als vernünftige Abwiegler, in der DDR versprechen sie freie Fahrt wohin auch immer. Es finden gleichsam zwei Wahlkämpfe statt, einer im Westen und einer im Osten.

Im Westen zeichnen die Demoskopen nach wie vor ein Stimmungstief für Kohl. Seit der Maueröffnung ist er sogar noch unpopulärer als zuvor, denn der SPD wird auf dem Gebiet der Ostpolitik noch immer größere Kompetenz zugeschrieben. Kohl geht mit einem raffinierten Schachzug in die Offensive. Er präsentiert am 28. November 1989 im Bundestag seinen Zehn-Punkte-Plan. Es ist der Versuch, das Ei des

Kolumbus in die Deutschlandpolitik einzuführen. Die Vereinigung wird als Ziel definiert, der Prozess zugleich über Jahre gestreckt. Jeder kann in die zehn Punkte hineinlesen, was ihm gefällt. Der Plan soll die Herzen der Patrioten höher schlagen lassen und die besorgten Pragmatiker beruhigen. Kohls Signal an Moskau und die Verbündeten im Westen lautet: Ich bin berechenbar, ich drehe nicht durch. Seine Ansage an die Ostdeutschen lautet: Wenn einer euch heimholt ins Reich, dann bin ich es. Seine Botschaft an die Westdeutschen: Ich handle in eurem Interesse.

Indem Kohl vorgibt, den Lauf der Dinge zu gestalten, hält er sie offen. Er setzt auf den Überraschungseffekt. Niemand, nicht einmal Koalitionspartner Genscher, ist von ihm konsultiert worden. Der Zehn-Punkte-Plan bestimmt nun zwar die politische Debatte, aber nicht das tatsächliche Geschehen. Selbst konservative Kommentatoren wie *Welt*-Chefredakteur Manfred Schell warnen davor, dass »uns eine sofortige Wiedervereinigung vor gewaltige, vielleicht unlösbare wirtschaftliche Probleme stellen«[2] würde.

Die SED gibt noch im Dezember ihre Führungsrolle auf, Krenz tritt ab. Die ersten freien Wahlen in der DDR sollen im Frühjahr 1990 stattfinden. Die westdeutschen Parteien, die im Osten noch nicht selbst offen antreten können, brauchen Partner. Bei der Partnerwahl kneifen sie die Augen zu. Die Blockflötenpartei CDU-Ost, über Jahrzehnte treue Vasallin der Kommunisten, wird zum geborenen Partner der CDU-West. Bei den Liberalen ist es ähnlich. Nur die Ost-SPD ist eine Neugründung.

Im ostdeutschen Wahlkampf beginnt der Wettlauf darum, wer dem Volk den Mund mit der Wiedervereinigung am wässrigsten macht. Damit hat die ökonomische und politische Vernunft keine Chance mehr. Nur der Schein wird noch gewahrt. Kohl reist am 19. Dezember 1989 nach Dresden, trifft

Modrow, erklärt sein Interesse an der Handlungsfähigkeit der DDR, nimmt das Wort *Wiedervereinigung* nicht in den Mund. Vor dem Trümmerhaufen der im Krieg zerstörten Frauenkirche besteigt er das Podium. Jubel empfängt ihn, wie er ihn noch nicht erlebt hat. Hier halten sie ihn für einen Messias aus dem Land der Verheißung. Hier fährt er auf einer schwarz-rot-goldenen Wolke in den Himmel der deutschen Geschichte auf. Er hält sich zurück, hält seine beste Rede. Mit einem einzigen falschen Satz hätte er die hunderttausendköpfige Menge in einen gefährlichen Furor versetzen können. Aber er will andererseits die Ostdeutschen nicht aus ihren Wunschträumen reißen und sie auf den Boden der Tatsachen zurückholen. Er will Wahlen gewinnen und ist ja längst selbst berauscht von diesem Glück. Willy Brandt erlebt am selben Abend Ähnliches in Magdeburg. Auch er beantwortet falsche Hoffnungen mit falschen Versprechungen.

Wenige tun das nicht. Bundespräsident Richard von Weizsäcker warnt im DDR-Fernsehen: »Es darf nicht der Versuch gemacht werden, dass es zusammenwuchert. Wir brauchen Zeit.« Aber genau das geschieht. Weder drüben noch hüben wollen die Parteien hören, was er zu sagen hat. In den Unionsparteien werden Weizsäckers Interviewäußerungen für ganz unmöglich gehalten. Auch Oskar Lafontaine widersetzt sich den Träumen, sagt voraus, dass die Wanderungsbewegung nicht zu stoppen sei, weil nach der Vereinigung das ökonomische Gefälle zwischen West und Ost lange Zeit bestehen bleiben werde. Er fordert sogar gesetzliche Beschränkungen der Freizügigkeit und den Stopp von Rentenzahlungen an Zuzügler aus der DDR. Seine eigene Partei erklärt ihn für verrückt. Aber seine Analyse ist richtig. Lafontaine will die Opferbereitschaft der Westdeutschen nicht überstrapazieren.

Kohl dagegen überholt sich nun selbst. Er erklärt seinen eigenen Stufenplan, der »konföderative Strukturen« zwischen souveränen Staaten vorgesehen hat, zu Altpapier. Er schafft Fakten, die der DDR keine Chance mehr auf einen Prozess der Transformation lassen. Was als Revolution gepriesen wird, würgt er ab. Die Revolutionäre haben nichts mehr zu melden. Die alten DDR-Eliten planen bereits ihre BRD-Karrieren.

Die erste demokratische Wahl der DDR steht bevor. Das neue Wahlgesetz verbietet aus guten Gründen Wahlkampfhilfe aus »anderen Staaten«, also auch aus der Bundesrepublik. Die westdeutschen Parteien haben nicht vor, sich daran zu halten. Die SED etikettiert sich um in PDS. Die SPD-West päppelt ihren Ostableger, dessen Vorsitzender Ibrahim Böhme sich bald als verkrachte Existenz mit Stasi-Hintergrund erweist.

Nicht Kohl, sondern die Ost-SPD fordert als erste Partei eine Währungs- und Wirtschaftsunion mit dem Westen. Sie will schließlich die erste freie Wahl in der DDR gewinnen. Dafür ist jede Form von Populismus recht. Das jedoch muss den Kanzler der Einheit beunruhigen. Am liebsten würde er selbst für die Volkskammer kandidieren. Weil das nicht geht, braucht er eine Marionette. Der Chef der Ost-CDU, Lothar de Maizière, nicht gerade ein Widerstandskämpfer, paktiert als Stellvertreter Modrows mit den Kommunisten. Kohl ist er suspekt. Er sucht weitere Partner für seine *Allianz für Deutschland*. Der *Demokratische Aufbruch* und die *Deutsche Soziale Union* gehören dazu. Strauß ist nicht mehr am Leben, aber die DSU, eine Art Ost-CSU, lässt das Gespenst von Kreuth noch einmal aus dem Schrank. Sollte die CSU auf dem Umweg über Sachsen die bundesweite Ausdehnung versuchen? Vorsichtshalber wiederholt Kohl seine Drohung von 1976, gegebenenfalls die CDU nach Bayern auszudehnen.

Anfang des Jahres 1990 schwillt der Strom der Übersiedler weiter an. Auch Kohl denkt nun an Maßnahmen zur Eindämmung, schiebt sie aber auf die lange Bank, weil im saarländischen Wahlkampf nicht der Eindruck entstehen soll, man gebe dem Ministerpräsidenten Lafontaine recht, der inzwischen Kanzlerkandidat seiner Partei geworden ist. Im Februar sehen die Demoskopen die SPD klar vorn. Der Kanzler der Einheit ist entsetzt. *Die kaufe ich mir,* denkt er wohl. Das ist wörtlich zu verstehen. Gegen die Warnung fast aller Experten (darunter Bundesbankpräsident Karl Otto Pöhl, der deshalb zurücktritt) verkündet er die Währungs- und Sozialunion mit der DDR. Es ist nichts anderes als der größte Stimmenkauf in der Geschichte der Demokratie.

Schon bald sollen die Ostdeutschen die Deutsche Mark bekommen und alle Segnungen des Sozialstaats dazu. Diese Kur wird die DDR-Wirtschaft nicht überleben, denn der Umtauschkurs von 1:1 für Löhne, Sozialleistungen und kleinere Sparguthaben, von 2:1 für alles andere, bedeutet nichts anderes als die wahnwitzige Aufwertung der ostdeutschen Währung (der realistische Kurs läge höchstens bei 4:1), also das Ende der Exportwirtschaft. Eins zu eins gilt als Garantie für baldigen Wohlstand. Es verspricht eine Fusion unter Gleichen. Ökonomischer Sachverstand wird als unpatriotisch, engherzig, apolitisch denunziert. Genau darin besteht das Unglück im Glück der Einheit.

Niemand bremst Kohl. Selbst die FDP, von ihrem hallensischen Vorsitzenden Genscher vollends in den Vereinigungstaumel gerissen, vergisst, dass sie eine Partei der Wirtschaft ist. *Bild,* das Gefühlsbarometer der Nation, erscheint seit Monaten in Schwarz-Rot-Gold und fordert nun »Tun Sie es – wenn Sie der Kanzler aller Deutschen sein wollen«.

Müsste Kohl zugleich mit der frohen Botschaft für die Wähler im Osten nicht wenigstens den Westdeutschen die Wahrheit zumuten und massive Steuererhöhungen ankündigen? Er tut es nicht, und er weiß, weshalb. Die Gewerkschaften handeln zur gleichen Zeit satte Lohnerhöhungen aus und schaffen den endgültigen Durchbruch zur 35-Stunden-Woche, auch dies zur Unzeit. Damit schrauben die Gewerkschaften auch in der DDR die Erwartungen in die Höhe. Die westdeutsche Politik passt überhaupt nicht zur titanischen Aufgabe, die ihr bevorsteht.

Die Deutschen sind nicht mehr bei sich. Man müsste sie jetzt vor sich selbst schützen. Aber niemand, nicht die Opposition, nicht die Medien, nicht die Intellektuellen, nicht die ökonomische Elite hindert Kohl daran zu verspielen, was in 40 Jahren aufgebaut worden ist.

»Betet! Morgen machen Sie Deutschland«, fiebert *Bild* im Delirium tremens. (In diesem Fall geht es lediglich um einen Besuch des amerikanischen Außenministers James Baker in Moskau.) Skepsis gibt es, wenn überhaupt, nur im Doppelpack mit einer Pulle Patriotismus. Der *Stern* etwa druckt eine Melkkuh aufs Titelblatt: »Der Preis der Freiheit«, während im Inneren des Blatts der Chefredakteur ein »Notopfer« für die Nation fordert. Augstein tobt seinen Nationalismus im *Spiegel* aus, während seine Redakteure zu rechnen beginnen. »Katzenjammer« lautet der Titel. 100 Milliarden Mark werde die Einheit die Westdeutschen im Jahr kosten. Das ist erstaunlich gut gerechnet. In Euro wäre die Zahl fast richtig.

Im Kanzleramt ist man noch lange nicht so weit. Dort werden Überlegungen angestellt, wie die aus der Privatisierung der DDR-Wirtschaft erzielten Milliarden sinnvoll verteilt werden könnten. Sozialminister Blüm, aus dessen Kassen der Preis der Einheit zu einem erheblichen Teil entrichtet werden muss, will einen Teil der für 1991 geplanten Entlastungen sperren. Er wird von Kohl sofort zurückgepfiffen. Die Wähler im Westen sollen unbedingt für dumm verkauft werden.

Hätte die Vernunft zu diesem Zeitpunkt noch eine Chance gehabt? Wenn die DDR unter Modrows Regierung Niederlassungsfreiheit und Eigentumsrechte gewährt, ausländische Mehrheitsbeteiligungen zugelassen, das Ministerium für

Staatssicherheit sofort aufgelöst, mit Demokratie und Freiheit ernst gemacht hätte, dann vielleicht. Modrow interessiert die Sozialunion, nicht jedoch die dazugehörige Marktwirtschaft. Wenn Kohl im Vereinigungsrausch noch alle Tassen im Schrank hätte, dann vielleicht. Diejenigen, die nun die Wirklichkeit wenigstens noch schemenhaft wahrnehmen, resignieren. »Ich habe nichts gegen schnelle Einheit. Ich sage nur: Sie löst keines der praktischen Probleme«, meint Willy Brandt und fügt hinzu: »Es ist zwar schon gelegentlich aus Chaos Gutes geworden auf dieser Welt, aber eine Garantie dafür, dass aus Chaos Gutes wird, hat man nicht.« Doch im großen Wahlkampf um die Macht in ganz Deutschland wird die politische Verantwortung zu parteipolitischem Kleingeld.

Am 18. März 1990 wird die erste und letzte demokratische Regierung der DDR gewählt. »Ihr Völker der Welt, freut euch mit uns«, dichtet *Bild*. Knapp die Hälfte der Stimmen geht nun nicht unerwartet an Kohls *Allianz*. Es ist ein nicht gerade umwerfendes Votum angesichts des Sonderangebots der Währungsunion.

Kohl drückt weiter aufs Tempo. Im Februar 1990 hat er als Zeitpunkt der »Vollendung« der deutschen Einheit noch Ende 1992 genannt, im März dann bereits Ende 1991. Ihn irritiert die allmählich schwindende Begeisterung der Westdeutschen. Sie werden ihm doch nicht seinen Lebenstraum vermasseln und einen anderen zum gesamtdeutschen Kanzler wählen! Offenbar will er sich nicht an seinen den Bundesbürgern gegebenen Amtseid erinnern. So, wie er nun Währungs- und Sozialunion inszeniert, wendet er nicht Schaden ab vom deutschen Volk, sondern richtet Schaden an.

In der Kanzlermaschine auf dem Rückweg aus Moskau fließt am 10. Februar 1990 reichlich Krimsekt »auf Deutschland« (Kohl). In Sektlaune schwadroniert der Kanzler sogar von der Notwendigkeit, »eine neue Verfassung zu schaffen«[3].

In Wahrheit weigert sich Bonn standhaft, etwas anderes zuzulassen als einen Beitritt der DDR zum Geltungsbereich des Grundgesetzes. Dies gibt den Westdeutschen die perfekte Illusion, die Bonner Republik lebe unverändert fort.

Der Beitritt nach Artikel 23 GG ist bei genauem Hinsehen ein enormer Vorteil für die Bürger der DDR. Er schließt aus, dass 60 Millionen Westdeutsche darüber abstimmen dürfen, ob sie mit 18 Millionen Ostdeutschen teilen wollen oder nicht. Dennoch wird der Beitritt in der DDR überwiegend als *Anschluss* denunziert. Die Alternative wäre eine neue gemeinsame Verfassung. Mit ihrer Hilfe könnte so manche sozialistische Errungenschaft gerettet werden. Das genau ist es, was in der DDR nicht nur die Schwarmgeister im Kabinett und in der Nebenregierung des *Runden Tisches* hoffen. Sie machen auch schon Vorschläge. Der Staat müsse jedem eine Wohnung und einen Arbeitsplatz garantieren. Es wäre das Ende der Marktwirtschaft. Es wäre aber auch eine nachträgliche Aufwertung der DDR als gleichberechtigter und gleichwertiger Gesellschaftsentwurf. Einerseits gäbe eine neue Verfassung auch den Westdeutschen die Chance zu grundlegenden Reformen und zur Korrektur von Fehlentwicklungen. Andererseits würden die Ostdeutschen genau dies verhindern. Sie wollen ja doch das Gegenteil des Notwendigen, mehr Sozialstaat, nicht weniger.

Eine neue Verfassung müsste nach Artikel 146 des Grundgesetzes »von dem deutschen Volk in freier Entscheidung« beschlossen werden. Die Umfragen sind eindeutig: Ende März wollen 65 Prozent der Bundesbürger über die Einheit mittels Volksabstimmung mitentscheiden. Zwei Drittel der Westdeutschen halten das Tempo für zu hoch, nur 23 Prozent die Wiedervereinigung für die dringlichste Aufgabe der Regierung (sie steht auf Platz fünf hinter Arbeit, Renten, Umweltschutz und Wohnungsbau), und nur ein Viertel der Bevölkerung wäre bereit, für die Einheit eine höhere Staatsverschuldung und Steuererhöhungen in Kauf zu nehmen. Wahrscheinlich also würde die Einheit scheitern, ließe man darüber alle Deutschen aufgrund aller vorliegenden Informationen über die tatsächliche Lage in der DDR abstimmen. Deshalb heißt es nun: Einheit geht vor Demokratie. Dieses Lied kennen wir aus der deutschen Geschichte.

Vor dem Beitritt muss der deutsch-deutsche Staatsvertrag unter Dach und Fach sein. Unter enormem Zeitdruck wird verhandelt, Parlamente und Landesregierungen werden weder einbezogen noch informiert. Die Einheit, die doch der Demokratie in ganz Deutschland dienen soll, wird mit undemokratischen Methoden installiert. Auch das zählt zum Preis der Einheit.[4] Am 18. Mai wird er unterzeichnet. Das endgültige Todesurteil für die alte Republik wird am 1. Juli 1990 ausgestellt, dem Tag der Währungs- und Sozialunion.

Zwei plus vier

Der außenpolitische Schlüssel der deutschen Einheit hängt in Moskau. Noch besteht Gorbatschow darauf, Deutschland aus der NATO herauszulösen. Vorübergehend wird sogar der irrwitzige Vorschlag diskutiert, ob Deutschland nicht beiden Paktsystemen zugleich angehören könne. Erinnerungen an die Stalin-Noten werden wach. Modrow kommt aus Moskau tatsächlich mit dem Plan eines neutralisierten Deutschlands zurück. Er schließt den Beitritt der DDR vorerst aus, spricht von Konföderation. Der Plan ist als Versuch der PDS zu werten, im Wettrennen um die vereinigungsfreundlichste Partei nicht ganz unterzugehen.

Das entscheidende Treffen findet am 10. Februar 1990 in Moskau statt. Kohl ist nicht als Bittsteller bei Gorbatschow, sondern als Geschäftspartner. Die DDR ist im Kreml bloß noch ein unangenehmes Problem, eine konkursreife Filiale, eine Belastung für den Konzernchef. Gorbatschow pocht auf die Erfüllung langfristiger Lieferverträge mit der DDR sowie auf Lieferungen von Fleisch und anderen Agrarprodukten. Für ein Eintopfgericht verscherbelt er die DDR. Kohl und Genscher jubilieren über ihren »Durchbruch«.

Im Februar 1990 ist unübersehbar, wie sehr der als Europäer gepriesene Kanzler inzwischen zum Nationalisten degeneriert ist. Er weigert sich, die Oder-Neiße-Grenze offiziell anzuerkennen. Dies hätte bereits vor 20 Jahren geschehen müssen, nun aber ist sein Verhalten absurd. Mitterrand, selbst Bush fordern die Anerkennung, Kohl jedoch besteht darauf, nur ein gesamtdeutsches Parlament könne darüber entscheiden. Das ist staatsrechtlich nicht falsch, und doch altes Denken. Die Einheit kann nicht Bedingung sein für die Anerkennung der Folgen der Nazi-Herrschaft. Genscher ist entschieden anderer Ansicht und setzt sich durch. Noch vor der Wiedervereinigung werden beide deutschen Parlamente die Unverletzlichkeit der Grenze erklären.

Die außenpolitische Voraussetzung für die deutsch-deutsche Fusion müssen die Siegermächte schaffen. Am 5. Mai beginnen die Gespräche. Zwei deutsche Staaten und vier Alliierte sitzen um den Tisch herum. *Zwei plus vier.* Gorbatschows Position im eigenen Land gilt inzwischen als prekär. Der Westen fürchtet, er könnte gestürzt werden, bevor die Einheit in trockenen Tüchern ist. Auch deshalb drückt Bonn aufs Tempo, sucht nach Sicherheitsgarantien für die Sowjetunion. Die Bundeswehr soll stark reduziert werden. Deutschland will internationale Wirtschaftshilfe für Moskau organisieren. Es geht bei diesen Verhandlungen um Deutschland, darüber hinaus aber um die Beendigung des Kalten Kriegs überhaupt. Anfang Juni 1990 erklären Warschauer Pakt und NATO ihn offiziell für beendet.

Am 12. September bereits sind die Zwei-plus-vier-Verhandlungen abgeschlossen. In Moskau wird der Vertrag unterzeichnet, der Deutschland volle Souveränität garantiert, also auch nicht an der NATO-Mitgliedschaft rüttelt. Die Bundesrepublik muss sich lediglich verpflichten, die Bundeswehr auf 370 000 Soldaten zu begrenzen, auf ABC-Waffen zu verzichten und den Abzug der Sowjetarmee aus dem Osten zu finanzieren. Außenpolitisch erreicht Bonn alles, was es will.

Die westlichen Bündnispartner begrüßen die Vereinigung der deutschen Staaten nicht gerade euphorisch. Frankreichs Präsident Mitterrand ist skeptisch, Großbritanniens Margaret Thatcher offen dagegen. Uneingeschränkt dafür ist nur US-Präsident George Bush. Die Amerikaner denken ausschließlich militärstrategisch. Die Ausdehnung der Bundesrepublik bedeutet Raumgewinn im Osten für die NATO.

Die Wiedervereinigung muss auch mit den europäischen Partnern verhandelt werden, denn es handelt sich um einen Spezialfall der EU-Erweiterung. Die naheliegende Alternative, der DDR für innere Reformen so lange Zeit zu geben, bis sie sich gemeinsam mit anderen osteuropäischen Ländern, mit Polen, Ungarn, Tschechien der Europäischen Union anschließt, wird in Deutschland niemals ernsthaft diskutiert. Die deutsche Einheit gilt dem Europäer Kohl offensichtlich mehr als die europäische Vereinigung. Die Bildung einer deutschen Konföderation, wie sie Kohl in den *zehn Punkten* selbst vorgeschlagen hat, würde es erlauben, die Einigungsprozesse auf deutscher und europäischer Ebene zu koordinieren. Als Mitterrand Kohl daran erinnert, kommt es zum Krach. Der Franzose und andere europäische Partner sind nicht aus Missgunst oder aus Furcht vor einer Wiederkehr des Deutschen Reichs irritiert. Doch was der DDR gewährt wird, kann anderen osteuropäischen Staaten nicht verwehrt werden. Auf eine allzu schnelle Erweiterung ist die Europäische Union aber ebenso wenig vorbereitet wie Westdeutschland auf den DDR-Beitritt. Außerdem steht die Erweiterung der weiteren Vertiefung der Gemeinschaft entgegen. Die Institutionen der Union sind auf zahlreiche neue Mitglieder nicht vorbereitet. Die EU wird sich nun, getrieben von den Deutschen, der Illusion hingeben, Erweiterung und Festigung seien gleichzeitig möglich. Damit ist die Krise vorprogrammiert, die mit dem Scheitern der europäischen Verfassung zwei Jahrzehnte später noch nicht zu Ende sein wird. Im Übrigen schadet die deutsch-deutsche Währungsunion der Europäischen Union auch deshalb, weil der potenteste Zahler, die Bundesrepublik, unweigerlich in eine Schuldenkrise gerät.

Wenn die politische Integration Schritt halten soll mit dem Tempo der Erweiterung, muss nun rasch die Einführung der europäischen Währung folgen, die schon vor dem Mauerfall vereinbart worden ist. Der Euro, im Volksmund nicht grundlos *Teuro* genannt, erzeugt in der Bundesrepublik das Gefühl, Wesentliches zu verlieren, nämlich das, was das Land bisher im Innersten zusammengehalten hat, was seinen Wiederaufstieg symbolisiert. Eine Säule bundesrepublikanischer Identität geht verloren. Auch wenn der Euro nichts mit dem DDR-Beitritt zu tun hat, wird es so empfunden. Die Ostdeutschen können sich nicht lange an der heiß ersehnten D-Mark erfreuen. So ist der Euro in ganz Deutschland weniger ein Symbol der europäischen Einigung als eine dauerhafte und schmerzliche Erinnerung an das Ende der Bonner Republik.

Die dritte Republik

Am 23. Juli, schon vor dem Abschluss des Zwei-plus-vier-Prozesses, beschließt die Volkskammer den Beitritt zum 3. Oktober. Ein abenteuerlich hastig zusammengeschusterter *Einigungsvertrag* regelt die Modalitäten.

Die Einheit beginnt mit einem absurden Streit um die Wahl des Nationalfeiertags. Das ist typisch deutsch. Da türmen sich praktische Probleme bis zur Decke, aber Verfassungsorgane und Talkshowrunden verlieren sich in einer drittklassigen Symbolfrage. Warum belässt man es nicht beim 17. Juni? Er verband ja bereits die Teile Deutschlands und das auch noch zur schönsten Jahreszeit. Nun, da es ernst wird mit der Einheit, will der Osten nicht mehr so gern an die Geschichte seiner Unterdrückung erinnert werden.

Nur ein Jahr zuvor, am 17. Juni 1989, hat Festredner Erhard Eppler im Bundestag noch großen Beifall für den Satz erhalten: »Je souveräner deutsche Politik wird, desto weniger bedarf sie des souveränen Nationalstaats, um die Einheit der Deutschen darzustellen und zu befestigen.«

Da das Grundgesetz nun für alle Deutschen gilt, wäre der Verfassungstag am 23. Mai ein geeigneter Gedenktag. Oder der 9. November. Der 9. November erinnert an vieles, die Ausrufung der Weimarer Republik (1918), den Hitler-Putsch (1923), den Bombenanschlag auf den Diktator im Bürgerbräukeller (1939), die antisemitischen Pogrome der »*Reichskristallnacht*« (1938). Kohl ist gegen diesen Tag. Es soll ein Glückstag sein. Er entscheidet sich für seinen persönlichen Glückstag, den Tag der ersten gesamtdeutschen Wahl, den Tag des Siegs der Tempokratie über die Vernunft.

Am 3. Oktober 1990 beschäftigen sich die Massenmedien überwiegend mit der ziemlich sinnfreien Frage, ob die Deutschen es endlich verstünden, sich hinreichend zu freuen und zu feiern. Seitdem wird diese Frage immer wieder variiert und wiederholt. Feierlaune gilt als Ausdruck lange entbehrten Nationalstolzes.

Noch ist die Freude groß. Allerdings bereits mit Einschränkungen. Abschiedsschmerz plagt plötzlich viele Ostdeutsche, auch ihren Regierungschef. Er mahnt mehr, als dass er sich freut, hofft, dass nicht »der Glaube an alle Ideale zerstört« werde. Er meint die sozialistischen Ideale. Die Deutschen sind damit im Kern ihres neuen Missvergnügens angelangt. Im Osten halten die meisten nicht die Idee des Sozialismus für gescheitert und schuld an ihrem Elend, sondern nur dessen missglückte Ausführung. Im Wohlfahrtsstaat würden sie am liebsten eine gelungenere Variante von Sozialismus erkennen. Im Westen dagegen ist es schwer zu begreifen, dass die Dankbarkeit gegenüber dem Kapitalismus derart enden wollend ist. Auf »solidarisches Teilen« (de Maizière) sind die Ostdeutschen nun aus, darauf, dass »die Teilung durch Teilen« überwunden werde (Bundestagspräsident Wolfgang Thierse), nicht etwa durch Leistung.

Es zeigen sich nun doch sehr schnell die Nebenwirkungen des tempokratisch verfügten Beitritts. In anderen zum Kapitalismus konvertierten Gesellschaften (Tschechien, Polen, Ungarn) ist nicht nur die Zufriedenheit größer als in Ostdeutschland, sondern auch das wirtschaftliche Wachstum. Die Ostdeutschen erwarten, entschädigt zu werden für das unverdiente Glück des Westens während der vergangenen vier Jahrzehnte. Obwohl das Wohlstandsniveau im Osten schlagartig steigt, breitet sich keineswegs allgemeine Zufriedenheit aus. Der Zugewinn wird nämlich nicht am Niveau der DDR gemessen, sondern am Vorsprung des Westens. Diese Unzufriedenheit bewirkt wiederum im Westen Unverständnis.

Diese Gefühle werden durch die Realitäten des Beitritts verstärkt. Die abrupte Umstellung auf das hochkomplexe Regelwerk des westlichen Verwaltungs- und Rechtsstaats muss die Bürger der neuen Bundesländer überfordern. Es entsteht das, was der ostdeutsche Psychiater Hans-Joachim Maaz als »Gefühlsstau«[5], der westdeutsche Psychologe Michael Schmitz als »Wendestress«[6] beschrieben hat. Die Ostdeutschen können festsitzende innere Einstellungen und Verhaltensmuster nicht einfach ablegen, fühlen sich deshalb überfordert. Aus psychischer Instabilität erwächst politisches Verhalten.

Der Mythos der friedlichen Revolution dient vielen im Osten als seelische Stütze. Er erzählt, die Ostdeutschen hätten sich selbst aus unverschuldeter Unmündigkeit befreit. Eine offizielle Broschüre der Bundeszentrale für politische Bildung behauptet: »Zum ersten Mal in der deutschen Geschichte hat hier der eigentliche Souverän – das Volk – seine Macht gegenüber einer Staatsführung eingeklagt. Dabei war in der ersten Phase der ›friedlichen Revolution‹ durchaus nicht sicher, ob das allgemeine Aufbegehren nicht durch eine ›chinesische Lösung‹ erstickt werden würde.«[7] Ein Gespenst wird aufgebaut. Gorbatschow hätte dies niemals zugelassen. Wie bedeutend die *friedliche Revolution* tatsächlich war, lässt sich daran ablesen, dass nun kaum noch ein Bürgerrechtler eine führende Position bekleidet. Wendehälse und Opportunisten steigen auf. Diese Revolution frisst ihre Kinder nicht; sie hat gar keine. Alles deutet darauf hin, dass die Revolution in der DDR die Sache einer Minderheit war. Die Mehrheit wollte den Wohlstand des Westens zu Bedingungen des Ostens.

Übersehen wird von den Vaterlandsvereinigern auch die leicht begreifliche Tatsache, dass das Leben im Sozialismus eine Mentalität erzeugt hat, die tief sitzt, stark nachwirkt und trotz gemeinsamer Geschichte und Kultur nicht per Beitrittserklärung gelöscht werden kann. Weil aber zu einem demokratischen Staatswesen nicht nur Politiker, Parteien, Institutionen gehören, die ganze Gesellschaft sich auf gemeinsame

Werte und Ziele verständigen müsste, ist die Einheit auch für die demokratische Substanz der Bundesrepublik ein Risiko. Millionen von Ostdeutschen haben andere Vorstellungen von Demokratie, Gerechtigkeit und Freiheit. Ein Drittel von ihnen hält die Gesellschaftsordnung der Bundesrepublik nicht für verteidigenswert, Demokratie und Sozialismus aber für miteinander vereinbar. Das Vertrauen in die Marktwirtschaft wächst im Osten nicht etwa allmählich, sondern schwindet im Lauf der Jahre. Ein großer Teil der Ostdeutschen lehnt diesen Staat und sein Wertesystem ab. Der Wert der Freiheit rangiert hinter dem Wert der Gleichheit, wie alle demoskopischen Institute feststellen müssen.

Ein Teil der ehemaligen DDR-Bürger bildet das *DDR-nostalgische Milieu* (wie es die Markt- und Sozialforscher definieren). Sie bringen es nicht fertig, die Verbrechen des SED-Regimes aufzuarbeiten. Sie glauben an die moralische Überlegenheit des Ostens. Brandenburgs Ministerpräsident Manfred Stolpe, geübt im Umgang mit der alten Staatsmacht, stellt zum Beispiel fest: »Wir haben es ... mit einer Bevölkerung zu tun, die in Fragen allgemeiner Orientierung weithin gewisse humanistische Lebenseinstellungen und Wertvorstellungen hat, zum Teil auch christliche Orientierungen«, während im Westen die »ökonomisch-materiellen und konsumistischen Denkraster« herrschen, denen die Ostdeutschen nun »anheimfallen«.[8] Das ist so falsch wie infam.

Die nun aufblühende DDR-Nostalgie wird von Massenmedien in überwiegend westdeutschem Besitz zynisch aufgegriffen, ob in dümmlichen Fernsehshows oder in Printerzeugnissen wie den speziell für den ostdeutschen Markt produzierten Postillen *Super* und *Super-Illu*; da darf schon einmal eine Schlagzeile jubeln »Angeber-Wessi mit Bierflasche erschlagen«. Die Überschrift »Alles Böse – es kommt auch aus Bonn« ist geradezu Programm.

Ist auch der wachsende Nationalismus im Osten nur eine Reaktion auf die vermeintliche Benachteiligung und Ausdruck eines Minderwertigkeitsgefühls? Es kann nicht bestritten werden, dass der Osten nun zum bevorzugten Aktionsraum für Neonazis wird. Bereits vor dem Beitritt häufen sich alarmierende Berichte über rechtsradikale Umtriebe in der DDR. »Ein Gemeinwesen, dessen Bürger dauernd etwas anderes sagen, als sie denken, etwas anderes tun, als sie wollen, die dauernd etwas anderes scheinen, als sie sind, ist krank und geschwächt und empfänglich für Radikalismus jeder Art«, so der Bürgerrechtler und Filmemacher Konrad Weiß. Rund ein Viertel der Jugendlichen in der DDR, so eine Studie des Leipziger Zentralinstituts für Jugendforschung im April 1990, lehnt Ausländer in der Öffentlichkeit ab. Eine offizielle Studie im Auftrag des Arbeitsministeriums auf dem Gebiet der ehemaligen DDR bestätigt: »Ein Fünftel der befragten Ausländer wurde bereits mindestens einmal tätlich angegriffen oder geschlagen … viele fühlen sich schutzlos und haben Angst, abends ihre Wohnheime zu verlassen, manche wagen es selbst tagsüber nicht mehr, sich alleine in den Zentren der Großstädte zu bewegen.« Ein Viertel der in der Studie befragten Ostdeutschen äußert sich deutlich xenophob. Im Übrigen kommt Ausländerfeindlichkeit im Osten fast ohne Ausländer aus, es sind weniger als ein Prozent der Bevölkerung. Das Argument, Ausländer nähmen Deutschen die Arbeitsplätze weg, ist also unsinnig. Die in der DDR erworbene Intoleranz gegenüber anderen Lebensformen und Denkweisen, die Erziehung zu dumpfer Anpassung erklärt die Zustände plausibler.

Die Politik ignoriert zunächst auch dieses Thema. Doch kein Zweifel: Nicht nur Deutschland ist erwacht, sondern mit ihm auch der Nationalsozialismus. Das Maß an rechtsextremistischer Gewalt steigt besorgniserregend. Noch beängstigender sind die stillschweigende Sympathie weiter Bevölkerungskreise und die Zurückhaltung von Polizei und Justiz. In Hoyerswerda (1991) und Rostock (1992) klatschen Anwohner Beifall zu tagelangen Pogromen und Brandanschlägen gegen Asylbewerber. Über hundert Brandanschläge werden allein im ersten Jahr des vereinigten Landes gezählt. Auch im Westen, doch tobt der Rassismus im Osten weit bedrohlicher und verstärkt nebenbei die Abneigung der Westdeutschen gegenüber dem Osten. Was geschieht, schädigt den Ruf der ganzen Republik. Kein Wunder, wenn der Osten dem Westen peinlich wird.

Eine noch ergiebigere Quelle deutsch-deutschen Missbehagens sind die ökonomischen Folgen der Währungs- und Wirtschaftsunion. Die Folge mangelnder Wettbewerbsfähigkeit ist steigende Massenarbeitslosigkeit im Osten. Sie kann nur dadurch halbwegs gelindert werden, dass den Ostdeutschen auch der westdeutsche Arbeitsmarkt zur Verfügung steht. Dies führt aber wiederum dazu, dass mobile, gut ausgebildete Ostdeutsche in den Westen ziehen und sich allmählich Trostlosigkeit in weiten Teilen des Ostens ausbreitet. In der ehemaligen DDR entsteht ein neues Proletariat.

Bei der historischen Wahl 1990 ist im Westen die bisher geringste Beteiligung (78,5 Prozent, 5,8 Prozent weniger als vier Jahre zuvor) zu registrieren. Es ist nicht gerade ein Bekenntnis zur Einheit nach Kohls Fasson. Auch sind 43,8 Prozent für Kohls Unionsparteien kein Kantersieg gegen die 37,0 Prozent des als Einheitsgegner denunzierten Lafontaine.

Bis zur ersten gesamtdeutschen Wahl im Dezember 1990 lehnt Kohl jede Diskussion über Steuererhöhungen ab. Danach fängt er tatsächlich an, sich Gedanken über die Finanzierung des Beitritts zu machen. Am 8. Januar 1991 beschließt sein Kabinett so radikale Maßnahmen wie die, den Telefontakt um einige Sekunden zu kürzen. Offenbar soll die Illusion erneuert werden, der Beitritt könne mit Pfennigbeträgen finanziert werden.

Ein Trick der Regierung besteht darin, einen beträchtlichen Teil der Vereinigungskosten von den Sozialversicherungen, also Arbeitnehmern und Arbeitgebern, bezahlen zu lassen. Etwa ein Viertel der gesamten Vereinigungskosten, rund 140 Milliarden Mark, wird so vertuscht. Den Leuten kann es aber gleichgültig sein, ob sie über Steuern oder andere Abgaben herangezogen werden.

Für Steuererhöhungen muss dann der erste Krieg am Golf als Begründung herhalten. Noch immer gesteht die Regierung nicht ein, der DDR-Beitritt sei eine schwere und teure Aufgabe. Offenbar ist der Nahostkrieg ein Opfer wert, die Einheit nicht. Ein Zwangszuschlag auf die Einkommensteuer wird erhoben, fälschlich *Solidaritätsabgabe* genannt. Er wird im Sommer 1991 eingeführt, ein Jahr später abgeschafft, 1995 wieder eingeführt, nun wie es scheint auf unabsehbare Zeit.

Der Beitritt der DDR steigert den Reformbedarf und schwächt zugleich die Reformfähigkeit der Republik. In dieser Situation baut die Regierung Kohl den Sozialstaat weiter aus. 1995 wird die Pflegeversicherung auf Umlagebasis eingeführt.

Andere europäische Länder führen in diesen Jahren weitreichende Reformen durch, senken die Steuern, sparen Staatsausgaben ein, kürzen Sozialleistungen, stärken die Wettbewerbsfähigkeit in der globalisierten Welt. Nur die Deutschen sind ganz mit sich selbst beschäftigt. *Reformstau* wird zum Wort des Jahres 1997 gekürt. Deutschland sinkt in der europäischen Leistungstabelle von der Spitze auf einen Platz im Mittelfeld ab.

Im Westen werden gleichwohl die Vorzüge des Nationalstaats gegenüber der alten Republik propagandistisch illuminiert. Es beginnt, was Peter Glotz den »Feuilleton-Nationalismus« nennt, die Schmähung der Bonner Republik. *Gemächlich, selbstzufrieden, provinziell, bequem, harmlos* und *herzig* und *allzu bescheiden* sei sie gewesen, ein *politisches*

Krähwinkel, ein *Nachtwächterstaat*, eine *phantasielose Versorgungsdemokratie*, bevölkert von *egoistischen Individualisten*. Nun hingegen könne, ja müsse wieder mehr *Staat gemacht* werden, statt weiter einem *kleinlichen Regionalismus* nachzuhängen (Kollage aus Kommentaren in der *FAZ*, *Welt* und *Zeit*). Die Vorzüge der Bundesrepublik werden zur Schwäche umgedeutet. Heute widmen dieselben Patrioten der Bonner Republik Hymnen.

Wer nun gar glaubt, Bonn tauge auch in Zukunft als Regierungssitz, wird als Vaterlandsverräter verfolgt und als Hinterwäldler verspottet. Abgeordnete, die weiter für Bonn plädieren, müssen mit »Psychoterror« rechnen (so die Parlamentarische Geschäftsführerin der CDU/CSU-Fraktion Ingrid Roitzsch) und um ihre künftige Wiederaufstellung fürchten. Trotzdem fällt die Entscheidung für Berlin am 20. Juni 1991 äußerst knapp aus. Es entscheiden die Stimmen der SED-Nachfolgepartei PDS. Bonn wird vom Osten abgewählt, die Mehrheit der westdeutschen Abgeordneten ist für Bonn. Der bewährte Regierungssitz, so ein Hauptargument der Berlin-Fraktion, sei den Ostdeutschen nicht zuzumuten. Es ist ein vorgeschobenes Argument. In Wahrheit ist die Wahl Berlins ein klares, wenn auch unausgesprochenes Bekenntnis zur Tradition des Bismarck-Reichs. Es ist die Abkehr von Adenauer. All dies hätte längst diskutiert werden müssen – aber erst in der Hauptstadtfrage kommen solche bisher tabuisierten und unterdrückten Motive an die Oberfläche. Die Abstimmung über Berlin und Bonn ist zweifellos auch eine Abstimmung über den Wert des Nationalen und des Nationalstaats.

Wer die Folgen des Beitritts problematisiert, gilt als schlechter Patriot. Selbst Historiker wie Edgar Wolfrum fühlen sich verpflichtet, die objektive Schilderung des Desasters mit einem Bekenntnis zu relativieren: »Aber wiegt das Glück der Einheit nach 40-jähriger Spaltung nicht mehr? Es erschien bisweilen schnöde, wie schnell das deutsche Jammern die anfängliche Euphorie ablöste.«[9] An den Stammtischen aber schwillt das Gejammer der Deutschen an. Es ist immer noch ehrlicher als die Realitätsverleugnung der Patentpatrioten. Die Deutschen jammern immerhin aus gutem Grund.

Sie jammern und setzen sich doch nicht zur Wehr. Die Westdeutschen haben über den Beitritt der DDR nicht einmal abstimmen dürfen. Kohls Fehler sind nicht rückgängig zu machen. Den überwiegenden Teil der Zeche zahlt nicht die Generation Kohl, sondern begleichen nachfolgende Generationen.

Die Parteien müssen auf die Interessen und Empfindlichkeiten der Ostdeutschen Rücksicht nehmen. Sie entscheiden Wahlen. Zwar erlebt Kohl 1991 Demonstrationen gegen sich, wird in Halle mit Eiern beworfen und vermöbelt eigenhändig den Täter. Er gewinnt aber 1994 erneut die Bundestagswahl, wenn auch mit dem bisher schlechtesten Ergebnis seiner Partei seit 1949. 41,5 Prozent der Stimmen reichen nur äußerst knapp für die Fortsetzung der schwarz-gelben Koalition.

Nun erst folgen Kürzungen der Sozialleistungen, Einschränkungen des Kündigungsschutzes, Kürzungen der Lohnfortzahlung im Krankheitsfall, Kürzungen der Arbeitslosenhilfe. Die Gewerkschaften, mitschuldig an den übertriebenen Erwartungen der Ostdeutschen, organisieren Massenproteste.

Die gesamtdeutsche Gesellschaft ist keine Konsensgesellschaft, das unterscheidet sie von der Bonner Republik. Konsens würde ein hohes Maß an Homogenität voraussetzen. Mit dem Beitritt der DDR haben sich die Gegensätze jedoch dramatisch verschärft. Gleichwohl lebt die Illusion von der Konsensgesellschaft im Bewusstsein fort, schlägt sich nieder im Schlagwort von der *Vollendung der Einheit*.

1998–2005
Gerhard Schröder
Aus der Zeit gefallen

Es sind verflixte sieben Jahre. Eine vom Gestern unbelastete Generation kommt ans Ruder, noch nicht ins gemachte Wohlstandsbett geboren, aber aufgewachsen mit allen Freiheiten dieser Republik. Diese Generation ist das, was die Republik hervorgebracht hat, sie darf sich nicht beschweren. Der ewige Kohl hat sie daran gehindert, die Verantwortung beizeiten zu übernehmen, vergeblich hat Gerhard Schröder am Zaun des Kanzleramts gerüttelt. Endlich darf er rein. Rot-Grün verhält sich, als hätten 16 Jahre Kohl das Land unversehrt gelassen, als befinde es sich noch in schönster Blüte. Das Maß an Selbstbetrug hat beinahe schon Kohl'sches Format.

Doch die Republik der Achtundsechziger gibt es nicht mehr. Deshalb ist auch das rot-grüne Projekt praktisch schon zu Ende, als die rot-grüne Koalition beginnt. Der Vulkanismus von Rot-Grün ist abgekühlt. Im Herbst 1998 sind die Grünen und die Roten der rebellischen Generation in die Jahre gekommen, gewissermaßen in die Wechseljahre. Da ist nicht mehr viel übrig vom unbeschwerten Tatendrang, vom

Weltverbesserungsschwung, nicht einmal mehr dessen Rhetorik. Die bevorzugten Weine sind besser geworden und auch die Manieren, der brennendste Ehrgeiz ist gestillt, der Aufstieg vollzogen, das revolutionäre Pathos der frühen Jahre allenfalls noch Folklore. Übrig ist 1998 nur noch ein Karriereprojekt.

Rot-Grün ist aus der Zeit gefallen. Im späten Beginn liegt ein Grund für ihr Scheitern. Mit Windkraft, Homo-Ehe, Dosenpfand, Ökosteuer halten sich die Koalitionäre auf statt mit den Auswirkungen der Globalisierung und der Krise der Sozialsysteme. Und spätestens am 11. September 2001 ist auch die multikulturelle Weltgesellschaft, von der Rot und Grün geträumt haben, obsolet.

Die SPD ist tief gespalten. Schon ein halbes Jahr nach der Wahl wird Schröder seinen Erzrivalen Oskar Lafontaine los, nutzt aber die Chance nicht, konsequent mit Reformen zu beginnen. Stattdessen versucht er, den Zustand Deutschlands noch länger schönzureden. Vier Jahre lang, bis nach seiner Wiederwahl 2002, wartet er ab. Dann verdankt er den äußerst knappen Sieg gegen Stoiber zwei Naturkatastrophen – dem Elbhochwasser und George W. Bush. Jetzt erst stellt Schröder die Weichen in die richtige Richtung. Mehr als mit den Grünen hat er dabei gegen die Verteidiger des Bonner Wohlfahrtsstaates in der eigenen Partei zu kämpfen. Die Republik des späten Kohl ist ein Schneewittchen im gläsernen Sarg. Bildhübsch, aber vergiftet. Jetzt kommen die sieben Zwerge in grünen Hosen und roten Zipfelmützen und wollen sie retten. Gerhard Schröder ist nicht die böse Königin, trotzdem steht er vor dem Spiegel und glaubt, der Schönste zu sein im ganzen Land, oder doch wenigstens der Coolste. Brioni und Cohiba. Regieren macht Spaß, signalisiert er seinen Wählern. Er hat es geschafft. Der Sohn einer alleinerziehenden Kriegerwitwe und Putzfrau ist ganz oben angekommen, aus eigener Kraft.

Nachgeburt der Bonner Republik

Die Deutschen sind Kohl überdrüssig, keineswegs weil er die Bonner Republik zerstört hat, nicht weil er sie getäuscht hat. Er ist einfach nur ästhetisch eine Zumutung geworden, ein abgenutzter Serienheld, dessen Sprüche man nicht mehr hören kann.

Erstmals in der Geschichte der Republik ist es zu einem echten Machtwechsel bei Wahlen gekommen. Bisher sind neue Regierungen immer nur zustande gekommen, wenn eine der beiden bisherigen Koalitionsparteien den Partner gewechselt hat. Das Wahlsystem der Bundesrepublik erschwert den Wechsel.

Die erste Amtszeit nutzt Schröder dazu, die Fehler zu machen, aus denen er später lernen wird. Fehler, die schon andere gemacht haben und aus denen ein klügerer Politiker längst hätte lernen können. Schröder gewinnt auch die Regierungsreife erst auf dem zweiten Bildungsweg.

Die SPD hätte vermutlich mit jedem anderen Kandidaten gesiegt, auch mit Lafontaine. Als Parteivorsitzender hätte er darauf bestehen können, hat es aber für zweitrangig gehalten, wer unter ihm als Regierungschef dient. Er unterschätzt Schröders Gestaltungskraft, glaubt, er könne ihm seinen Masterplan aufzwingen.

Zunächst sieht es tatsächlich so aus, so lange, bis Schröder spürt, dass er mit Lafontaines Politik die nächste Wahl nicht bestehen kann, bis er zur Kenntnis nimmt, dass der Weltökonom Lafontaine der Buhmann der deutschen Wirtschaft ist.

Ebenfalls auf dem Gipfel einer Märchenkarriere ist der Ex-Sponti, Ex-Taxifahrer und Selfmade-Intellektuelle Joschka Fischer angekommen. Er weiß vieles besser, kann aber Schröder nicht zu seinem Glück zwingen. Sozial- und Wirtschaftspolitik, die wichtigsten, aber auch steinigsten Felder der Poli-

224   1998–2005 Gerhard Schröder

tik, überlassen die Grünen ganz dem Seniorpartner. Im Grunde haben sie es aber nicht mit einem einzigen Koalitionspartner zu tun. Das Bündnis besteht aus drei Parteien, einmal grün und zweimal rot. Lafontaines SPD hat mit Schröders SPD nur den Namen gemeinsam. Die beiden hätten erst einmal untereinander Koalitionsverhandlungen führen müssen. Heißhungrig, wie sie sind, und betört vom Duft aus der Küche der Macht, halten sie es für überflüssig. Regieren wollen sie; wozu, ist eine zweitrangige Frage.

Umweltschützer, Pazifisten, Feministen, antiautoritäre Linke hatten in den Siebzigerjahren eine Protestpartei gegen den Rüstungswettlauf, gegen die Kernkraft, gegen die Herrschaft der Männer gegründet. Als die Grünen 1983 erstmals in den Deutschen Bundestag eingezogen waren, wollten sie eine grundsätzliche Alternative zu den etablierten Parteien sein und deshalb keine Kompromisse mit ihnen schließen. »Mit Verlaub, Herr Präsident, Sie sind ein Arschloch«, hatte der Abgeordnete Fischer dem Bundestagspräsidenten Richard Stücklen zugerufen. Als Bürgerschreck hatten sich die Grünen gegeben und sich ihre Gesinnung lange Zeit nicht abkaufen lassen gegen die Teilnahme an der Regierungsmacht. In einigen Bundesländern hatten sie den Sprung gewagt. Joschka Fischer hatte mit weißen Turnschuhen den Amtseid des hessischen Umweltministers geleistet. Auch an den Konjunkturzyklen seiner Körperform ist abzulesen, was die Institutionen mit ihm auf seinem langen Marsch gemacht hatten.

Gerhard Schröder, selbst niemals Aktivist der Achtundsechziger, hatte als Ministerpräsident von Niedersachsen ebenfalls mit den Grünen koaliert. Er kann sich nun auch vorstellen, mit den Schwarzen zu regieren, rechnet bis zur Wahl mit dieser Option. Aber jetzt sind Rot und Grün eine unvermeidbare Gelegenheit.

Unverschwitzt tritt der Kanzler auf, eher wie der Manager

einer New-Economy-Firma. Da macht im Kabinett kein Minister aus seiner Würde einen Popanz. Im Kabinettssaal lehnen sich die Helden am Anfang noch feixend zurück in den bequemen Sitzmöbeln des – noch immer – Bonner Kanzleramts. Spielerisch, beinahe unernst wirkt das alles zu Beginn.

Am Anfang setzt Schröder auf Optimismus. Deutschland sei besser, als die Deutschen selbst glaubten. Er fühlt sich wohl im Amt. Also sollen sich auch die Deutschen mit ihm im Amt wohlfühlen. Das Bündnis verhält sich im Grunde nicht anders als Kohl: Bloß nicht das Volk irritieren, ist seine Maxime.

Schröder gesteht in seinen Erinnerungen, den Reformbedarf des Landes anfangs selbst völlig verkannt zu haben. »Der Reflex des deutschen Volkes, angesichts einer sich dynamisch wandelnden Welt, Veränderungen im eigenen Land möglichst zu vermeiden, hatte Helmut Kohl 16 Jahre lang im Kanzleramt gehalten. Er war die personifizierte stoische Selbstgewissheit, dass alles so bleiben kann, wie es ist. Und diese Illusion war eine Droge, bis Kohl sich aus dem Kanzleramt verabschiedete und uns die Wirklichkeit einholte.«[1] Eine treffende Analyse. Nur will Schröder zu seinem Amtsantritt die Wirklichkeit offenbar ebenso wenig akzeptieren, wie seine Vorgänger es getan haben. Auch Sozialdemokraten und Grüne »hatten sich in Helmut Kohls politischer Wohlfühlpackung behaglich eingerichtet. Wir waren so blind, wie er uns haben wollte.«[2]

Die Gesellschaft ist liberal, ein viermal verheirateter Mann Kanzler. Nach ihm wird eine geschiedene Frau Kanzlerin werden, um ein Haar mit Guido Westerwelle als Vizekanzler, dessen sexuelle Orientierung keine Rolle spielt. Das Lebensgefühl der Achtundsechziger als Generation hat das Land tief geprägt.

Am Ende der rot-grünen Regierungszeit dürfen Lesben und

Schwule den Bund fürs Leben schließen. Die Chancen für Frauen haben sich verbessert. Windkraft wird staatlich gepäppelt. Die Deutschen zahlen Pfand auf Dosen. Der Ausstieg aus der Kernenergie mit garantierter Restlaufzeit ist fest vereinbart. Schließlich die Ökosteuer, der Staat zwingt zum Benzinsparen. Solche Elemente eines rot-grünen Projekts sind ganz vom Geist der Bonner Republik.

Doch kann, wer Augen im Kopf hat, größere Herausforderungen nicht übersehen: die Globalisierung, die Alterung der Gesellschaft, die Folgen der Vereinigung. Ist die Erblindung einer Überdosis jener Droge geschuldet, die Patriarch Kohl verabreicht hat? Abgesehen von ihrer Sorglosigkeit, abgesehen von ihrer Überschätzung der New Economy, teilen Rot und Grün alte Lebenslügen der Bonner Republik. Die Angleichung Ostdeutschlands sei nur eine Frage des guten Willens und der Geduld, der rheinische Kapitalismus nicht nur eine Utopie, sondern für alle Zukunft ein trittfestes Konzept für Deutschlands Weg in die Zukunft. Mit anderen Worten: Von der grundsätzlichen Skepsis der Achtundsechziger gegenüber der Bonner Republik ist gar nichts übrig.

Die neue Regierung stellt nicht nur kein Reformkonzept zur Verfügung, sondern storniert auch noch das bisschen Reform, zu der Kohl in der Lage gewesen ist, nämlich die Einführung des *demografischen Faktors,* also die milde Berücksichtigung gestiegener Lebenserwartung bei der Rentenversicherung. Schröder glaubt, den Ball flach halten zu können. Bloß nicht die Wiederwahl gefährden, womit auch immer. Am besten beides tun: Rhetorisch die *neue Mitte* beschwören und faktisch die SPD-Stammwähler in Sicherheit wiegen. Die Angst, Falsches zu tun, ist größer als die Einsicht, Nichtstun könnte noch schädlicher sein. Schröders Talent, Kampagnen und Wahlkämpfe zu führen, kontrastiert mit seiner Schwäche im Amt. Da wirkt er wie ein Schauspieler, der den Kanzler gibt. Die »Basta«- und Machtwort-Rhetorik lenkt nur ab vom mangelnden Willen, Richtlinienkompetenz auszuüben.

Schröders Handeln ist widersprüchlich. Als Schatzkanzler und Parteichef Lafontaine nur ein halbes Jahr nach der Wahl überraschend geht, übernimmt Schröder zwar den Parteivorsitz, macht aber nichts daraus. Er spürt, dass mit Lafontaine nicht zugleich auch die Widerstände in der SPD gebrochen sind.

Erst in der zweiten Amtszeit wagt er weitreichende Reformgesetze, die *Agenda 2010*, und beantwortet die Opposition aus den eigenen Reihen mit dem Rücktritt vom Parteivorsitz. Sein wichtigster Weggefährte in der Regierung, Wirtschafts- und Arbeitsminister Wolfgang Clement, hält dies für einen »gravierenden Fehler«[3]. Noch gravierender aber ist die letzte Entscheidung des Kanzlers Schröder, das Herbeiführen vorzeitiger Neuwahlen. Wäre er von der Wirkung seiner Arbeitsmarktpolitik überzeugt, würde er durchhalten.

Welche Schlüsse zieht Schröder später aus seiner Halbherzigkeit? »So gesehen waren die gesamten sieben Jahre rot-grüner Regierung auch ein Nachholen dessen, was uns zu Beginn unserer Arbeit nicht zur Verfügung stand – ein umfassendes reformerisches Programm. Im Nachhinein war das vielleicht sogar ein Segen, denn wie hätte wohl das Design eines Reformprogramms ausgesehen, das intellektuell auf die politischen Erfahrungen der Achtziger- und Neunzigerjahre gegründet gewesen wäre?«[4] Diese »Erfahrungen« prägen jedoch das politische Klima in Deutschland bis auf den heutigen Tag.

Von der Riester-Rente zur Agenda 2010

Hin und her gerissen zwischen Ohnmacht und Mut, Bequemlichkeit und Ehrgeiz, Realitätssinn und Populismus, geht Schröder am Ende doch weiter als jeder Kanzler vor und nach ihm.

Die Reformen beginnen mit einem kleinen, aber längst überfälligen Schritt, der Einführung einer freiwilligen, kapitalgedeckten Zusatzrente, die nach Schröders Arbeitsminister benannte Riester-Rente. Die gesetzliche Rentenkasse ist keine Versicherung, sonst würden die einbezahlten Beträge im Alter verzinst zurückfließen. Sie ist ein Instrument der Umlage; was die Aktiven einzahlen, wird sofort an die Rentner verteilt. Diese Mittel reichen schon lange nicht mehr aus und müssen trotz steigender Beiträge mit Milliardenbeträgen der Steuerzahler aufgestockt werden. Wüssten die Beitragszahler, was sie, einschließlich der Steuermittel, tatsächlich für die Rente aufbringen, wäre die Reformbereitschaft größer. Die Möglichkeit der Wirtschaft, ältere Arbeitnehmer auf Kosten der Allgemeinheit in den Vorruhestand zu schicken, trägt zur katastrophalen Situation bei.

Schröder, man fasst es kaum, behauptet in seinen Erinnerungen: »Erst nach der Regierungsübernahme hatten wir in der Koalition tatsächlich die tiefe Finanzkrise der Rentenversicherung in ihrer ganzen dramatischen Dimension erkannt.«[5] Verbrachte die Opposition die Jahre seit dem DDR-Beitritt im Tiefschlaf und träumte von goldenen Zeiten? Wachgeküsst wird Schröders Regierung nicht etwa von der Opposition. Im Gegenteil, Kohls Partei stimmt wieder einmal das alte Lied vom *Rentenbetrug* an und verstärkt die Unbeliebtheit der notwendigen Maßnahmen. Im Stil eines Fahndungsbilds wird Schröder plakatiert.

Mit der Riester-Rente, die kein großer Wurf ist, sondern ein bescheidener Schritt nach zähem Hin und Her, erlahmt Schröders Reformschwung. Erst nach der Wiederwahl 2002, nachdem das *Bündnis für Arbeit* gescheitert ist und die Arbeitslosigkeit neue Rekordhöhen erreicht hat, kommt der Kanzler in die Puschen. Der Sozialstaat, das ist jetzt auch für ihn keine Frage mehr, muss angesichts der völlig veränderten Situation in Deutschland und in der Welt neu definiert werden.

Bei der Vorstellung der vier *Hartz-Reformen* verspricht die Hartz-Kommission im Sommer 2002 nicht weniger als die Halbierung der Arbeitslosenzahl und darüber hinaus Einsparungen von 20 Milliarden Euro. Drei Jahre später wird die Arbeitslosigkeit auf die Rekordhöhe von fünf Millionen klettern. Hartz ist auch ein Synonym für unangemessenen Optimismus, für Illusionen, eben für das, was die Bonner Republik immer ausgezeichnet hat. Und deshalb kann es kein Zufall sein, dass ein Mann dieser Reform seinen Namen gibt, der wie kein Zweiter für das westdeutsche Konsens- und Kungelmodell steht, VW-Vorstand Peter Hartz, der Gewerkschafter im Managerrang, das Muster eines Aufsteigers, nun Schröders Wunderwaffe.

Die *Agenda 2010* gerät nicht gerade zu einem Wunderwerk kühner Gestaltungskraft. Vieles bleibt symbolhaft, etwa die Umbenennung der Arbeitsämter in *Arbeitsagenturen* und ihrer Beamten in *Fallmanager*. Der Paradigmenwechsel besteht jedoch in dem Ziel, die Ansprüche an den Sozialstaat zu begrenzen. Zwischen Langzeitarbeitslosen und Sozialhilfeempfängern wird nicht mehr unterschieden. Die Höhe der finanziellen Leistungen ist nicht mehr so stark an Dauer und Höhe der Einzahlungen ins Solidarsystem geknüpft, sondern stärker an die Bedürftigkeit. Eigenes Vermögen und das der Lebenspartner (die Bürokratie spricht von *Bedarfsgemeinschaft*) wird herangezogen. Arbeitslose sollen gezwungen werden, auch Jobs anzunehmen, die nicht ihrer Befähigung entsprechen. Die Halbherzigkeit der Reform besteht darin, dass nur die Mechanismen der Umverteilung geändert werden, nicht jedoch die Starrheit des Arbeitsmarkts selbst. Schröder wagt es nicht, die Machtbasis der Gewerkschaften anzugreifen, auch wenn es ihm nicht gedankt wird. Weiterhin lähmen Flächentarifverträge Wettbewerb und Mobilität. Die größte Beschäftigungsbremse, die exorbitant hohen Lohnnebenkosten, wird von der rot-grünen Regierung nicht gelöst.

Kranken- und Rentenkassen sind zunehmend überfordert, weil die Gesellschaft altert und zugleich der Anteil derjenigen wächst, die nichts in die Sozialkassen einzahlen. Umgekehrt verursachen der Fortschritt der Medizin und längere Lebenszeiten höhere Kosten. Das Gesundheitssystem wird nicht besser, solange Gleichmacherei Wettbewerb zwischen den Kassen verhindert und damit auch die Freiheit der Versicherten, zwischen unterschiedlichen Preisen und Angeboten zu wählen. Dem Staat fallen nur planwirtschaftliche Instrumente ein: Fallpauschalen, Zuteilungen, Budgets. Auch die Patienten versetzt er in einen Zustand künstlicher Unwissenheit. Sie ahnen nicht einmal, welche Kosten sie tatsächlich verursachen. Tonnen unbenutzter Arzneimittel landen im Müll. Kassenfunktionäre, Ärzte, Apotheker: Sie alle betreiben ein undurchschaubares, hochkomplexes System, von dem die meisten gut leben. Was unternimmt die rot-grüne Regierung dagegen? Sie führt eine Praxisgebühr in Höhe von zehn Euro pro Quartal ein, streicht Leistungen, erhöht die Zuzahlung für Medikamente. Es ist Flickschusterei an einem insgesamt nicht mehr sehr tauglichen Gesamtsystem sozialer Sicherheit.

Wer den Bürgern mehr Eigenverantwortung aufbürdet, muss ihre steuerliche Belastung verringern. Rot-Grün will die Einkommensteuer in Stufen beträchtlich verringern. Die Unionsparteien bremsen im Bundesrat. Der Spitzensteuersatz wird nicht wie vorgesehen auf 42, sondern nur auf 45 Prozent, der Eingangssteuersatz nur auf 16 statt auf 15 Prozent gesenkt. Von dem, was die Koalition den Steuerzahlern ursprünglich belassen will, bleibt die Hälfte übrig. Was ihre Aversionen gegen Freiheit angeht, lässt sich die Union von der SPD nicht gern übertreffen. De facto wird das Land bereits während der rot-grünen Regierungsjahre von einer Art Großen Koalition regiert und gelähmt.

Schröder macht auch die Protestwelle zu schaffen, die von den Gewerkschaften und vom linken, eigentlich aber reaktionären Flügel seiner Partei ausgeht. Schröder spricht in seinen Memoiren von »jener Gruppe von Funktionären, die Festigkeit in der Politik mit Starrheit im Denken verwechseln«[6]. Aber er irrt. Es ist keine keine Gruppe, sondern ein beträchtlicher Teil der Gesellschaft, der die Reformen für unzumutbar und übertrieben hält. Im Osten leben sogar Montagsdemonstrationen wieder auf, als handle es sich um einen Kampf für Menschenrechte und Freiheit. Lafontaine marschiert wieder voran, jetzt als Vorsitzender einer neuen Partei am linken Rand. Gewerkschaftsbosse wie der IG-Metallvorsitzende Jürgen Peters (»Scheißdreck«) und der DGB-Vorsitzende Michael Sommer (»asoziale Politik«) polemisieren gegen die Schröder'schen Reformen und organisieren Aktionstage, Demonstrationen, Unterschriftenaktionen. Schröder muss fürchten, die verbleibenden knapp eineinhalb Jahre bis zum regulären Wahltermin nicht durchzuhalten, und strebt deshalb Neuwahlen an.

Erosion der Volksparteien

Als sich 1997 die Niederlage Kohls abzeichnet, lädt die SPD nicht nur Politiker, sondern auch Wissenschaftler, Unternehmer und Intellektuelle zu einem *Innovationskongress* nach

Düsseldorf ein. *Innovation* ist eines der neuen Zauberwörter. »Über die deutsche Krankheit und den richtigen Weg in eine moderne Innovationsgesellschaft« schreibt Schröder kurz davor im *Spiegel*. Seinen Wahlkampf führt, an der Parteizentrale weitgehend vorbei, eine Art Imageagentur, die *Kampa*. Schröder versucht, neue Wählerschichten für die SPD zu gewinnen, jüngere, mobilere, gut ausgebildete Individualisten, die in der Globalisierung eher ihre Chance sehen als eine Gefahr. Die New Economy ist gerade dabei, einen Aktienboom ohnegleichen zu erzeugen. Millionen Deutsche zocken mit. Gibt es doch einen Mentalitätswandel mitten in der Gesellschaft? Schröder vermittelt den Eindruck, als sei die SPD die Volkspartei dieser *neuen Mitte*. Er will der alten Tante das Tanzen auf eine ungewohnte Musik beibringen. Der Sound kommt aus Großbritannien. Dort regiert New Labour. Dort ist Tony Blairs Stern aufgegangen. Schröder will dem Vorbild nacheifern. Er übersieht, dass Margaret Thatcher zuvor schon das Land gründlich umgekrempelt, die Gewerkschaften entmachtet, die Staatsbetriebe privatisiert hat. Die Grausamkeiten sind getan, darauf kann New Labour aufbauen.

Schröder kann es nicht, denn Kohl hat dem Land Reformen verweigert und es mit der Wiedervereinigung in die schärfste Krise seit dem Krieg gestürzt. Das sogenannte Schröder-Blair-Papier fordert die grundlegende Revision der sozialdemokratischen Wirtschafts- und Sozialpolitik. Chancengleichheit soll in Zukunft wichtiger sein als soziale Gleichheit als Resultat staatlicher Umverteilung. In der SPD rumort es kräftig ob dieses Papiers, aber solange daraus keine konkreten Maßnahmen erwachsen, hält Schröder dem Druck stand. Von Tony Blair und New Labour kann Schröder auch etwas anderes lernen. Statt die SPD in quälende und irritierende Programmdebatten zu stürzen, poliert Schröder am Image, versucht mit Marketingmaßnahmen die absehbaren Schwierigkeiten zu überspielen.

Kurz nach der Wahl 1998 steigen die Stimmungswerte von CDU und CSU wieder auf annähernd 55 Prozent, um dann rasch abzusinken bis auf unter 30 Prozent im Herbst 1999. Was ist geschehen? Die christliche Volkspartei hat ihre Kassen über verschlungene Wege in der Schweiz und in Liechtenstein mit illegalen Spenden gefüllt. Aus dem Flick-Skandal kam sie unbelehrbar hervor, ihre Resozialisierung ist gescheitert. Noch-immer-Parteichef Kohl trotzt dem Skandal dennoch mit einem Minimum an Unrechtsbewusstsein. Er will die Spender nicht nennen, sein *Ehrenwort* gegenüber den anonymen Unterstützern gilt ihm mehr als Gesetzestreue. Damit ist die Gelegenheit, wenn nicht die Notwendigkeit gekommen, die Ära Kohl zu beenden.

Wolfgang Schäuble, Nachfolger im Amt des Parteivorsitzenden, lange, zu lange, wie er findet, Kohls bester und loyalster Mitarbeiter, stürzt bald selbst über eine, gemessen an Kohls ungeniertem Umgang mit »Bimbes«, drittklassige Spendenaffäre. Er vermutet eine Intrige Kohls, kann aber die moralische Erneuerung des Kanzlerwahlvereins nicht mehr glaubwürdig verkörpern.

Plötzlich ist sie da: Angela Merkel, unscheinbar, leise, aufmerksam, lernfähig, furchtlos und schlau. Kohls *Mädchen* mit dem Landpomeranzenimage, unterschätzt, alles andere als unbedarft. Sie distanziert sich mit einem Artikel in der *Frankfurter Allgemeinen Zeitung* vom Übervater. Es ist für sie genau der richtige Augenblick. Die männlichen Diadochen blockieren sich gegenseitig, glauben nicht viel befürchten zu müssen von Angela Merkel, halten sie für eine Vorsitzende des Übergangs. Soll sie sich aufreiben und dann einem anderen den Weg zur Kanzlerkandidatur freimachen. 2002 lässt sie Edmund Stoiber den Vortritt. Mit Methoden, die sie lange und geduldig beobachtet und studiert hat, spielt sie die Männer aus dem Westen gegeneinander aus, schlägt sie mit deren eigenen Waffen.

Es sieht tatsächlich so aus, als könne Rot-Grün die Wahl im Herbst 2002 nicht noch einmal gewinnen. Schröder hat vollmundig versprochen: »Wenn wir es nicht schaffen, die Arbeitslosenquote signifikant zu senken, dann haben wir es weder verdient, wiedergewählt zu werden, noch werden wir wiedergewählt.« Die Arbeitslosigkeit klettert 2002 wieder über die Vier-Millionen-Marke.

Doch mit wenigen tausend Stimmen Vorsprung und dank einiger Überhangmandate bleibt die Koalition am Ruder. Das Hochwasser im Osten erlaubt dem Kanzler als Krisenmanager aufzutreten. Auch wollen die Deutschen den Irakkrieg nicht. Schröder distanziert sich wesentlich deutlicher von Bush als die Unionsparteien, schließt definitiv die Mitwirkung der Bundeswehr aus; 80 Prozent der Deutschen lehnen sie ab. Das rettet Schröder die Kanzlerschaft. Er verfehlt das erklärte Ziel seiner Politik und gewinnt dennoch. Er ist der bessere Kanzlerdarsteller.

Noch immer wählen Ostdeutsche und Westdeutsche unterschiedlich. Die SPD verliert im Westen 4 Prozentpunkte und gewinnt im Osten 4,7 Prozent dazu – der Zugewinn kommt fast ausschließlich von Frauen. Auf dem Gebiet der alten Bundesrepublik wäre Schröder abgewählt worden.

Wahlforscher beobachten auch 2002 eine fortschreitende Auflösung der traditionellen Wählermilieus. So waren die Katholiken 1976 mit 64 Prozent noch die größte Gruppe der Unionswähler. 2002 ist ihr Anteil an der Gesamtheit der Unionswähler auf 44 Prozent gesunken. Bei der SPD wiederum machen gewerkschaftlich gebundene Arbeiter nur noch 10 Prozent der Wähler aus, 1976 waren es noch 25 Prozent gewesen.[7]

Zweifellos spielen ideologische Festlegungen und Grundsatzprogramme bei der Wahlentscheidung eine immer geringere Rolle. Möglicherweise hätte die Ostdeutsche Angela Merkel 2002 bessere Chancen im Osten und bei den Frauen gehabt als der CSU-Vorsitzende Edmund Stoiber, der nur in Bayern deutlich zulegt. Auch die Kampagne des potenziellen Koalitionspartners FDP spielt Schröder in die Hand. Parteichef Guido Westerwelle präsentiert sich als Kanzlerkandidat im *Guidomobil* und kündigt 18 Prozent als Wahlziel an. In schwerer Zeit ist das Image einer Spaßpartei kein Vorteil.

Auf die richtige Inszenierung der Politik kommt es an. In der Talkshowkultur ist Entertainment-Qualität stärker gefragt als weltanschauliches Profil, programmatische Klarheit und Lösungskompetenz. Die kleineren Klientel- und Milieuparteien können ihr Profil leichter bewahren als Volksparteien.

Nutzt die CDU unter Merkels Leitung die Chance, wieder eine Programmpartei zu werden, die lebhaft debattiert, die Antworten auf die offenen Fragen der Zeit findet, die mehr ist als nur eine personelle Alternative zur SPD? Seit dem Ende des Ost-West-Konflikts, seit Kapitalismus und Kommunismus sich nicht mehr an einer Front gegenüberstehen, sind auch die traditionellen politischen Lager in Unordnung geraten. Links und rechts, konservativ und fortschrittlich haben ihre Bedeutungsschärfe verloren. Konservativ ist kein Synonym mehr für Wirtschaftsfreundlichkeit. Die Freunde der Konzerne haben nämlich nichts dagegen, wenn dort produziert wird, wo Arbeit billig ist. An dieser Stelle pfeifen sie auf nationale Gesinnung. Die Gewerkschaften wirken jetzt konservativ, verteidigen die alten Verhältnisse. Die beiden Volksparteien bilden die politischen Lager der Modernisierer und der Bewahrer nicht mehr trennscharf ab. Anders formuliert: Modernisierer und Bewahrer sind die eigentlichen Volksparteien, jedoch erscheinen sie nicht auf den Wahlzetteln. Es ist auf der einen Seite die Partei derjenigen, die die Marktwirtschaft nach dem Muster der Bonner Republik verteidigen, Deutschland bewahren wollen vor den widrigen Winden eines seelenlosen, globalen Kapitalismus. Die andere Partei will den globalen Wettbewerb annehmen, das Land öffnen für Menschen und Kapital. Anhänger beider Parteien finden sich in beiden Volksparteien.

Das führt dazu, dass es SPD wie Unionsparteien immer mehr Kraft kostet, die auseinanderstrebenden Richtungen zusammenzuhalten. Kompromisse verhindern klare Profile. Auch deshalb ist die Inszenierung von Politik wichtiger, als es Programme sind. Der Schein soll das Sein überdecken. Die langfristige Bindung der Wähler an eine der beiden Volksparteien nimmt weiter beständig ab. Der schwindende Anteil der Stammwähler wiederum zwingt die Volksparteien, sich nach allen Richtungen zu öffnen.

Am Beispiel der SPD ist es deutlich zu sehen. Die beiden unsichtbaren Parteien der Modernisierer und der Bewahrer haben beide ihren Repräsentanten an der Spitze. Lafontaine ist der Traditionalist, Schröder steht für Innovation. Lafontaine spricht die Traditionswähler an, Schröder neue Schichten. Programmatisch sind die beiden Richtungen nicht auf einen Nenner zu bringen. Für Lafontaine ist der neoliberale Kurs »voll neben der Sache«[8]. Schröders Chefideologe und erster Kanzleramtsminister Bodo Hombach fordert dagegen den »Abschied vom Sozialstaat alten Typs« und erhofft einen »Befreiungsschlag« durch Steuersenkungen. Die SPD verfügt über kein gemeinsames wirtschafts- und sozialpolitisches Konzept. Weil Lafontaine die Richtlinien der Wirtschaftspolitik bestimmt, spitzt sich der Konflikt zu. Er eskaliert am 10. März 1999 im Kabinett. Schröder stellt klar, dass er die Republik nicht gegen die Wirtschaft regieren könne. Am folgenden Tag tritt Lafontaine als Finanzminister und als Parteivorsitzender zurück. Der linke Flügel ist nun zwar geschwächt, aber nicht ausgeschaltet. Auch Hombach, der Exponent des liberalen Flügels in der Regierungszentrale, wird nicht mehr lange in seinem Amt bleiben. Er ist für die Traditionalisten das, was Lafontaine für die Liberalen gewesen ist. Es wäre dennoch falsch, den Grundsatzstreit in der SPD auf Machtkämpfe zu reduzieren.

Zwar erhält Schröder für seinen Kurs die Mehrheit auf dem Parteitag im Dezember 1999. Die linke Arbeitsgemeinschaft der Partei jedoch warnt in ihrer *Berliner Erklärung* vor »Weltmarktorientierung, Marktliberalisierung und Sozialstaatsprivatisierung«. Die SPD drohe an ihren eigenen Ansprüchen zu scheitern. Die Linken fordern Steuererhöhungen, vor allem die Wiedereinführung der Vermögensteuer.

Die Front ist also auch nach Lafontaine klar. Die Linke will mehr Staat und mehr Umverteilung. Schröder und die Modernisierer dagegen nennen es eine Illusion, dass mehr Staat gleichbedeutend sei mit sozialer Gerechtigkeit. Die Modernisierer bevorzugen den »aktivierenden Sozialstaat«; »fördern und fordern« gehören zusammen. Den Bürger nicht nur vor den Risiken der Globalisierung zu schützen, sondern ihn zu befähigen, mitzuhalten, ist Schröders erklärtes Ziel.

Der Konflikt hat zwei einander widersprechende Ergebnisse. Einmal ermöglicht er die Reformagenda 2010, zum anderen leitet er eine für die SPD gefährliche Abspaltung ein. Lafontaine wird als Vorsitzender der Linkspartei wieder auftauchen, dem Zusammenschluss der PDS mit den linken Dissidenten der SPD.

Dies hat tief greifende Folgen. Die PDS schafft bei den Wahlen 2002 nur knapp die Fünfprozenthürde, die neue Linke hingegen kommt 2005 auf 8,7 Prozent. Damit bildet sich ein Fünfparteiensystem heraus, das die für die Bundesrepublik typische Zweierkoalition verhindert und eine Große Koalition erzwingt. Wieder sitzt eine radikale Partei im Parlament, mit der alle anderen nicht koalieren wollen.

Erst die weiter steigende Arbeitslosigkeit veranlasst Schröder in seiner zweiten Amtszeit, endlich ernst zu machen. Mit Wolfgang Clement als neuem Superminister für Wirtschaft und Arbeit holt er sich einen Frontmann der Reformer an die Seite. Als stellvertretender Parteichef wird er stellvertretend für Schröder sogleich mit einem schlechten Wahlergebnis abgestraft. Da Schröder die eigene Partei, die eigene Fraktion für zerrissen genug hält, um jede Reform zu zerreden, überlässt er die konzeptionelle Arbeit in zunehmendem Maße externen Experten, vor allem dem VW-Manager Peter Hartz. Es ist bezeichnend für Schröders Einschätzung der Rolle seiner Partei, dass er 2004 ohne Weiteres den Parteivorsitz wieder aufgibt – in der Hoffnung, der bisherige Generalsekretär Franz Müntefering werde ihn vor dem Unmut der Partei schützen. Als er 2005 nicht mehr davon überzeugt sein kann, die Mehrheit von Partei und Fraktion hinter sich zu haben, droht er nicht mit Rücktritt, sondern steuert Neuwahlen an. Schröder hält seine Reformpolitik für an der eigenen Partei gescheitert. Er ist damit nicht der erste sozialdemokratische Kanzler. Ganz ähnlich ist es Helmut Schmidt ergangen.

Rot, grün und national

In die rot-grüne Regierungszeit fällt der Umzug von Regierung und Parlament nach Berlin. Nun beschreiten die Volksvertreter die pompöse Freitreppe des gemeinhin *Reichstag* genannten Parlamentsgebäudes. Glücklicherweise tritt in ihm wenigstens noch immer der Bundestag zusammen. Fernsehmoderatoren schnarren ihr »Willkommen in der Hauptstadt!«; eine Formulierung, die in der *Bundes*hauptstadt Bonn als Anmaßung gegolten hätte. Kanzler Schröder residiert vorübergehend in der alten Machtzentrale der DDR, ehe der von Kohls Größenphantasien zum unbescheidenen Gegenstück der neuen Bundestagskuppel aufgeblähte Betonklotz des Kanzleramtes fertig ist. Es ist ein Glück, dass ein Kanzler das Haus in Beschlag nimmt, der nicht Herrschaft zelebriert, sondern Regieren zuweilen als eine Form von Entertainment begreift. Für den Medienkanzler werden die an ein absolutistisches Schloss erinnernden Treppen zur Showtreppe. Es sieht aus, wie Günter Behnisch, Architekt des ungenutzten neuen Bonner Plenarsaals spottet, als ob Gerhard Schröder gleich mit der Gitarre herunterkäme.

Mit nationalistischem Pathos hat Rot-Grün nichts am Hut, und das ist auch gut so. In Berlin kann sich ohnehin niemand der Geschichte entziehen. Der neue Zentralort deutscher Selbstvergewisserung provoziert ein ständiges Wechselbad der Gefühle. Kein Wunder, dass diese Ambivalenz der Stadt schizophrene Geschichtspolitik provoziert. Da ist das ebenfalls in Schröders Amtszeit fertiggestellte, gewaltig große, graue Gräberfeld des Holocaust-Denkmals, das sich wie ein untauglicher Versuch ausnimmt, die unvorstellbare Dimension des deutschen Mordens darzustellen. Da kommt es zu dem Bundestagsbeschluss, das Schloss der Hohenzollern wieder aufzubauen, beziehungsweise dessen Fassade, und dafür den Palast der Republik abzureißen. Die Gesteinsschichten der Diktaturen, die Deutschland von Berlin aus heimgesucht haben, Militarismus, Nationalsozialismus, Kommunismus, sollen so gut es geht abgetragen und überstrahlt werden vom nachgeahmten Glanz der preußischen Aufklärung. Geschichte ist aber nicht teilbar. Der DDR-Totalitarismus war eine direkte Folge des Nationalismus und dieser wiederum des großmannsüchtigen preußischen Militarismus. Deshalb ist es ein monströser Akt der Verdrängung, den Palast der Republik durch ein preußisches Palastimitat zu ersetzen.

Zu den Irrtümern, die mit dem Umzug nach Berlin verbunden sind, zählt die Einbildung, an dieser alten Nahtstelle und Frontlinie zwischen Ost und West sei die Vollendung der Einheit besser organisierbar. Nur hier könnten die unterschiedlichen Mentalitäten hellhörig genug wahrgenommen werden, hier werde Politik näher an den Menschen gemacht. Nichts davon bestätigt sich.

Noch immer wird in allen Parteien unterschätzt, wie sich überall in Deutschland, besonders aber in den gottverlassenen Gegenden des Ostens, nationalsozialistisches, fremdenfeindliches, rassistisches Denken ausbreitet. In manchen Orten haben die Behörden offenbar resigniert vor der kulturellen Hoheit neonazistischer Banden. Die fühlen sich umso sicherer, je größer die stillschweigende Sympathie und das aktive Wegschauen der Älteren sind. Tatsache ist: Nicht jeder kann sich in Deutschland überall unbesorgt bewegen. Untauglich ist der Versuch der Bundesregierung, den politischen Arm des nationalsozialistischen Terrors zu verbieten. Die NPD bleibt legal, befindet das Bundesverfassungsgericht. Der vor Gericht nicht verwertbare Einsatz von V-Männern ist dafür ausschlaggebend. Die politische Bekämpfung des Extremismus bleibt schwach.

Perspektivlosigkeit und soziales Elend werden häufig als Entschuldigung vorgebracht. Das ist eine sehr beschränkte Sicht auf die Dinge. Soziale Not darf niemals Rassismus entschuldigen. Fremdenfeindlichkeit ist vielmehr Ausdruck einer geistigen Verwahrlosung. Zweifelsfrei ist die rechtsradikale Strömung aber auch eine Folge der mit dem Ende der Teilung einhergehenden Enttabuisierung des Nationalen.

Gerade weil Gerhard Schröder und Joschka Fischer keine Nationalisten sind, vertreten sie weit unbefangener, unverkrampfter und selbstbewusster als ihre Vorgänger deutsche Interessen oder das, was sie dafür halten. Sie wollen das größer gewordene Deutschland aufgewertet wissen. Dabei verrennen sie sich: Sie scheitern mit ihrem sinnlosen Anspruch auf einen ständigen Sitz Deutschlands im Sicherheitsrat der Vereinten Nationen. Angela Merkel wird das Ziel übernehmen.

Rot-Grün scheitert damit auch, weil sich die Beziehungen zu den USA grundlegend verschlechtern. Dies wiederum ist eine Geschichte, die an jenem 11. September 2001 beginnt, nach dem auf der Welt vieles nicht mehr ist wie zuvor. Außenpolitisch umdenken musste Rot-Grün schon vorher. Pazifismus ist eine der ideologischen Wurzeln der Grünen. Die Protestbewegung gegen die Nachrüstungsbeschlüsse der NATO in den Achtzigerjahren gehört zur Gründungsgeschichte der Grünen. Nun soll schon wenige Tage vor der Regierungsübernahme das Dogma der Gewaltfreiheit nicht mehr gelten. Außenminister Fischer muss seine Partei davon überzeugen, die Bundeswehr in den Krieg zu schicken. Schafft er es nicht, ist die Koalition zu Ende, ehe sie richtig begonnen hat. Einsatzgebiet ist Serbien. Die albanische Minderheit im Kosovo soll vor den nationalistischen Serben geschützt werden. Kann sich Deutschland heraushalten, weil die eigene Geschichte jeden militärischen Einsatz außerhalb Deutschlands verbietet? Oder darf es gerade deshalb nicht zusehen, wie Nationalisten in Europa wieder Tod und Schrecken verbreiten? Fischer setzt sich bei den Grünen durch. Der Bundestag schickt Kampfjets in den Einsatz. Kein Zweifel: Eine konservative Regierung hätte sich damit sehr viel schwerer getan.

Die Bundeswehr hat ihren ersten Kampfeinsatz also bereits hinter sich, als mit dem 11. September der Bündnisfall eintritt. Die NATO interpretiert den Anschlag auf die Türme des World Trade Center und auf das Pentagon als kriegerischen Angriff auf die USA, Deutschland schließt sich ohne den geringsten Zweifel an. Es gilt als ausgemacht, dass der islamistische Terror von Afghanistan aus operiert und Osama bin Laden, die Spinne im Netzwerk der al-Qaida, dort zu finden ist. Einsatz also in Afghanistan, in der Absicht, nach der militärischen Entmachtung der Taliban das Land zu stabilisieren, zu befrieden und zu demokratisieren.

Doch George W. Bush hat mehr im Sinn. Er will die »Achse des Bösen« zerbrechen. Sein nächstes Ziel ist der Irak. Die USA behaupten, das Regime in Bagdad unterstütze den islamistischen Terror und besitze Massenvernichtungswaffen. Beide Begründungen für den Angriff auf den Irak sind falsch. Die eigentlichen Kriegsziele sind der Sturz des Diktators Saddam Hussein und die Demokratisierung des Landes zur Stabilisierung der gesamten Region. Bush kann mit seinem Krieg aber den Irak nicht befrieden, schürt nur Hass und terroristische Gewalt. Deutschland geht auf kühle Distanz, beteiligt sich nicht am Kampf.

Damit freilich geht nicht nur ein tiefer Riss durch die atlantische Allianz, sondern auch durch Europa. Großbritannien, Polen, Italien, Spanien schlagen sich auf die Seite der Führungsmacht. *Old Europe,* wie US-Verteidigungsminister Donald Rumsfeld es verächtlich nennt, schert aus. Es sind antiamerikanische Töne in Deutschland zu hören, die noch viel älter klingen, als Rumsfeld vermuten mag.

Widersprüchlich ist auch die Europapolitik von Rot-Grün. Einerseits vertritt die Bundesregierung einen Kurs der Erweiterung, auch die Türkei soll nun unbedingt Mitglied der Europäischen Union werden. Andererseits bekennt sich Joschka Fischer in viel beachteten Beiträgen zur weiteren Vertiefung der EU hin zu einem föderalen europäischen Staat. Beide Ziele sind nicht miteinander vereinbar. Schon die Erweiterung durch ehemalige Ostblockstaaten wie Ungarn, Tschechien und Polen erhöht die wachsende Skepsis der

Bevölkerung gegenüber der EU – nicht nur in Deutschland. Volksabstimmungen über die europäische Verfassung scheitern in Frankreich und Holland. Nur die Tatsache, dass das deutsche Staatsvolk nicht direkt befragt wird, verhindert, dass die wachsende antieuropäische Stimmung sich auch in Deutschland offen ausdrückt. Was die Zukunft Europas und des Nationalstaats angeht, wagt die Bundesrepublik keine offene Debatte.

Alte Defekte, neuer Stolz

Von der Weltkonjunktur profitiert mit einigen Jahren Verspätung zwar nun endlich auch die deutsche Wirtschaft, doch die Regierung nutzt die Gunst der Stunde nicht. Obwohl die Arbeitslosigkeit sinkt und die Einnahmen des Staates steigen, werden die Fundamente des Sozialstaats nicht grundlegend saniert, das Land nicht wirklich wettbewerbsfähiger gemacht, die Überschuldung nicht abgebaut, lediglich das Maß der Neuverschuldung sinkt. Wann, wenn nicht jetzt, wäre eine bessere Gelegenheit dazu!

Notwendig wären große Veränderungen, wie sie nur mit großen Mehrheiten im Parlament durchsetzbar sind. Die Regierung verweigert jedoch die zügige Modernisierung der Republik. Damit entfällt die einzige demokratische Legitimation für die Große Koalition.

Die zweite Große Koalition in der Geschichte der Bundesrepublik unterscheidet sich wesentlich von der ersten. Es ist eine Notgemeinschaft der Wahlverlierer. Den Volksparteien kommt das Volk abhanden. Auf den zentralen Streitfeldern stehen sich Reformer und Bewahrer gegenüber. Diese Front verläuft mitten durch beide Volksparteien.

Angela Merkel, die neue Kanzlerin, macht in den für sie angenehmeren Gefilden der auswärtigen Politik eine gute Figur. Als Reformerin ist sie kaum zu erkennen.

9 ½ Wochen

Gerhard Schröder hat die Bundestagswahl vorgezogen. Es ist das Eingeständnis des Scheiterns seiner Reformpolitik an und in der eigenen Partei gewesen. Deshalb gilt die schwarzgelbe Opposition als haushoher Favorit. Als am 18. September 2005 die Wahllokale schließen, bleibt den Anhängern der siegreichen FDP der Jubel im Hals stecken. Mit der überraschend schwachen Union reicht es nicht zur Mehrheit. Gemessen an den Erwartungen ist das Ergebnis für Angela Merkel ein Desaster. Die Niederlage trägt ihren Namen.

Statt der verdienten Quittung für die Niederlage wird sie Kanzlerin. Wem hat sie das zu verdanken? Die Antwort fällt nicht schwer: Gerhard Schröder. Union und SPD haben ein vernichtendes Unentschieden errungen, um Haaresbreite nur liegt die Union vorn. Für Schröder ist es, weil gegen die Vorhersagen, nahezu ein Triumph. Auch davon berauscht, erklärt er im Fernsehstudio, Frau Merkel könne nicht Kanzlerin werden, er werde es bleiben. Er leidet keineswegs an einer spontanen Halluzination, denn selbstverständlich weiß auch Schröder, was die Stunde geschlagen hat. Aber es ist ein erstklassiger Schachzug. Schröder sorgt mit seinem Angriff dafür, dass die Union kein Scherbengericht mehr über Merkel abhalten kann, sondern sich hinter ihr versammeln muss. Das genau ist seine Absicht, weil er damit den Preis in die Höhe treibt, den die Union dafür an die

SPD zu zahlen hat, wenn die Wahlverliererin darauf besteht, Kanzlerin zu sein.

Zwar werden auch Alternativen zur Großen Koalition sondiert, sie sind jedoch unrealistisch. Es müssten drei Parteien zueinander finden. Die FDP will nicht mit SPD und den Grünen, die Grünen nicht mit der FDP, und mit den PDS-Sozialisten will keine andere Partei.

Noch ein anderer treibt den Preis nach oben. CSU-Chef Edmund Stoiber, der ein Superministerium für sich fordert, bis er wahrnimmt, in einer Großen Koalition nicht den Löwen geben zu können, sondern als Bettvorleger der Kanzlerin vorgesehen ist. Als er nach später Erkenntnis zum Entsetzen der eigenen Partei die Berliner Aufgabe ablehnt, ist sie in der Bilanz der Machtverteilung jedoch schon verbucht, der SPD kann Stoibers Abgang nur recht sein. Die bundespolitische Bedeutung der CSU ist auf ein Maß gesunken, das in der ersten Großen Koalition undenkbar gewesen wäre, auch deshalb, weil Bayern im vereinten Deutschland geringere Bedeutung zukommt. Aber im Wesentlichen hat sich die Partei selbst ausmanövriert.

So gut wie alle für die wichtigen Reformthemen zuständigen Ressorts fallen an die SPD: Finanzen, Arbeit und Soziales, Gesundheit. Während der ersten vier Wochen der Koalitionsverhandlungen geht es nur um die Verteilung der Posten und überhaupt nicht um das politische Programm. Merkel lässt sogar eine Debatte um die in der Verfassung vorgesehene Richtlinienkompetenz des Kanzlers zu. Sowohl SPD wie auch CSU stellen sie in Frage. Es wird sich zeigen, dass die Kanzlerin ohnehin nicht die Absicht hat, von ihrer Richtlinienkompetenz Gebrauch zu machen. Ihr einziges Ziel ist das Amt selbst. Sie ist, wie Kommentatoren zu Recht spotten, die erste schwarze Chefin einer roten Regierung. So sieht dann auch der Koalitionsvertrag aus. Es bleibt Angela Merkel nur die vage Hoffnung darauf, dass die Wirklichkeit intelligenter sein werde als das Papier. Eine trügerische Hoffnung.

Neuneinhalb Wochen vergehen vom Tag der Wahlniederlage Merkels bis zu ihrer Wahl zur Bundeskanzlerin. Neuneinhalb Wochen dauert die Verwandlung der gelenkigen Reformerin, als die sie sich noch im Wahlkampf ausgab, zur Vorsitzenden eines Bündnisses zur gegenseitigen Behinderung. Diese neuneinhalb Wochen sind ein Lehrstück darüber, wozu Demokratie verkommen kann, wenn Leidenschaft allein der Machträson dient. Jedem Anfang wohnt ein Zauber inne, heißt es bei Hesse. Doch dieser Anfang verzaubert nur Merkel.

Halbgöttin in Weiß

An Deutschland wird ziellos herumgedoktert. Die neue Chefärztin hatte sich als Intensivmedizinerin beworben und dann als Homöopathin entpuppt. Der Patient soll behandelt werden, ohne es zu merken. Es fehlt in der Koalition sogar die Übereinkunft darüber, was als gesund zu gelten hätte.

Was will der Patient? Gut versorgt im Sessel sitzen oder wieder laufen lernen? Sich einige Zeit lang besser fühlen oder gesund werden? Die Deutschen bewundern zunächst jedenfalls Frau Doktor Merkel. Weshalb? Weil sie Chefärzte generell als Halbgötter in Weiß verehren. Allein das Amt verleiht Merkel Nimbus. »Miss World« jubelt *Bild*, als der Deutschen turnusgemäß gleichzeitig der Vorsitz des Weltwirtschaftsgipfels als auch der Europäischen Union zufallen. Die vermeintlich mächtigste Frau der Welt verkörpert das »Wir-sind-wer«-Gefühl der Deutschen.

Allein schon deshalb halten die Deutschen Merkel für eine Staatsfrau von Rang, weil sie so ganz anders auftritt als Schröder, Putin nicht einen »lupenreinen Demokraten« nennt wie ihr Vorgänger, mit Bush verbindlich plaudert, statt ihn öffentlich zu attackieren. Jede Auslandsreise wird zum Wellness-Programm für die innenpolitisch wirkungslose Kanzlerin.

Aber es ist nicht nur der Glanz ihrer Ämter, der sie so überaus populär macht. Merkel täuscht ja noch nicht einmal Brillanz vor. Sie spricht keine Machtworte, jedenfalls nicht hörbar, vermeidet jede Zuspitzung, wirkt, als füge sie sich den Verhältnissen und moderiere nur die unterschiedlichen Interessen. Tausend winzige Schritte zu tun ist ihre Vorstellung von Gestaltung.

Ihre Auftritte haben nichts von der eisernen Entschiedenheit einer Margaret Thatcher. Und doch: Gerade weil sie nichts darstellt als sich selbst, wirkt sie authentischer als ihre Konkurrenten. Weil die Deutschen alles Berufspolitikerhafte im Grunde verachten, empfinden sie die planvolle Leisetreterei ihrer Regierungschefin als angenehm. Sie halten Führen durch Besänftigen für eine politische Tugend.

Schon weil sie eine Frau ist, kommt Merkel besser an als der machohafte Schröder. Dazu ist sie aus dem Osten. Die Personalie Merkel symbolisiert die Vollendung der Einheit. Den enormen Handlungsbedarf im Osten ignoriert Merkel ebenso, wie ihn ihre Vorgänger ignoriert haben. Für alle Kanzler bisher gilt: Bloß nicht an Tabus rühren. Das Fass ohne Boden wird nicht repariert.

Gerade aus ihrer ostdeutschen Biografie heraus lassen sich Merkels Schwächen erklären. Sie hält die Regierungskoalition offenbar für eine Art runden Tisch. Fruchtbare Donnerwetter um das bessere Konzept werden so gut es geht vermieden. Damit weiß die Kanzlerin die Deutschen auf ihrer Seite. Die Sehnsucht nach Politik, die nicht fordert, die Mitdenken erspart, wird befriedigt.

Merkel appelliert an Tugenden, gibt große Anzeigen auf – »Gemeinsam sind wir stärker« –, bekennt, dass sie »an dieses

Land glaubt«. Die Stimmung ist schnell besser als die Lage. In den Jahren zuvor war die Lage stets besser gewesen als die Stimmung. Inzwischen täuscht der wirtschaftliche Aufschwung darüber hinweg, dass es die Regierung versäumt, das Land entschieden auf Kurs zu bringen. Die Kanzlerin schweigt an jeder Weggabelung. Wie ein ausgegossener Topf Brei läuft sie in alle Richtungen zugleich. Es wäre Selbsttäuschung zu glauben, die Deutschen seien wie von Zauberhand mit sich im Reinen und auf dem richtigen Weg. Die Konjunktur wird kein Koalitionspartner auf Dauer sein.

Es geht seit 2007 ökonomisch wieder aufwärts, wenngleich nicht so entschieden wie in anderen Staaten. Das durchschnittliche Wachstum der Weltwirtschaft beträgt fünf Prozent, das Wachstum Deutschlands noch immer unter drei Prozent. Allen Behauptungen zum Trotz kann die Regierung nichts dafür. Allenfalls zahlen sich die Arbeitsmarktreformen Schröders aus.

Von Merkels erklärtem Ziel, die Bundesrepublik wieder unter die drei ökonomisch erfolgreichsten Staaten Europas zu bringen, kann noch keine Rede sein. Im Kanzleramt wird dieses Ziel inzwischen verschämt verschwiegen. Deutschland zählt noch immer 3,7 Millionen Arbeitslose.

Immerhin, die Lage bessert sich, die Deutschen halten sich bereits wieder für modellhaft und tun, als hätten sie ihren Schulden-Himalaya gesprengt. Nachfolgende Generationen werden aber im Schatten dieses Massivs leben müssen. 1500 Milliarden Euro sind es Ende 2007. Fast so viel, wie im Zuge des DDR-Beitritts in den Osten transferiert wurde. Allein für Zinsen gibt die Republik 66 Milliarden Euro im Jahr aus. Nur der Sozialetat ist höher.

Die Wirtschaftsweisen warnen im Herbst 2007 vor einer bereits wieder abflauenden Konjunktur, kritisieren, dass der Kompass der Regierung nicht mehr auf weitere Reformen, sondern allein auf bevorstehende Wahlen ausgerichtet sei. Statt in guten Zeiten für schlechte vorzusorgen, werden wieder Wohltaten verteilt.

Die Koalition täuscht Tatkraft und Gestaltungswillen vor. Tun und nicht tun zugleich ist mühsam. Das ist die Schizophrenie dieser Regierung. Die Inszenierung des Nichttuns verlangt auf komplizierte, schwer zu durchschauende Weise einander aufhebendes Tun. So marschiert Angela Merkel an der Spitze der Retter des Weltklimas, plant zugleich aber Dutzende neuer Kohlekraftwerke. Sie senkt Steuern und Sozialabgaben an einer Stelle, erhöht sie an anderer. Die Erhebung einer Reichensteuer, die Verabschiedung eines Antidiskriminierungsgesetzes bewirken praktisch nichts, signalisieren allenfalls, wie ernst die Regierung Ressentiments nimmt. Missgunst und Misstrauen sind nun Maßstäbe der Politik.

Wie sieht die Zwischenbilanz der Großen Koalition aus? Steuern werden erhöht (Mehrwertsteuer) und gesenkt (Unternehmenssteuer). Die Undurchschaubarkeit des Steuersystems ist Voraussetzung dieser Politik. Radikale Vereinfachung, wie tausendfach versprochen und von Friedrich Merz, dem von Merkel ins Abseits bugsierten Fraktionschef der Union im Bundestag, propagiert, will die Regierung nicht wirklich, denn damit würde das ganze System staatlicher Bevormundung entlarvt. Es soll niemand merken, wer profitiert und wer tatsächlich verliert. Überall auf der Welt ist bekannt, dass einfache Steuersysteme mit nominal niedrigen Sätzen die Steuereinnahmen steigern und die Steuermoral verbessern. Nur in Deutschland wollen es die Volksparteien nicht begreifen.

Ausdruck der Selbstblockade ist auch die Gesundheitsreform. Nichts wird beschlossen, was das System effizienter machen könnte. Der bürokratische Aufwand und die staatliche Bevormundung nehmen zu, marktwirtschaftliche Elemente werden beschnitten. Das System animiert die Beitragszahler nach wie vor, so viel herauszuholen wie möglich. In keinem anderen Land gehen die Leute häufiger zum Arzt. Die Beteiligten, von den Ärzten bis zu den Patienten, werden zu Missbrauch und Betrug in Milliardenhöhe geradezu ermuntert. Nach diesem Muster werden nun schon seit Jahrzehnten in der Bundesrepublik die Verhältnisse verschlimmbessert.

In einer schrumpfenden, alternden Gesellschaft ist es unvermeidlich, dass länger gearbeitet wird, weil immer weniger Aktive für immer mehr Ruheständler aufkommen müssen. Dennoch erfährt ein entsprechendes Konzept des Arbeitsministers die Abstoßreaktion seiner Partei, der SPD. Kern des Problems ist wie immer die Gleichmacherei. Zu einem bestimmten Zeitpunkt in Rente gehen zu müssen kann ebenso unmenschlich sein, wie bleiben zu müssen. Nur individuelle Regelungen können human und gerecht sein. Aber in Deutschland ist der Gedanke nicht vorgesehen, dass Ungerechtigkeit davon kommen kann, unterschiedliche Menschen gleich zu behandeln.

Der Fehler Kohls, mit der Pflegeversicherung eine weitere Sozialversicherung auf Umlagebasis zu schaffen, wird nicht korrigiert. Die Beiträge steigen.

Auch die Furcht davor, die Deutschen könnten aussterben, erzeugt falsche Politik. Kontrollierte Einwanderung wäre sinnvoller als Mutterschaftsprämien, die allenfalls für Sozialhilfeempfänger attraktiv sind. Das neu geschaffene Elterngeld steht allen zu, auch denen, die gar nicht arbeiten, obwohl es doch eine Lohnersatzleistung sein soll. Widersprüchliches kommt hinzu. Steuererhöhungen, vor allem die der Mehrwertsteuer, belasten Familien mit Kindern besonders stark.

Die soziale Marktwirtschaft ist von der Illusion durchdrungen, den Gegensatz von Kapital und Arbeit zu überwinden. Kapital in Arbeitnehmerhand ist eine Möglichkeit. Die Unionsparteien bevorzugen das Nächstliegende: Ein (zusätzlicher) Teil des Lohns soll ins eigene Unternehmen gesteckt werden und sich dort verzinsen. Die SPD aber glaubt, nicht ohne staatlichen Risikoausgleich auszukommen, will eine Umverteilungs-, Kontroll- und Absicherungsmaschinerie gründen, einen Fonds, in den alle Betriebe einzahlen und aus dem alle Arbeitnehmer am Ende irgendetwas herausbekommen. Der tiefere Sinn, nämlich die Stärkung der Identifikation der Arbeitnehmer mit ihrer Firma, käme damit abhanden. Wenn überhaupt noch, wird die Koalition einen Kompromiss finden, der die Nachteile beider Modelle in sich vereint.

Auf halber Strecke endet die Reform des Föderalismus. Die schwachen Länder schwächen nach wie vor die starken. Notwendig wären Zusammenschlüsse. Das Saarland sollte mit Rheinland-Pfalz, Bremen mit Niedersachsen, Berlin mit Brandenburg fusionieren. Doch die Schwachen sperren sich gegen die Neuordnung, weil das geltende System Schwäche belohnt und mehr Geld aus dem Finanzausgleich verspricht. Sparsame Länder werden für das Sparen nicht belohnt, verschwenderische Länder nicht bestraft. Mehr Wettbewerb könnte diesen Unsinn beenden. Die Länder bräuchten eigene Steuerquellen und unterschiedliche Steuersätze. Doch die Föderalismusreform der Großen Koalition wagt sich an dieses Thema nicht heran. Es gelingt lediglich eine Entflechtung von Bundes- und Landeszuständigkeiten.

Die Selbstzufriedenheit der Großen Koalition ist deshalb so ärgerlich, weil es ihr nicht gelingt, jetzt Vorsorge für absehbar schlechtere Zeiten zu schaffen.

Erschöpfte Volksparteien

Die Volksparteien sind nur noch ein Schatten ihrer selbst. Sie haben seit dem DDR-Beitritt nicht etwa ein Viertel ihrer Mitglieder neu hinzugewonnen, was normal gewesen wäre, sondern mehr als ein Viertel verloren. Die CDU ist zwischen 1990 und 2006 von rund 750 000 auf etwas über 560 000 Mitglieder geschrumpft. Damit liegt sie nun fast gleichauf mit der SPD, die noch mehr eingebüßt hat. Von mehr als 940 000 Genossen sind keine 570 000 mehr übrig.

1976 hatten die Voksparteien einmal nahezu 92 Prozent aller Stimmen auf sich vereinen können, 2005 waren es weniger als 70 Prozent. Als Mitgliederparteien sind beide passé. Aber das ist nicht die größte Sorge. Sie bilden auch nicht mehr die Gesellschaft ab, sind nicht mehr in der Lage, alle Gruppen zu integrieren. Deshalb versagen sie als Stabilitätsanker. Sie repräsentieren nicht mehr den Wähler, sie haben Angst vor ihm. Mithilfe der Demoskopie schützen sie sich vor ihm, sie sind süchtig nach Umfragen.

»Aufschwung für alle« verspricht die SPD, »Teilhabe für alle« die Union, beide imitieren Erhards »Wohlstand für alle«. Die austauschbaren Slogans erinnern an Karneval: Kamelle für alle. Es ist das heimliche Motto beider neuen Parteiprogramme, das der SPD wie der CDU. Beide benutzen jenen Wohlfahrtsstaat als Modell, dessen Zeiten längst vorbei sind. Beide geben sich traditionsbewusst konservativ, ein bisschen liberal und sehr sozial beziehungsweise sozialdemokratisch. Unterschiede sind, sieht man von der Parteirhetorik ab, nur im Kleingedruckten zu erkennen. Beide Volksparteien schauen lieber entschlossen zurück als nach vorn.

Doch die Zeiten der Bonner Republik kommen nicht zurück. Die Volksparteien waren erfolgreich in einer von sozialen Stereotypen fest gefügten, aufstrebenden Bundesrepublik. Familie, Kirche, berufliche Milieus garantierten feste Bindungen auch an die Volksparteien. 70 Prozent aller Deutschen, auch kleine Leute, sahen sich als Teil der Mittelschicht. Um diesen Status fürchten immer mehr.

Zunehmende Zukunfts- und Abstiegsängste in der Mitte der Gesellschaft erfassen notwendigerweise Parteien, die die Mitte der Gesellschaft repräsentieren.

Ausgerechnet im Auftrag der SPD-eigenen Friedrich-Ebert-Stiftung untersucht Infratest die Gesellschaft im Reformprozess. Das Ergebnis kann nicht überraschen. Die Forscher definieren neun »politische Typen« nach Wertvorstellungen und Einstellungen. Einen Typus, acht Prozent der Bevölkerung, bezeichnen sie als »abgehängtes Prekariat«; er ist überdurchschnittlich im Osten vertreten und geprägt von sozialen Abstiegserfahrungen. Dem Befund folgen panische Reaktionen. Schlagzeilen und Talkshows ersetzen vereinfachend und dramatisierend das unübliche Fremdwort *Prekariat* durch den Begriff *Unterschicht*. Doch kann nicht sein, was nicht sein darf. Vizekanzler Müntefering besteht ausdrücklich darauf, dass es keine Unterschicht mehr gibt. In seinem Kopf ist der Mythos der Bonner Republik noch lebendig.

Die Volksparteien verlieren die Unterschicht an die neue Partei der Linken, aber auch an die Neonazis. Auch Milieus der Mitte finden sich in den Volksparteien nicht mehr wieder, vor allem Selbstständige, gut verdienende Angestellte, Angehörige kreativer Berufe, die im Übrigen zwei Drittel des Bruttosozialprodukts erwirtschaften. Beide Volksparteien stecken in einem Dilemma. Tun sie etwas für das Prekariat, verlieren sie in der Mitte, und umgekehrt. In diesem Dilemma steckte Schröder und später, im Wahlkampf 2005, auch Angela Merkel.

Nostalgisch pflegt die SPD die Erinnerung an jene wohltemperierte Wohlstandsgesellschaft, deren beste Jahre mit dem Namen ihres letzten charismatischen Führers, mit Willy Brandt im Kanzleramt, verbunden sind. Damals galt Politik als machbar, Zukunft als planbar. Die Wertedebatte der Sozialdemokraten liest sich wie ein Nachruf auf die alte Republik.

Es ist kein Zufall, wenn ein Mann den Vorsitz der SPD übernimmt, der die alte Wohlfühlrepublik geradezu habituell verkörpert. Kurt Beck aus dem linksrheinischen Hügelland wird, wenn er will, vermutlich auch der nächste Kanzlerkandidat sein. In seinen Reden zeichnet er das Land als überaus überschaubar. Es gehe den Deutschen nicht schlecht, die Probleme seien hinreichend bequem lösbar. *Fürchtet euch nicht, ich bin bei uns,* lautet seine unterschwellige Botschaft.

Sein unmittelbarer Vorgänger Matthias Platzeck, der brandenburgische Ministerpräsident, ist schon nach wenigen Monaten zurückgetreten, gesundheitlich wie politisch überstrapaziert. Der Ostdeutsche ist wie Merkel prinzipiell aufgeschlossener für die Modernisierung des Landes, kann sich damit aber nicht durchsetzen.

Beck bricht mit dem früheren Reformkurs der rot-grünen Regierung, als sei sie ein Irrtum gewesen. Es sei jetzt die »Grenze des Zumutbaren« erreicht, meint Beck. Für 94 Prozent aller SPD-Wähler hat »Gerechtigkeit in der Gesellschaft« absoluten Vorrang vor allen anderen Werten. Aber auch 60 Prozent der Unionsanhänger fordern von der Regierung mehr soziale Gerechtigkeit.

Die letzte Volkspartei mit absoluter Mehrheit ist die CSU. Sie kann das nur bleiben, weil sie eine bayerische Partei ist, nicht im wirtschaftlich schlechter gestellten Norden und im Osten um Stimmen werben muss; Kanzlerkandidat Edmund Stoiber tat sich dort schwer. Bayern geht es besser, erscheint wie ein letzter Rest der Bonner Republik. Im Übrigen hat die CSU ihren bundespolitischen Einfluss stark eingebüßt. Die neue Führung nach dem Abgang Stoibers konzentriert sich deshalb auch vorrangig auf die Verteidigung der absoluten Mehrheit in Bayern. Im Übrigen verändert sich sogar die CSU. Ohne die aufmüpfige Landrätin Gabriele Pauli wäre weder Stoiber so schnell gestürzt noch eine Frau erstmals Generalsekretärin geworden.

Beide Volksparteien der Großen Koalition wirken überfordert. Gelegentlich fallen sie kraftlos aufeinander – auch eine Methode, sich gegenseitig zu stützen. Am liebsten reden die Koalitionäre über das Ende ihres Bündnisses, so als ob sie sich danach sehnten. Aber einfach sind sie nicht zu scheiden. Der Normalfall wäre zwar eine Koalition aus nur einer, deutlich mehr als 40 Prozent der Wähler hinter sich versammelnden Volkspartei und einer kleinen Partei. Rot-Grün, Rot-Gelb, Schwarz-Gelb. Beide Volksparteien versprechen, um so eine Mehrheit zu kämpfen.

Doch der Bundestag ist kein Vier-Parteien-Parlament mehr. In einem Fünf-Parteien-Parlament reicht es für eine große und eine kleinere Partei nur noch in Ausnahmefällen zur Mehrheit. Wahrscheinlicher ist ein Dreierbündnis. Gegenwärtig ist diese Alternative nicht zu erkennen. Mit der Linkspartei will (noch) keine andere Partei koalieren. Grüne und Liberale müssten gemeinsam entweder mit der SPD oder mit der Union regieren. Das ist schwer vorstellbar. Auch die Grünen haben sich auf ihrem Parteitag vom rot-grünen Reformkurs verabschiedet. Trotzdem träumt die SPD davon. Kurt Beck sagt: »Wenn die FDP Liberalität als freiheitliche Lebensweise versteht und wir das durch eine sozial verbindende Politik ergänzen, dann gibt es sicherlich Schnittmengen.«[1] So ein Satz verdeutlicht, dass der SPD-Vorsitzende nicht versteht, dass es einen grundsätzlichen Widerspruch gibt zwischen Liberalismus und staatlicher Umverteilung.

Tatsächlich ist liberale Politik in Deutschland kaum durchsetzbar. Die Deutschen sind in ihrer Mehrheit eher wirtschaftsfeindlich. Eindeutig liberale Positionen, der Fall des als Steuerreformer im Wahlkampfteam Angela Merkels angetretenen Verfassungsrechtlers Paul Kirchhof beweist es, haben wenig Chancen. Geradezu als Asozialer, als Phantast, als »Professor aus Heidelberg« ist er von der SPD denunziert und von der eigenen Partei kaum verteidigt worden. Im Wahlkampf wurde er zum großen Buhmann stilisiert. Sein Konzept weist in die richtige Richtung. Doch eher passt ein Kamel durch ein Nadelöhr, als dass ein Steuervereinfacher in Deutschland an die Regierung kommt.

Bei der nächsten Bundestagswahl wird die Stimmabgabe ein Lotteriespiel sein. Welche Koalition am Ende herauskommen wird, ist völlig offen. Sozialdemokratisch wird sie sein, das ist gewiss, ob die SPD mitregiert oder nicht.

Es spricht allen Beteuerungen zum Trotz vieles für die Fortsetzung der Großen Koalition über die nächste Wahl hinaus, unabhängig von ihrer Leistung, unabhängig vom Votum der Wähler, deren Enttäuschung sich sowohl in weiter zunehmender Wahlenthaltung ausdrücken könnte als auch in einer Denkzettelmentalität zugunsten extremer Parteien, vor allem der Linken. Es gilt jedenfalls schon aus mathematischen Gründen: Je schwächer die Volksparteien abschneiden, desto wahrscheinlicher bleiben sie beide an der Macht und setzen die Große Koalition fort. Besonders groß wird sie dann nicht mehr sein.

Mit der Linken will 2009 noch keine Partei ein Bündnis eingehen. Dennoch hofft die Union, dass die rot-rote Gefahr ihr genug Wähler aus der Mitte zutreiben wird. Deshalb wird sie ihren gemäßigt sozialdemokratischen Kurs weiterverfolgen. Das wird auf Dauer nicht reichen, wirtschaftsfreundliche Wähler zu binden. Merkel irrt, wenn sie glaubt, mit Formeln wie der von der »neuen sozialen Marktwirtschaft« und mit Denk- und Diskutierverboten die immer tiefere Kluft zwischen Modernisierern und Bewahrern der Bonner Republik überwinden zu können.

Schwarz, rot, stolz

Für den abrupten Wechsel von der depressiven zur manischen Phase sorgt der ungewöhnlich freundliche Sommer mit der Fußball-WM 2006. Die Deutschen sind immer wetterfühlig, im einfachen wie im metaphorischen Wortsinn. Aber wie immer, wenn sie sich besser fühlen, genügt ihnen das nicht. Die Empfindung muss sofort überhöht, transzendiert, problematisiert werden. Selbst Angenehmes bekommt etwas Zwanghaftes.

So debattieren die Deutschen in diesem schönen Sommer mit seltsamer Inbrunst die Frage, ob sie stolz sein müssten auf ihr Land. Es bleibt jedem unbenommen, stolz zu sein, auf was auch immer er Lust hat. Aber in Deutschland werden darüber Abhandlungen verfasst, Talkrunden zu Tode geritten und die Möglichkeit zugespitzt zur dringenden Aufforderung. Man darf nicht stolz sein, man muss. Der Stolz wird zum Patriotentest. Wer darüber lacht, macht Verdacht, dass er aus Gründen lacht. Schnell mischt sich in das Hochgefühl ein strenger Geruch, ein scharfer Ton. »Wir Deutschen. Warum die anderen uns gern haben können«, trompetet ein als Patriot wiedergeborener und deshalb besonders missionarisch tönender *Spiegel*-Redakteur[2] schon im Titel seines Buches, das es unter den obwaltenden Umständen zum Bestseller bringen muss. Wer nicht weiß, worauf genau er stolz sein soll, dem hilft die Hochglanzpublikation *250 Gründe, Deutschland zu lieben.*[3] Angela Merkel gehört zu den Gründen, aber auch Babynahrung von Hipp, die Mülltrennung und der deutsche Schäferhund. Das soll normal sein?

Es muss einen tief in der deutschen Psyche vergrabenen Grund geben, weshalb ein *Sommermärchen* nicht einfach nur als eher seltene meteorologisch-sportliche Gelegenheit gesehen werden kann, sondern sich sofort tiefe Überlegungen anschließen müssen, wie daraus ein Dauerzustand werden könnte. Der Sommer der Fußballweltmeisterschaft 2006, der Sommer der Patrioten ist leicht und locker also nur auf den ersten Blick. Hoch entzündbar bleiben kaum verschorfte Wunden. Es zeigt sich schnell, wie wenig weit die neue Coolness reicht.

Ein Beispiel. Günter Grass, Sinnbild des moralisch unanfechtbaren Deutschen, zum Gewissen der Nation aufgestiegener Nobelpreisträger, Adenauer- wie Kiesinger-Verächter, Hofprediger Brandts, hatte es jahrzehntelang versäumt mitzuteilen, dass er für einige Monate der Waffen-SS gedient hatte. Eine lässliche Jugendsünde, gewiss, an sich kaum der Rede wert. Aber welch Geschrei hebt an, als Grass dies *Beim Häuten der Zwiebel* seines Lebens nachträgt! Tränen der Selbstgerechtigkeit und der falschen Entrüstung fließen. Grass will nicht einsehen, dass es seine Pflicht gewesen wäre, den eigenen Hof zu kehren, ehe er den Kehricht in Nachbars Garten beklagt. Seine Gegner wiederum tun, als hätten sie nur darauf gewartet, und führen sich auf, als sei nun der Rest des Gras'sschen Lebenswerkes entwertet. Normal ist beides nicht.

Fazit I
Nachruf auf die Bonner Republik

Die Erzählung ist in der Gegenwart angekommen. Dem Mythos können wir nun ein nüchterneres Bild entgegensetzen.

Was bisher geschah

Die Zerstörung des Dritten Reichs, die Schuld an Krieg und millionenfachem Mord hat die Deutschen traumatisiert. Dem Diktat der Sieger folgend, machen sie im Westen Bekanntschaft mit der Demokratie. Konrad Adenauer führt sie, und es ist ein Glück, dass er sich durchsetzen kann, auch gegen Deutsche, die Hitlers Gegner und Opfer gewesen sind, aber falsche Schlüsse daraus ziehen, sich ein vereintes, mehr oder weniger sozialistisches Land zwischen den Blöcken wünschen. Adenauer überzeugt die Mehrheit der Bundesbürger nicht mit besseren Argumenten, sondern mit Taten. Die Bindung an den kapitalistischen Westen führt verhältnismäßig rasch zum ökonomischen Wiederaufstieg des Landes. Auf diese Weise lernen die West-

deutschen, in der Zerschlagung des Reichs keine Schmach, sondern eine Chance zu sehen. Der neue Kalte Krieg ist vor allem ein Wettbewerb der Gesellschaftssysteme. Deshalb leben die Bundesbürger schnell mit der Gewissheit, diesmal auf der richtigen Seite, auf der Seite der Sieger zu stehen.

Halt und Sicherheit gibt dem jungen Staat ein soziales Netz, das seinesgleichen sucht. Es schützt nicht nur vor Armut, es schützt die Demokratie. Während weniger Jahrzehnte sonnen sich die Bundesbürger im Glanz der D-Mark und genießen Wohlstand in zuvor nie erreichtem Maße. »Wohlstand für alle« lautet die Parole, die Ludwig Erhard ausgegeben hat. Aber auch Willy Brandts Losung »Mehr Demokratie wagen« halten die Bundesbürger für eine Paraphrase von »Mehr Wohlstand wagen«. Die Bonner Republik öffnet sich aber auch geistig, wird vom Wertewandel der westlichen Welt erfasst.

Ihre Ansprüche rauben der Republik jedoch die wirtschaftliche Dynamik. Der Sozialstaat gefährdet allmählich sich selbst, Arbeitslosigkeit und Staatsverschuldung nehmen zu, die Bereitschaft, das Land zu modernisieren, sinkt. Auf die Alterung der Gesellschaft finden die Deutschen keine Antwort.

Mit dem Ende des Kalten Kriegs erfasst der globale Wettbewerb die Bundesrepublik mit ganzer Schärfe. Dem aufhaltsamen Aufstieg folgt ein aufhaltsamer Abstieg. Dazu trägt der schlecht und überhastet vorbereitete Beitritt der DDR wesentlich bei. Der übergangslose ökonomische Anschluss überfordert die Bundesrepublik. Dennoch verweigern sich die Deutschen der Einsicht, dass ihre Vorstellung vom Wohlfahrtsstaat und ihr Bekenntnis zur nationalen Einheit einander widersprechen. Es geht nun nicht allen Deutschen besser. Den meisten Westdeutschen geht es materiell sogar spürbar schlechter als vorher. Die Ostdeutschen sind zwar frei, aber viele von ihnen trotzdem nicht glücklicher als zuvor.

Eine paradoxe Situation ist entstanden. Die Niederlage des

Sozialismus macht Deutschland insgesamt anfälliger für sozialistische Gedanken. Nicht etwa die Freiheit gilt nach der Befreiung der Ostdeutschen als höchster Wert, sondern soziale Sicherheit. Allein in der Sehnsucht nach der guten alten Zeit, was auch immer das gewesen sein mag, sind die Deutschen vereint.

Die Geschichte der Bundesrepublik steckt voller Widersprüche und Lebenslügen.

Adenauer hat die Einheit Europas der Einheit der Nation vorgezogen, aber stets behauptet, der deutschen Einheit zu dienen. Er kann mit dieser Lüge umgehen, seine Nachfolger und die meisten Bundesbürger nehmen sie für bare Münze. Es ist die erste Lebenslüge der Bonner Republik.

Die zweite Lebenslüge besteht in dem festen Glauben, die Bonner Republik sei auf dem unumkehrbaren Weg in eine nahezu klassenlose, zukunftssichere, auf Gemeinwohl statt auf Interessen gerichtete Wohlstandsgesellschaft. Der Illusion folgt am Ende das, was die Deutschen *Reformstau* nennen. Aus der Lebenslüge vom *Modell Deutschland* wuchern weitere Illusionen, beispielsweise die Vorstellung, totale Sicherheit sei mit Freiheit kompatibel, das Wachstum des Sozialstaats vom Wachstum der Wirtschaft abtrennbar.

Die Deutschen gehen noch immer manchen merkwürdigen Sonderweg. Sie haben mehr Angst vor Umweltzerstörung und Klimawandel als der Rest der Welt, leisten sich aber die Illusion, zugleich auf Kernenergie verzichten zu können. Die Technologiefeindlichkeit nimmt in Deutschland erneut zu. Der Pazifismus der Deutschen hat etwas Weltfremdes, das gilt für die Friedensbewegung der Siebziger- und Achtzigerjahre ebenso wie für die weitverbreitete Vorstellung, Deutschland könne die islamistische Bedrohung abschütteln, wenn es sich aus allem heraushielte, zum Beispiel aus Afghanistan. Zuweilen bekämpfen die Deutschen die Wirklichkeit. Die Rechten glaubten jahrzehntelang, die Oder-Neiße-Grenze sei noch verhandelbar. Die Linken glaubten und glauben an ein staatlich herstellbares Schlaraffenland.

Das Unbehagen an der Freiheit

So mischt sich im Lauf der sechs Jahrzehnte bundesrepublikanischer Geschichte eine Menge selbst verschuldetes Unglück in das nicht nur selbst verdiente Glück. Die Ursachen dafür lassen sich aus der Geschichte der Bonner Republik herauslesen. Es sind festsitzende Mentalitäten, Einstellungen und Ängste. Von ihren psychischen Hintergründen wird im abschließenden Kapitel die Rede sein. Zunächst zum politischen Befund.

Von Anfang an misstrauen die Westdeutschen der Freiheit. Sie trauen sich selbst nicht ganz über den Weg, legen sich selbst Fesseln an. Es sind die komfortabelsten Fesseln, die sie sich denken können, kaum zu spüren, solange man sich nicht bewegt. Diese Fesseln wollen die Deutschen nicht missen. Das wiederum ist misslich, weil sie sich bewegen müssen. Diese Fesseln finden wir im Sozialstaat, im Steuerdickicht, in der Bürokratie, im politischen System der Bundesrepublik.

Wer die Freiheit nicht über alles in der Welt schätzt, benötigt andere Ideale. *Deutschland, Deutschland über alles* wäre so eine Alternative, allerdings eine verdorbene, diskreditierte. Anderswo ist der Nationalstaat immer ein Synonym für Freiheit gewesen. Die Deutschen aber haben es anders erfahren. Ihr Nationalstaat verhinderte Freiheit, schuf Unfreiheit. Dieser gewissermaßen genetische Fehler schien mit der Wiedervereinigung repariert. Erstmals könnte der Nationalstaat eine Freiheitschance sein. Nur eines kann kein Nationalstaat mehr im Zeitalter der Globalisierung: Sicherheit garantieren. Aber noch mehr als die Nation lieben die Deutschen die Ordnung, die Gleichheit und die Sicherheit. Deshalb geben sie sich der Illusion hin, der neue Nationalstaat könnte die Ordnung der vertrauten Bundesrepublik erhalten. Das ist der tiefe Grund für die Fehler und Versäumnisse des DDR-Beitritts.

Die Befreiung der Ostdeutschen misslang aus dem Misstrauen der Ost- wie der Westdeutschen davor, ihr Geschick in die eigenen Hände nehmen zu können, also aus Angst. Die Ostdeutschen sehnten sich nach ein bisschen mehr Freiheit, aber nicht nach der ganzen Freiheit. Und die Westdeutschen glaubten, ihre eigenen alten Fesseln wären genau die richtigen auch für die Ostdeutschen.

Die Illusion, der alte Geist der Nachkriegszeit lasse sich irgendwie neu beschwören, ist in allen politischen Lagern zu finden. Als 1989 die bipolare Welt zerfällt, jubeln die Westdeutschen wie Zuschauer im Kolosseum des Weltgeschehens, nicht wie Mitwirkende. Sie halten ihren Staat für unverwundbar, sehen im Beitritt der DDR nur einen Verwaltungsakt, glauben so handeln zu können, als lebten sie noch immer in den Achtzigerjahren.

Doch die Deutschen spüren, dass da etwas nicht mehr stimmt. Sie spüren es trotz des jüngsten Aufschwungs, trotz aller Beteuerungen, Beschwichtigungen ihrer Politiker und rückwärtsgewandter Programmdebatten ihrer Parteien.

Wenn sie einen Traum haben, dann den, dass alles wieder so sein werde wie vor der Wiedervereinigung, nur ohne Mauer. Sie träumen von einem Wirtschaftswunderland, einer nivellierten Mittelstandsrepublik, in der alle fröhlich und harmonisch ihren Sommermärchenpatriotismus ausleben. Sie träumen von einem Staat, der ihnen alles gibt, was sie sich wünschen, aber nichts fordert, sie schon gar nicht überfordert. Deshalb klingen die Bekenntnisse der Deutschen zur Berliner Republik wie Nachrufe auf die Bonner Republik. Dieser Staat versöhnte sie mit ihrer Geschichte und führte sie in eine glänzende Zukunft. Doch allzu früh hat dieses Deutschland die Deutschen verlassen. Seine Hinterbliebenen sind untröstlich und ratlos. Darüber müssen sie nun hinwegkommen.

Ewig sucht der deutsche Mensch nach dem Perpetuum mobile, nach dem Erdklumpen, aus dem sich Gold machen lässt, nach der eisfreien Passage zwischen den Kontinenten der Freiheit und der Gleichheit. Er träumt von einer Gesellschaft in vollkommener Harmonie und Gerechtigkeit. Gelegentlich hat diese romantische Utopie totalitären Ideologien das Terrain bereitet. Nur haben die Deutschen diese Ursache des Verhängnisses niemals begriffen, weder nach dem Ende der Nazi-Diktatur noch nach dem Ende der sozialistischen DDR. Immer glaubten sie an die grundsätzliche Gültigkeit ihrer Ideale, hielten sie lediglich für von schlechten und/oder verbrecherischen Führern verraten, fühlten sich also nie schuldig am katastrophalen Verfehlen der Utopie. Das real Existierende haben sie verspottet, aber sie haben nie begriffen, dass es auf der ganzen Welt nur real existierende Politiker, Parteien und Republiken gibt. Immer aber fühlten sie sich als deren Opfer. Sie können nicht sehen, dass sich auch ein glückliches Land nicht konservieren lässt, wenn es stehen bleibt und die Welt sich verändert.

»Die größte Kulturleistung der Europäer im zwanzigsten Jahrhundert ist der Sozialstaat!«, meinte der frühere Bundeskanzler Helmut Schmidt.[1] Auch wenn der Sozialstaat keine Erfindung des zwanzigsten, sondern des neunzehnten Jahrhunderts ist, hat er damit nicht unrecht. Aber keine noch so segensreiche Erfindung ist gefeit vor Fehlentwicklungen und Übertreibungen. Andere europäische Länder wie Frankreich tun sich ebenfalls schwer, den Sozialstaat zu modernisieren, Großbritannien hat es schon geschafft. Frankreichs Reformklima hat sich mit der Wahl Nicolas Sarkozys zum Staatspräsidenten jedoch spürbar verändert, auch wenn noch nicht klar ist, ob der erforderliche Mentalitätswandel gelingen wird. Von vergleichbarer Aufbruchstimmung ist in Deutschland heute kaum noch etwas zu spüren.

Nehmen wir als Beispiel die Debatte um den Mindestlohn. In Deutschland wird sie als Gerechtigkeitsdebatte geführt. Es könne nicht angehen, so seine Verfechter, dass ein festes Einkommen zum Leben nicht ausreiche. Nur, was soll dafür der Maßstab sein? Ist Arbeitslohn zu niedrig, weil das Ersatzeinkommen, das der Staat Arbeitslosen zur Verfügung stellt, höher ist? Mindestlöhne sind dort gerechtfertigt, wo, wie in den USA, das Sozialsystem kein lebenswürdiges Mindestauskommen garantiert. In Deutschland aber konkurriert der Sozialstaat gegen den Arbeitsmarkt. Arbeitsplätze gehen verloren, wenn Arbeit zu teuer wird. Und Arbeit wird nicht getan, weil Arbeitslosigkeit besser bezahlt wird. Ohne den massenhaften Einsatz billiger ausländischer Saisonarbeiter würde zum Beispiel ein großer Teil der Ernte verrotten. Doch der Staat behindert lieber den Arbeitsmarkt, statt einfach nur geringfügige Einkommen sozial abzufedern

Der Staat wäre an anderer Stelle gefordert. Schlechte Schulbildung ist der sicherste Weg in die Arbeitslosigkeit. Die Hauptschule erzeugt Tellerwäscher ohne Hoffnung. Zugleich behindert ein Mangel an Fachkräften das Wachstum.

Jahrzehntelang sonnten sich die Westdeutschen in der Vorstellung, deutsche Schulen und Hochschulen seien weltweit konkurrenzfähig. Nichts geschah. Geld für Bildung fehlt, weil es für Sozialleistungen verbraucht wird. In keinem Land haben es die Kinder einfacher Leute schwerer, mittels Bildung aufzusteigen. Sozialpolitik aber taugt wenig, wenn sie nur dafür sorgt, die lebenslange Hoffnungslosigkeit materiell erträglicher zu machen. Die Gerechtigkeitsdiskussion ist sinnlos, solange der Staat soziale Benachteiligung nicht mit Aufstiegschancen beantwortet. Nur so können Resignation und geistige Verwahrlosung verhindert werden. Ein moderner Staat steckt sein Geld in Fahrstühle. Die Deutschen bauen stattdessen die Keller aus.

In Deutschland wird eine neue Form der Verwahrlosung geradezu gezüchtet. Das materielle Elend ist halbwegs besiegt, dafür entsteht ein kulturelles Milieu, aus dem sich die wenigsten Versorgungsempfänger befreien können. Kulturelle Klassenschranken sind in Deutschland schwerer zu überwinden als soziale.

In den Untergeschossen der Gesellschaft steckt auch das eigentliche Ausländerproblem. Jahrzehntelang führte die Weigerung, Einwanderung aktiv und zum Nutzen des Landes zu gestalten, zu einer ungeregelten Form der Einwanderung. Millionen ungebildeter Türken igeln sich in ihrer Parallelgesellschaft ein und belasten die Sozialsysteme. Ein Viertel aller Ausländer lebt von Arbeitslosengeld. Für sie sind staatliche Hilfen für Kinderbetreuung und Erziehung Einkommen. Deutschland prämiert also hohe Geburtenraten in der Unterschicht. Diese Kinder lösen aber nicht das demografische Problem, sondern verstärken es, weil sie die Arbeitslosigkeit in die Höhe treiben. »Deutschland hat mithin nicht nur zu wenig Nachwuchs, sondern selektiert die hier Geborenen und die von draußen Zuwandernden immer stärker in Richtung Bildungsferne«, so der Demograf und Soziologe Gunnar Heinsohn.[2] Längst hat die OECD Deutschland aufgefordert, den Zuzug gut ausgebildeter Einwanderer zu erleichtern. Dies schafften 2006 exakt 456 Spitzenkräften mit mehr als 85 000 Euro Jahreseinkommen.

In den frühen Jahrzehnten der Bonner Republik gelang Millionen von Menschen der soziale und gesellschaftliche Aufstieg. Das Elend von Flucht und Vertreibung wäre anders gar nicht zu bewältigen gewesen. Millionenfacher Aufstieg, nicht einfach nur Wohlstand, war der Motor der jungen Demokratie. Aufstieg war einmal der Normalfall, heute ist er die Ausnahme. Dies führt zu einem weitverbreiteten Gefühl von Ohnmacht in der Unterschicht, zu Abstiegsängsten in der Mittelschicht. Ohnmacht und Angst gefährden die Demokratie weit mehr als Kürzungen der Sozialleistungen. Nicht Ungleichheit verletzt, sondern das Gefühl, an der eigenen Benachteiligung nichts ändern zu können.

Der Primat der Sozialpolitik führt zu einem verhängnisvollen Staatsverständnis. Die erste Frage lautet in Deutschland immer noch: Wie viel Geld braucht der Staat? Die erste Frage müsste lauten: Gibt der Staat das Geld für das Richtige aus? Nur ein Zehntel des Bundeshaushalts dient Zukunftsinvestitionen.

Alle Parteien fordern inzwischen einen starken Staat. Stark aber ist nicht der Staat, der seine Bürger zu Tode reglementiert und schröpft, sondern der leistet, was nur er leisten kann, das aber richtig. In Deutschland leistet der Staat vieles, was die meisten Bürger selber besser könnten, wenn der Staat ihnen das Geld dazu ließe. 53 Prozent der Bruttoeinkommen gehen in öffentliche Haushalte – der Durchschnitt liegt bei weniger als 42 Prozent in der OECD. Trotz steigender Gehälter ist das, was den Deutschen heute bleibt, weniger als vor 20 Jahren.

Ein starker Staat ist nicht der, von dem die Bürger alles erwarten können. In Deutschland können sie noch immer fast alles von ihm erwarten, bloß keine Garantie auf ein selbstbestimmtes Leben.

Staaten, die sich in der globalisierten Welt besser bewähren, stehen nicht zufällig in der Tradition der angelsächsischen Aufklärung. Sie unterscheidet sich, grob gesprochen, von der französischen (und deutschen) durch ein unterschiedliches Verständnis von Freiheit. Letztere schränkt den Wert der Freiheit von vornherein durch andere, der Freiheit widersprechende Werte ein: Gleichheit und Brüderlichkeit. Daraus leitet sich die überragende Rolle des Staates als Garant dieser Werte ab. Liberales Denken dagegen wird von der Überzeugung getragen, dass nur Individuen frei sein können. Die *Befreiung* der DDR ist nach Ralf Dahrendorf deshalb nur eine Metapher.[3]

Der deutsche Sozialstaat dagegen macht Bürger zu Untertanen. Er misstraut der individuellen Freiheit. Er ist überwiegend damit beschäftigt, den Missbrauch von Freiheit aufzuspüren und zu ahnden. Auch ein guter Teil der Meinungsindustrie lebt von Empörung über Fälle von Freiheitsmissbrauch. Der gute alte Blockwart der Nazis und der Abschnittsbeauftragte der DDR genießen heute Kolumnistenstatus in der Boulevardpresse und gestalten Magazine im Fernsehen. Was Abgeordnete nebenher verdienen, interessiert allemal mehr als das, was sie leisten. Freiheit, die nicht missbraucht werden kann, ist aber keine Freiheit.

Die Deutschen kennen keine *soziale Freiheit* (nicht einmal der Begriff ist ihnen vertraut), sie reden nur unentwegt von *sozialer Gerechtigkeit.* Es ist ein Pleonasmus: Was gerecht ist, ist auch sozial. Mehr als Gerechtigkeit geht nicht.

Oder doch? Die Deutschen verlangen neuerdings sogar »gefühlte Gerechtigkeit«. Ihren Hoffnungen auf bessere Zeiten stehen tiefe Ängste gegenüber. Wettbewerb wollen sie schon akzeptieren, aber der Neid verfolgt die Sieger. Vom schwachen Staat sprechen die Deutschen gern, aber sie wollen einen starken. Das Bedürfnis nach Sicherheit schlägt in allen Umfragen mit Sicherheit das Verlangen nach Freiheit. Totale soziale Sicherheit kann es aber so wenig geben wie totale innere Sicherheit. Totale innere Sicherheit gäbe es, wenn überhaupt, nur zum Preis der totalen Unfreiheit. Genauso wäre es mit totaler sozialer Sicherheit. Soziale Unfreiheit wird in

270

Deutschland als natürlicher Zustand empfunden, soziale Freiheit dagegen als Zumutung, als gesellschaftliche Kälte.

Es spricht nicht für dieses Land, aber für den Freiheitswillen vor allem der Jüngeren, wenn sich 63 Prozent der 14- bis 29-Jährigen und 39 Prozent der gesamten Bevölkerung sehr wohl vorstellen können, Deutschland auf Dauer zu verlassen. Es sind verständlicherweise besonders Abiturienten und Akademiker, die mit diesem Gedanken spielen.[4]

Das Unbehagen an der Einheit

Seit die Wiedervereinigung über die Deutschen kam, tun sie, als habe die Floskel vom *Glück der Geschichte* geradezu Verfassungsrang. Das mag in einem Land, in dem *pursuit of happiness,* der Schlüsselbegriff der amerikanischen Verfassung, so wenig bedeutet, nur logisch sein. Das individuelle Glück hat sich in Deutschland dem kollektiven Glück unterzuordnen. Doch was ist das überhaupt: kollektives Glück?

Die Wiedervereinigung gilt als unbestreitbare Quelle kollektiven Glücks. Auch wenn sie den meisten Individuen nichts bringt, wird sie zum Goldenen Kalb erhoben. Es handelt sich um Selbstbeschwörung. Mit der Wiedervereinigung scheint die unselige Geschichte der Deutschen seit ihrer ersten Vereinigung unter Preußens Knute gewissermaßen ein Happy End zu finden. Warum nicht, wenn es die Deutschen tatsächlich glücklich macht?

Es gibt, täuschen wir uns nicht, ein Unbehagen an der Einheit, und es steht in Zusammenhang mit dem Unbehagen an der Freiheit.

Die Bonner Republik vermittelte den entmündigten DDR-Bürgern das Gefühl, der Sozialstaat sei so etwas Ähnliches wie DDR plus D-Mark und Reisefreiheit. Die Westdeutschen wiederum glaubten an die Mär vom *Beitritt*. Herausgekommen ist aber nicht ein vergrößerter Sozialstaat, vielmehr zerstörte der Beitritt das Ziel des Beitritts. Ein Heer von Arbeitslosen bevölkert die blühenden Landschaften. Was im Osten nicht erwirtschaftet wird, schießt der Westen zu. Es gibt nichts zu verteilen, nur viel umzuverteilen, bis heute eine atemberaubende Summe, rund 1700 Milliarden Euro.

Der überwiegende Teil der Summe wird konsumiert statt investiert. Ist es so schwer zu begreifen, dass die Geduld der Westdeutschen an Grenzen stößt, weil der Aufbau Ost längst zum Abbau West führt? Ländern und Gemeinden in der alten Bundesrepublik fehlt Geld, um Straßen zu reparieren oder Kindergärten zu bauen. Von beidem gibt es im Osten mittlerweile im Übermaß. Im Osten wurde weit über den Bedarf hinaus Geld auch in sinnlose Projekte gesteckt, überflüssige, überdimensionierte Flughäfen, Gewerbegebiete ohne Gewerbe, luxussanierte Innenstädte, denen nur eines fehlt, quirliges Leben. Dafür hätte es dann doch einer Art Wirtschaftswunder bedurft, diesmal eines echten Wunders. Im Westen war 50 Jahre zuvor entbehrungsreich gearbeitet worden, um Jahre später die Belohnung zu ernten. Im Osten war es umgekehrt. Die Ansprüche waren von Beginn an höher als die Leistungsfähigkeit. Der Westen bekämpfte nicht die sozialistische Versorgungsmentalität im Osten, sondern bediente sie. Wieder misstrauten die westdeutschen Politiker, die nun für ganz Deutschland Verantwortung trugen, der Freiheit und der demokratischen Gesinnung einer gerade von der Diktatur befreiten Bevölkerung. Wieder sollte der Sozialstaat sie vom politischen Systemwechsel überzeugen.

Selbst das Bundesfinanzministerium beklagt seit Jahren folgenlos, dass die Solidarpaktmittel im Osten überwiegend zum Stopfen von Haushaltslöchern zweckentfremdet werden. Die Mentalität in den neuen Bundesländern ist an einem aktuellen

Beispiel zu erkennen. Der Ausbau von Kindertagesstätten soll forciert werden. Weil die Kommunisten nicht wünschten, dass Mütter ihre Kinder selbst erzogen, ist der Osten mit entsprechenden Einrichtungen verhältnismäßig reich bestückt. Nachholbedarf hat nur der Westen. Es entspräche also solidarischer Logik, die begrenzten Mittel dafür ausschließlich im Westen einzusetzen. Wie weiland der vorrevolutionäre Adel der Legende nach das *ius primae noctis* besessen haben soll, halten die Ministerpräsidenten des Ostens jedoch das Recht des ersten Griffs in jede neue Kasse für gottgegeben. Es wäre höchste Zeit für ein wenig mehr Aufklärung.

Die Umverteilung von West nach Ost machte seit 1990 etwa vier Prozent des Bruttosozialprodukts aus, weit mehr als das Wachstum in guten Zeiten (derzeit etwa zwei Prozent). Hätte die Bundesrepublik ohne Beitritt keine Probleme? Sie wäre ohne Beitritt noch länger der Illusion erlegen, ihr Modell sei zukunftsfest.

Die materiellen Unterschiede sind – abgesehen von langfristig erworbenem Vermögen – inzwischen ausgeglichen. Die Rentenzahlungen liegen im Osten deutlich höher als im Westen. Besonders solide ist die Altersversorgung für Funktionäre der SED-Diktatur, während sich ihre Opfer oft mit kläglichen Summen abfinden müssen.

Der Lebensstandard stieg, das Vertrauen in die Demokratie nicht. Die politischen Einstellungen und Überzeugungen der Ostdeutschen unterscheiden sich nach wie vor deutlich von denen der Westdeutschen. Sozialistische Vorstellungen sind stark verbreitet, verlangen den die Wirtschaft regulierenden und umverteilenden Staat; Gleichheit rangiert vor Freiheit. Auch die Geschichtsbilder der Ost- und Westdeutschen differieren stark. »Über die Geschichte der SBZ und DDR gibt es keinen Konsens der Erinnerung.«[5] Die nostalgische Verklärung führt im Osten zu einer inakzeptablen Verharmlosung der Diktatur. Unterdrückung und Überwachung verblassen gegenüber dem Gefühl, hinter der Mauer in einer geschützten, annähernd heilen Welt gelebt zu haben. Man konnte sich da wenigstens auf die Straße trauen: So redeten Westdeutsche auch über das Dritte Reich. Diese Stimmung erfasst selbst Teile der Generation, die erst nach der Wende erwachsen geworden ist. Nicht wenige Ostdeutsche sind von hartnäckigem Stolz auf die vermeintlich so sozialen Errungenschaften der DDR ergriffen. Ähnlich hatten viele Westdeutsche nach dem Krieg den nationalsozialistischen Sozialstaat in bester Erinnerung behalten.

Auch die mangelhafte Verfolgung der Verbrechen wiederholt sich. Von rund 100 000 Ermittlungsverfahren führte in der DDR nur gut ein Prozent zur Anklage, und wiederum nur ein Prozent der Angeklagten wurde tatsächlich bestraft. Nur 19 SED-Funktionäre mussten tatsächlich ins Gefängnis, 109 bezahlten Geldstrafen. Mehr wollte und konnte der Rechtsstaat nicht ausrichten.[6] Der zynische Satz des Ministerpräsidenten Hans Filbinger, der einst Soldaten zum Tod verurteilt hatte, »was damals rechtens war, kann heute nicht unrecht sein«, besitzt in Deutschland eherne Gültigkeit.

Eine besonders hässliche Nachgeburt der Einheit sind Rechtsradikalismus und Fremdenhass in weiten Teilen Ostdeutschlands. Mehr als 100 Menschen wurden seit der Wende von rechtsradikalen Tätern ermordet. Die stillschweigende Sympathie und das Desinteresse von Bevölkerung wie Behörden ließen von Neonazis beherrschte No-go-Areas entstehen.

Wohin treibt die Bundesrepublik?

Alles spricht dafür, dass die deutsche Gesellschaft in Zukunft noch heterogener sein wird als heute. Deshalb werden auch die Volksparteien weiterhin Integrationskraft einbüßen; es werden neue Parteien entstehen. Mit der Etablierung der Partei der Linken ist dies auf der einen Seite des Spektrums bereits geschehen. Nichts spricht dafür, dass die Unionsparteien vor einer vergleichbaren Entwicklung gefeit sind. Auch auf der rechten Flanke könnte eine rechtsextreme Partei parlamentsfähig werden. Links- wie Rechtsradikale sind in der Lage, die von den Volksparteien offen gelassenen Fragen zuzuspitzen, sie noch populistischer zu beantworten als Union und SPD. Die dann sechste Kraft im Bundestag könnte die NPD sein. Es ist aber auch nicht ausgeschlossen, dass eine rechtspopulistische Figur nach dem Vorbild des Schweizers Blocher oder des Italieners Berlusconi auftauchen und Erfolg haben wird.

Wie auch immer: Die Begriffe rechts und links haben eine weitgehende Umwertung erfahren. Galt links jahrzehntelang als Synonym für gesellschaftlichen Fortschritt und rechts als Synonym für Konservativismus, so ist das nun umgekehrt. Links wird heute eher mit der Restauration der Bonner Republik verbunden, rechts – wenn auch fälschlicherweise – mit neoliberaler Globalisierung, links mit Entschleunigung, rechts mit Beschleunigung. Wir haben, ähnlich wie in der Nachkriegszeit, als die Linke nationalistisch war, eine verkehrte Welt. Links ist konservativ und in Versuchung, der anstürmenden Welt mit nationalem Protektionismus zu begegnen. Andere Gegensätze als links und rechts rücken in den Vordergrund. »Es könnte der Gegensatz zwischen Fundamentalismus und Rationalismus«[7] sein, meint etwa der Zeithistoriker Paul Nolte. Populisten, die den Wählern Sicherheit in jeder

Hinsicht versprechen, werden sich dann gewiss eher bei den Fundamentalisten sehen, die Vertreter der Freiheit auf der Seite der Ratio. Fundamentalismus ist immer rückwärtsgewandt. Am größten wird der Konflikt zwischen Bewahrern und Reformern sein.

Es gibt weder die Volkspartei der Bewahrer (auch wenn das neue Programm der SPD überwiegend den Anschein erweckt) noch die der Modernisierer (die Union tut nur so, als könne sie es sein). Diese beiden Volksparteien existieren nur virtuell, sind aber politisch hoch virulent. Sie bekämpfen sich innerhalb der alten, real existierenden Volksparteien.

Als Wahlvereine haben die Volksparteien noch eine Zukunft, als weltanschauliche Sammlungsbewegungen aber wohl kaum mehr. Dazu ist die Gesellschaft nicht mehr homogen genug.

Die Wähler werden sich stärker an deutlich erkennbaren Persönlichkeiten statt an undeutlichen Programmen orientieren. Eine der wichtigsten Aufgaben der Volksparteien ist es, Nachwuchs zu rekrutieren. Niemand wird Kanzler, der nicht in einer Volkspartei aufgestiegen ist. Doch die Besten gehen nicht mehr in die Politik. Die wahren Kraftnaturen meiden sie, weil sie nicht den Eindruck haben, Politik sei wirklich Macht. Die Besten drängen heute in die Wirtschaft. Und die Besten in den Parteien setzen sich nicht unbedingt durch.

Dies ist zweifellos eine der entscheidenden Schwachstellen der deutschen Demokratie. Das Berufspolitikertum ist in eine Sackgasse geraten. Die allermeisten fühlen sich dem Mainstream und den jeweiligen Vorsitzenden ihrer Partei verpflichtet. Sie riskieren ihre Existenz, wenn sie sich widersetzen. Sie sind, mangels beruflicher Alternativen, abhängig von der Politik. Sie sind gleichsam verbeamtet. Mangels eigener Freiheit ist das Freiheitsverständnis der meisten Politiker beschädigt.

Es gäbe durchaus Mittel und Wege, dies zu ändern. Die Hälfte der Abgeordneten kommt über Listen ins Parlament, die ausschließlich von Funktionären der Parteien zusammengestellt sind. Von einer demokratischen Wahl kann keine Rede mehr sein. Es ist zwingend notwendig, den Wählern zu ermöglichen, diese Listen zu verändern, also wie bei Kommunalwahlen einzelne Kandidaten nach vorn zu wählen. Es wäre auch sinnvoll, nach dem Vorbild der USA die Auswahl der Kanzlerkandidaten, aber auch der Stimmkreiskandidaten nicht allein Parteigremien zu überlassen, sondern die Kandidaten in Vorwahlen zu testen und damit auch die breite Bevölkerung basisdemokratisch einzubeziehen und dem Trend der resignativen Abkehr von Politik entgegenzuwirken.

Die Eliten sind mehr mit ihren kleinen legalen und illegalen Fluchten aus staatlichen Zwängen beschäftigt als mit gesellschaftlichem Engagement. Staat und Parteien werden in zunehmendem Maße von Funktionärscliquen beherrscht, die Politik überwiegend mit einem einzigen Ziel betreiben: ihrer eigenen Karriere. Die Folge ist wiederum schierer Populismus.

Der Populismus, der die politischen Parteien im Griff hat, bestimmt zunehmend auch Massenmedien. Sie schreiben und senden der permanent gemessenen Mehrheitsmeinung hinterher. Feigheit vor dem zahlenden Publikum gilt als publizistische Klugheit. In den Massenmedien wird kaum noch etwas erklärt, was die Zuschauer überfordern könnte. Ökonomie bestimmt das Leben, aber die Masse der Deutschen hat nicht die blasseste Ahnung von ihren Gesetzmäßigkeiten. Schlagzeilen- und Stimmungsmachern entgeht aber keine Politikerpension, kein Vorstandsgehalt.

»Schon immer und noch immer gilt: Deutschland neigt zum Sozialismus«[8], meint der Abtprimas der Benediktiner, der Deutsche Notker Wolf. Hat er recht? 45 Prozent der Westdeutschen und 57 Prozent der Ostdeutschen halten den Sozialismus für eine »gute Idee« (Allensbach, Juli 2007). Selbst 75 Prozent der Anhänger der Unionsparteien lehnen die Rente mit 67 ab und stimmen Mindestlöhnen zu (Forsa, Juli 2007). Das sind bedenkliche Zahlen. Gibt es gar eine *strukturelle linke Mehrheit?* Diese Frage stellt sich vor allem angesichts der fünften Partei im Bundestag, der Linken, und der Schwierigkeit, in einem Fünfparteienparlament mit geschwächten Volksparteien stabile Regierungen zu bilden. Die SPD und die Linken vereint die rückwärtsgewandte Perspektive des *demokratischen Sozialismus,* ein Begriff, der auf Rosa Luxemburg zurückgeht und der die romantische Sehnsucht nach einer Wiedervereinigung der Linken einschließt. Sie trennt im Augenblick vor allem der Name Oskar Lafontaine. Der wird nicht ewig Vorsitzender der Linkspartei sein. Was aber dann? Werden dann die Grünen mit in den Dreier steigen und mit wem als Steuermann? Optimisten geben Entwarnung, empfehlen der SPD, die Abspaltung links-reaktionärer Abweichler hinzunehmen. Wie auch immer: Die Linkspartei kann die Regierungsbildung ebenso blockieren wie Grüne und FDP. Noch sind Links-links-Bündnisse nur in den ostdeutschen Ländern vorstellbar. So war es einst auch nach der Gründung der Grünen. Eine linksnationale Regierung ist nicht undenkbar, falls die Hoffnung auf dauerhaftes Wachstum in wenigen Jahren wieder in sich zusammenfallen sollte. Die Deutschen könnten sich dazu verleiten lassen, die Überlastung der Sozialsysteme und der Staatsfinanzen mit radikaler Umverteilung zu reparieren, Erbschaften zu kassieren, Leistungsträger mit Rekordsteuern zu vergraulen. Trotzdem würde sich nichts zum Besseren wenden. Wie auch?

Wie gefestigt ist überhaupt die Demokratie in Deutschland? Schon die Frage klingt ungebührlich alarmistisch. Haben sich die Deutschen nicht zu Musterdemokraten gemausert? Auch wenn die Demokratieverdrossenheit messbar wächst – im Osten stärker als im Westen –, an der demokratischen Gesinnung der Deutschen ist nicht mehr zu zweifeln. Dennoch: Was ist eine Demokratie wert, in der die Demokraten die Freiheit nicht lieben? »Von dem Regime einer Mehrheit, welche von den Leidenschaften der Gleichheit, Gemeinschaft und Sicherheit beseelt ist, hat die Freiheit nichts zu erwarten.«[9] Freiheit ist mehr als Demokratie.

Die Deutschen jedoch haben ein seltsames Verständnis von Demokratie. 60 Prozent sind der Meinung, in der Politik werde zu viel gestritten. Ebenfalls 60 Prozent glauben zugleich, Demokratie sei auf Dauer nur mit starker Führung möglich (Forschungsgruppe Wahlen). Das ist ein Widerspruch. Streitfähigkeit ist die wichtigste Voraussetzung von Führung. Parteivorsitzende, ohnehin meist mit Mehrheiten wie in kommunistischen Einparteiensystemen gewählt, werden daran gemessen, wie geschlossen ihre Parteien auftreten.

In Deutschland sind alternative Gedanken so wertvoll wie nie, und noch nie zuvor hatten sie es in der Politik so schwer. Die populistischen Volksparteien haben überall Denkverbote errichtet. Nur innerhalb ihrer Dogmen darf gedacht werden.

Die großen, bahnbrechenden Entscheidungen der frühen Bundesrepublik wurden im erbitterten Streit getroffen. Das Ideal der Demokratie ist nicht der immerwährende runde Tisch, sondern der Wettkampf. Phantasie und Streit statt Vaterlandsliebe bräuchten die Parteien. Doch die Deutschen lieben es nicht, wenn Politiker sich eigene Gedanken machen und diese auch noch den Anordnungen der Partei vorziehen. Selbstdenker irritieren. Es gibt natürlich trotzdem Streit. Aber dieser langweilt und ermüdet, weil er sich innerhalb ausgetretener Bahnen bewegt.

Die deutsche Demokratie zeigt unverkennbar Degenerationserscheinungen. Verglichen mit den historischen Debatten über Schlüsselfragen der Nation sind auch die besseren Stunden im Parlament dünn wie Papier. Die großartigen Polemiker der goldenen Jahrzehnte würden heute nicht sehr geschätzt. Verletzt und beleidigt die durchschnittliche Talkshow aber den Verstand der mündigen Bürger nicht viel mehr? Der erbärmliche Austausch abgestandener Konzepte ist Einheitskost. Wer infrage stellt, kommt meist von außen und wird, wie Paul Kirchhof, der *Professor aus Heidelberg,* als Fremdkörper abgestoßen.

In Deutschland herrscht politisches Biedermeier. Es passt nicht zur Dimension der Umbrüche, Risiken und Chancen. Der geistig beruhigte Sozialuntertan verhält sich ganz und gar wie ein Untertan: Er schimpft auf die Obrigkeit, aber fügt sich ihr.

Zum Untertan wird der Demokrat allmählich auch, weil die Freiheit nicht nur der Gleichheit unterliegt, sondern in zunehmendem Maße auch der Sicherheit. Die schleichende Erosion des Rechtsstaats könnte sich beschleunigen, wenn Parlamente Grundrechte einschränken, Polizei und Verfassungsschutz sie missachten. Der Trend setze sich fort, »Freiheitsrechte einem überzogenen Sicherheitsbedürfnis zu opfern«, so der frühere Verfassungsrichter Jürgen Kühling anlässlich der Veröffentlichung des Grundrechte-Reports 2007. Viele neue Eingriffsbefugnisse, vor allem in den Polizeigesetzen der Länder, verletzten die Rechtsprechung des Verfassungsgerichts. Aber wo kein Kläger ist, wo das öffentliche Bewusstsein für die Gefahr fehlt, hat nicht nur das Recht einen schweren Stand, sondern auch die Freiheit.

Es ist die Summe zahlreicher kleiner Schritte, nicht die Einzelmaßnahme, sei es das Töten von Terrorverdächtigen, das Sammeln von Geruchsproben (wie in der DDR!), das unangemeldete Eindringen in private Computer, der Abschuss gekaperter ziviler Flugzeuge, die nun diskutiert werden; und nicht nur diskutiert. Sicherheitspolitiker wie Innenminister

Wolfgang Schäuble und Verteidigungsminister Franz Josef Jung legen es ganz offensichtlich darauf an, Ängste zu schüren, um die Akzeptanz für Einschränkungen von Freiheitsrechten zu erhöhen. Schäuble spricht gar vom »Grundrecht auf Sicherheit«, als sei es allen anderen Grundrechten übergeordnet. Ein paar versprengte Liberale richten gegen diesen Trend nichts aus. Totale Sicherheit kann es, wenn überhaupt, nur zum Preis der totalen Überwachung geben. Die Deutschen in ihrem Sicherheitswahn schert das kaum.

Was, ist zu fragen, ist den Deutschen die Freiheit noch wert? Welchen Preis sind sie bereit, dafür zu zahlen? Geht es um die heilige Kuh Automobil, ist dieser Preis sehr hoch. Die Gesellschaft nimmt Tausende Todesopfer (weit mehr, als der Terrorismus jemals kosten könnte) in Kauf. Es ist eine klare Entscheidung für einen winzigen Ausschnitt von Freiheit. In der Politik hingegen bewegen sich die Deutschen flächendeckend in einer Tempo-30-Zone.

Fazit II
Die neurotische Republik

Eine »neurotische Disposition« der Deutschen, ihre »dünne Haut«, ihren »gebrochenen Stolz« hat die Meinungsforscherin Elisabeth Noelle-Neumann schon vor etlichen Jahren konstatiert. Zum Beispiel war der Riss zwischen den Generationen tiefer als anderswo. »Ähnliche Ansichten«, was Moralvorstellungen, Einstellungen zur Sexualität, Religion und Politik angeht, haben in den USA und im übrigen Europa signifikant mehr Eltern und ihre (über 18-jährigen) Kinder als in der Bundesrepublik Deutschland.[1] So lange (gemessen wurde 1982) wirkte offenbar die Nazi-Zeit nach. Die Deutschen haben damals noch den geringsten Stolz auf ihre Nation, bezeichnen sich im Weltmaßstab am wenigsten als »glücklich«, sind aber nicht nur bedrückter, sondern fühlen sich auch häufiger als alle anderen befragten Völker im siebten Himmel. Sind die Deutschen manisch depressiv? Hat sich das seit der Wiedervereinigung geändert?

Die Deutschen taten sich nach dem Krieg schwer, einzugestehen, die totale Katastrophe ausschließlich selbst verschuldet zu haben. Heute fehlt ihnen die Einsicht, dass sie das Ende der Bonner Republik ebenfalls selbst zu verantworten haben. Wieder sind sie, wenn auch auf andere Art, unfähig zu trauern, den Verlust zu verarbeiten. Sie neigen heute dazu, die Globalisierung zu dramatisieren und zu verteufeln, um von den hausgemachten Gründen des Niedergangs abzulenken, der durch ein vorübergehendes Konjunkturhoch noch nicht aufgehalten ist. Sie müssen Abschied nehmen von dem, was nicht wiederkommt. Wenn sie den Verlust der Bonner Republik überwinden, können sie die Blockade lösen und ihre Energie der Modernisierung des Landes widmen. Aber noch wird das Ende der vertrauten Republik als traumatische Kränkung empfunden.

Individuen wie Staatswesen müssen ein bestimmtes Maß an Frustration ertragen können. Schaffen sie es nicht, werden sie neurotisch. Die Erkenntnis, dass nicht nur Individuen neurotisch sind, sondern auch Kollektive, hat sich in der Wirtschaftspsychologie längst durchgesetzt. Ängste machen auch Firmen neurotisch. Auch wenn sie komplexer sind als Gesellschaften mit beschränkter Haftung, trifft das für Gesellschaften von Staatsbürgern ebenfalls zu.

In großen Organisationen bilden sich auf allen Ebenen, in der Führung wie an der Basis, neurotische Stile aus. Sie erschaffen Mythen und Legenden, die von den Mitgliedern des Kollektivs übernommen werden. Sie prägen auch ihr Geschichtsbild. Geschichte stiftet nicht nur Identität, sondern beeinflusst maßgeblich die Wertehierarchie einer Gemeinschaft und damit ihre politischen Entscheidungen.

Manfred Kets de Vries und Danny Miller haben erforscht, wie psychologische Faktoren Erfolg und Misserfolg von Firmen beeinflussen.[2] Sie beschreiben fünf neurotische Stile, die generell in der Psychologie Anwendung finden und nahezu deckungsgleich sind mit den Formen individueller Neurosen.[3]

Sie unterscheiden paranoide, kompulsive (zwanghafte), dramatische, depressive und schizoide Organisationen.

Die paranoide Gesellschaft ist getrieben von Verfolgungswahn. Verdächtigungen und Misstrauen bestimmen das Verhalten ihrer Führung. Autoritäre Regime sind in aller Regel paranoide Organisationen.

Die dramatische (oder hysterische) Organisation kreist narzisstisch um sich selbst. Sie überreagiert auf Veränderungen, macht sich gewissermaßen selbst verrückt.

Die depressive Gesellschaft ist gefangen in einem Gefühl der Unterlegenheit und Hilflosigkeit gegenüber drohenden Herausforderungen.

Die schizoide Organisation wiederum weiß nicht, für welchen Weg sie sich entscheiden soll. Sie erscheint als kalt und indifferent. Es fehlen Engagement und Begeisterung. Ebenso wie die depressive Organisation leidet die schizoide Gesellschaft an einem Leitungsproblem. Das Management weiß nicht, was es will. Es setzt sich nicht durch, ist selbst von der Angst bestimmt, Fehler zu machen und zu scheitern. »Häufig wird die schizoide Organisation zu einem politischen Schlachtfeld«[4], weil die Unzufriedenheit mit der ersten Führungsriege Mitglieder der zweiten Führungsriege dazu verführt, ihre eigenen Interessen zu vertreten. Entscheidungen werden eher nach politischen Kräfteverhältnissen getroffen als aufgrund der Tatsachen. Es herrscht ein Klima des Misstrauens.

De Vries und Miller sprechen von Industriemanagern, nicht von Angela Merkel, den Ministerpräsidenten der CDU und der Großen Koalition. Aber es hört sich ganz so an: »Es gibt keine einheitliche und geschlossene Strategie. Der Führer ist unsicher, zurückgezogen und unverbindlich. Er scheint an der Organisation kein Interesse zu haben und lehnt es ab, irgendeine schlüssige, konsequente Position zu vertreten; er schwankt zwischen den Vorschlägen der bevorzugten Untergebenen. Deshalb kommen von oben keine klaren Direktiven. Die tatsächliche Macht über die Strategie üben wechselnde Bündnisse karrierebewusster Manager aus der zweiten Reihe aus, die den entscheidungsschwachen Führer zu beeinflussen suchen und gleichzeitig ihre eigenen Projekte vorantreiben und ihre eigenen kleinen Herrschaftsgebiete sichern. Das Ergebnis ist eine Organisation, die sich durchwurstelt und dahintreibt, an der einen Stelle wirksame Reformen vollzieht, aber sie zurückdreht, sobald eine neue Gruppe von Managern aufsteigt. So wird Strategie mehr das Ergebnis von Einzelinteressen, Macht und politischer Spiele als das Ergebnis objektiver Bedrohungen und Herausforderungen der Umwelt.«[5] Besser kann man den Zustand der deutschen Politik beschreiben. Die politischen Strukturen der Bundesrepublik und ihr Führungspersonal zeigen also ganz offensichtlich Merkmale einer schizoiden Organisation.

Es war immer so. Der *Rentenbetrug* in regelmäßigen Abständen ist nicht allein der Unaufrichtigkeit der Parteien vor Wahlen geschuldet, sondern immer auch der Unfähigkeit, die Realität wahrzunehmen. Entscheidungen der Koalition zielen in gegensätzliche Richtungen. Die neueste *Gesundheitsreform* zum Beispiel will den Wettbewerb stärken, zugleich behindert sie ihn. Die Vermeidung von Kohlendioxidemissionen erhält höchste Priorität, gleichzeitig sollen neue Kohlekraftwerke gebaut werden, die zu den schlimmsten Emittenten gehören. Die außergewöhnliche Häufung von Widersprüchen und Paradoxien in der deutschen Politik über die Jahrzehnte hinweg kennzeichnet ihr neurotisches Wesen.

Noch ein zweiter neurotischer Stil prägt die deutsche Politik. Sie ist zwanghaft. In einer zwanghaften Organisation wird alles bis ins letzte Detail geplant, selbst das, was nicht planbar ist. Realität ist der ständige Wandel. Wer den Wandel nicht akzeptieren kann, wer sich ihm verweigert oder ihn programmieren zu können glaubt, verfehlt die Wirklichkeit, lässt Offenheit, Kreativität, Vielfalt, kontroverse Konzepte nicht zu – kurzum: er verhält sich neurotisch. In Deutschland wird nichts dem Zufall überlassen. Beherrschbar ist der Lauf der Dinge trotzdem nicht. Am vermeintlich Bewährten wird länger als zuträglich festgehalten. »Die Traditionen sind so stark, dass Strategien und Strukturen anachronistisch werden. Die Verhältnisse sind so programmiert, dass bürokratisches Fehlverhalten, mangelnde Flexibilität und unangemessene Antworten«[6] auf die Probleme der Zeit die Organisation dominieren. Eigenverantwortung, Spontaneität, Unkonventionalität stehen unter dem Verdacht der Regelverletzung. Es herrscht ein Übermaß an Regularien, Vorschriften, Richtlinien. Sie umfassen alle Bereiche, lassen keine Freiräume. »Psychologisch gesehen handelt es sich bei der Überregulierung um eine Kontrollsucht.«[7]

Die zwanghafte Organisation schließlich ist stark hierarchisch gegliedert. Nicht die beste Idee zählt, sondern der Status dessen, der einen Vorschlag macht. Das Management verhält sich selbst zwanghaft. Die Sicherung der eigenen Macht ist ihm wichtiger als die Qualität seiner Konzepte und Entscheidungen. Es fürchtet unkontrollierbare Veränderungen.

Diese Selbstfesselung, so fanden de Vries und Miller heraus, hat mit Abschnitten in der Firmengeschichte zu tun, in denen die Kontrolle über das Geschehen verloren wurde. Das ist in der Politik nicht anders. Das Trauma der Weimarer Republik wirkt auf diese Weise bis heute nach. Die Führung in zwanghaften Firmen und zwanghaften Staaten ist nicht in der Lage, sich entschieden genug auf neue Verhältnisse einzustellen. Dies führt zu einander widersprechenden Entscheidungen. Worin sie einmal erfolgreich war, daran hält die Führung unbedingt fest, auch wenn sich der Markt (die Welt) längst geändert hat. Fixiert auf bestimmte Denkweisen, verlieren zwanghafte Organisationen die Fähigkeit, sich neu zu orientieren. Wenn überhaupt, kommen Veränderungen nur nach langen Perioden des Misserfolgs und der Unsicherheit zustande. Die zwanghafte Organisation kann Veränderung außerhalb der eigenen Firma (des eigenen Landes) lange erfolgreich ignorieren. Auch in diesem Sinn ist Deutschland fraglos eine neurotische Republik.

Die positive Kraft, die in einer nach Gerechtigkeit strebenden Gesellschaft steckt, ist ins Zwanghafte umgeschlagen. Dem Zwanghaften macht es keine Mühe, sich der selbst verfügten Ordnung zu fügen. In ihr fühlt er sich wohl. Als Zumutung empfindet er die, die diese Ordnung ändern wollen. Der seine Ordnung liebende Deutsche muss ausnahmslos alles regeln, in Reih und Glied bringen. Die deutsche Ordnungsliebe verschafft den meisten Deutschen ein wohliges Gefühl, ein Gefühl der Sicherheit. Auf der Strecke bleiben Phantasie, Kreativität, Eigensinn, Wettbewerb. Ändern sich die Umstände und Bedingungen des Spiels, verhindert die alte Ordnung, das Ziel zu erreichen.

Warum aber bedauern alle Seiten die Überregulierung des Staates, wenn doch zugleich die Abschaffung jeder einzelnen Vorschrift immer auch für unmöglich, ungerecht oder unzumutbar erklärt wird? Eine neurotische Strategie besteht darin, innere Zwänge zu *Sachzwängen* zu erklären. In Wahrheit sind Sachzwänge aber nur das Resultat psychischer Konflikte. »Das innere Skelett der Neurosen wird ersetzt oder doch ergänzt durch die äußeren Panzer der staatlichen Gesetze und Dekrete; aus einem Wirbeltier wird ein Schalentier. Es handelt sich nicht um die Flucht vor der Freiheit, sondern um die Flucht aus einer – der inneren – Unfreiheit in eine andere, die äußere, die des Staates.«[8]

»Wir jammern noch immer zu sehr nach Papa Staat«, stellt

Margarete Mitscherlich fest. »Um es mit Freud zu sagen: Es ist ein menschliches Bedürfnis, wieder Kind zu sein und die schützende Hand des Vaters über sich zu spüren. Dieser Wunsch ist in Deutschland, das zu lange keine Demokratie war, sehr ausgeprägt.«[9] Im Osten, der noch länger Diktatur war, ist dieser Wunsch deshalb noch stärker als im Westen.

Neurotische Hintergründe sind in der Geschichte der Bundesrepublik in allen Phasen zu erkennen. Angstneurosen sind Abwehrmechanismen gegen fundamentale Ängste, deren Ursachen lange zurückliegen und sogar über Generationen weitergegeben werden können. Zum Beispiel ist die übertriebene Angst der Deutschen vor Inflation und Vermögensverlusten eine Folge zweifacher totaler Geldentwertung. Die Angst vor der Machtübernahme einer Partei führte zu einem Wahlsystem, das klare Mehrheiten verhindert und damit die Republik blockiert. Dennoch hält Deutschland zwanghaft daran fest.

Die neurotische Republik und die Neurosen der einzelnen Wähler korrespondieren miteinander. Denn individuelle neurotische Dispositionen wirken sich natürlich im Wahlverhalten aus; Neurotiker, ob nun Wähler oder Politiker, tragen ihre Ängste in die Politik. Umgekehrt ängstigen politische Entwicklungen und Ereignisse den Neurotiker und prägen sein Verhalten. Weil Politik so komplex ist, bietet sie sich »geradezu als jener Raum an, wo der Einzelne seine neurotischen Verbote und Gebote durch Nichtwahrnehmung der Wirklichkeit schützen kann. Je geringer der Informationsgrad in der Politik, desto freier die Bahn für das Ausleben von Neurosen; wo der Intellekt nicht hinreicht, haben die Affekte ein leichtes Spiel.«[10]

So gesehen ist Populismus im Wesentlichen nichts anderes als die Anerkennung von Neurosen als Leitlinie der Politik. Politiker sprechen nur nicht über die Neurosen ihrer Wähler, geschweige denn über ihre eigenen. Dennoch sind die Politiker besonders erfolgreich, die es am geschicktesten verstehen, die neurotischen Ängste ihrer Wähler zu instrumentalisieren.

Kirsch und Mackscheidt stellen drei Politikertypen vor. Der *Amtsinhaber* teilt die Neurosen seiner Wähler. Er repräsentiert sie und steht in ihren Diensten. Sein politischer Erfolg besteht darin, dass er seinen Wählern »ein Bild der Realität anbietet, in dem alle beunruhigenden und angstmachenden Elemente fehlen … Ihre Phobien und Zwänge sind die seinen; ihre Borniertheit ist die seine; ihre Erlösungsphantasien sind die seinen. Mit dem Ergebnis, dass er in den Augen seiner Wählerklientel einer der Ihren ist.«[11] Der Amtsinhaber eröffnet keine neuen Perspektiven, er sitzt Dinge aus, verdrängt Probleme und verleugnet sie. Helmut Kohl war der Prototyp eines Amtsinhabers. Demokratie kann aber auf Dauer nur gedeihen, wenn sie von innerlich freien Bürgern getragen wird.

Der *Staatsmann* wirkt den Ängsten der Wähler entgegen, verhilft ihnen »zur Herrschaft über ihre Neurosen«. Er hat »die neurotische Enge und Ängstlichkeit … für seine Person überwunden«[12] und ist in der Lage, den Wählern »Chancen zu erschließen, die sie bis dahin nicht einmal sahen, geschweige denn nutzen wollten, ihnen die Augen zu öffnen für Risiken, die sie bis dahin nicht erkennen durften«[13]. In diesem idealen Sinn ist nicht einmal Adenauer ein wahrer Staatsmann gewesen. Adenauer war ein Therapeut. Gute Therapeuten verlangen nicht zu viel, und sie wissen, wie begrenzt die Änderungsfähigkeit ihrer Patienten ist. Adenauer schuf bestenfalls Bedingungen, die Heilungschancen in der Zukunft, in kommenden Generationen versprachen; aber selbst er stand im Dienst der Neurosen der Deutschen, auch wenn er sie durchschaute und sie sogar fürchtete. Das gilt auch für Willy Brandt. Manch unvernünftige Wucherung des Sozialstaats ist so zu begreifen. Auch in der Phase des DDR-Beitritts hätten die Deutschen eines Staatsmannes bedurft; sie hatten aber nur einen Amtsinhaber, der außerstande war, die Situation mit Augenmaß und Vernunft zu meistern.

Der dritte Politikertypus ist der des *Demagogen,* der die Neurosen seiner Wähler missbraucht. Mit Oskar Lafontaine steht wieder ein Demagoge an der Spitze einer wichtigen Partei. Bisher blieben der Bundesrepublik demagogische Bundeskanzler erspart. Das muss nicht so bleiben.

Angela Merkel ist keine Staatsfrau, die ihr Land energisch durch den Irrgarten seiner Neurosen führt wie einst Adenauer. Sie ist aber auch nicht bloß Amtsinhaberin, die die Neurosen ihrer Landsleute teilt. Mit dieser Typologie ist sie nicht zu erklären. Andere Typologien unterscheiden zwischen charismatischen und bürokratischen Führern oder zwischen Agitatoren und Administratoren.[14] Auch Max Weber trennt zwischen charismatischem und legalem Herrschertyp. Merkel ist mit Sicherheit keine charismatische, agitatorische Führerin. Wie auch immer: Diese Kanzlerin entspricht offenbar den Bedürfnissen der meisten Deutschen. Sie wollen einen Führer, der nicht führt, der ihnen die Illusion schenkt, sie seien, trotz aller Schwierigkeiten, mit sich selbst im Reinen. Die Angelegenheiten der Republik sollen ihr Wohlbefinden nicht trüben. Genau darauf scheint das gegenwärtige Regierungsprogramm zu zielen. Merkel ist keine Therapeutin, eher eine Pflegekraft. Sie lindert Symptome, ohne sie zu kurieren. Sie tut gut, ohne gut zu sein.

Die Deutschen suchen Erfüllung und Glück niemals nur im privaten Leben. Dazu fehlt es ihnen an Ich-Stärke. Deshalb suchen sie Harmonie in Staat und Politik. Eine pluralistische, moderne Gesellschaft aber muss mit wachsenden Spannungen kreativ umgehen können. Politiker wären nötig, die sich nicht bloß als Moderatoren verstehen und sich am Ende doch immer nur dem vorherrschenden Meinungstrend anschließen.

Wie wären die Deutschen zu kurieren? Die Therapie psychoanalytisch anzulegen wäre historisch interessant, würde aber viel zu lange dauern und wäre nicht praktisch orientiert. Das Ziel muss sein, Dispositionen und Mentalitäten zu ändern. Mehr Erfolg verspricht deshalb eine Verhaltenstherapie von der Art, wie sie beispielsweise gegen Höhenangst oder Klaustrophobie sinnvoll ist. Es geht auch in diesem Fall um den Abbau tief sitzender Ängste, und dabei ist es eher unwichtig, wie sie erworben und gelernt wurden, entscheidend ist, was sie akut auslöst und wie man sie wieder los wird.

Emotionale Hindernisse müssen überwunden werden. In der Verhaltenstherapie gelingt dies durch Erfahrung. Der Therapeut erklärt dem unter Flugangst Leidenden, wie ein Flugzeug funktioniert, dann übt er mit ihm fliegen. Negative Gefühle werden in einen vernünftigen Kontext gebracht. Wie aber übt man Freiheit ein? Es ist zweifellos leichter, mit einem von Höhenangst Besessenen auf den Eiffelturm zu steigen, als einen deutschen Gewerkschaftssekretär von der notwendigen Verlängerung der Lebensarbeitszeit zu überzeugen.

Ohne den Einsatz des Verstandes ist so eine Therapie nicht möglich. Es wäre durchaus möglich, ein rationaleres Verhältnis zum Staat zu entwickeln. In der Bonner Republik hat man das *Verfassungspatriotismus* genannt. Er wurde als halbgares Bekenntnis zum Vaterland verworfen. Verfassungspatrioten fehle die inbrünstige Liebe zu ihrem Land, hieß es, sie sähen den Staat nicht als Verkörperung ihres Volks, sondern bloß als gesellschaftlichen Mechanismus. Aber genau das könnte der Ansatz der Therapie sein. Dieser Staat ist überfrachtet mit Gefühlen, Wünschen, Sehnsüchten, Erwartungen, die er niemals erfüllen kann. Der Staat ist kein Garant des Glücks. Die Deutschen brauchen mehr Vernunft dringender als mehr Vaterlandsliebe.

Auf der Suche nach den Quellen des deutschen Wesens

beschrieb der große liberale Kulturphilosoph Isaiah Berlin die Romantik als geistige Vorgeschichte des deutschen Desasters und kam zu dem Schluss, dass sie »in einer Art Wahnsinn«[15] endet. Verwenden wir für einen Augenblick also den Begriff der Romantik als Synonym für die seelische Störung der Deutschen. Rüdiger Safranski beschreibt, wie eine schwärmerische philosophisch-literarische Bewegung aus der Zeit der napoleonischen Herrschaft allmählich pervertiert. Die Politisierung der Kunst als Demokratieersatz wird zu einer Art Religion, was zur Verherrlichung der Macht und zum Kollektivismus führt. Hitler ist dann die Perversion eines Romantikers. Das große Missverständnis der romantischen Deutschen ist, »dass man in der Politik etwas sucht, was man dort niemals finden wird: Erlösung, das wahre Sein, Antwort auf letzte Fragen, Verwirklichung der Träume«[16].

Die Romantik ist Gegenmacht zu Rationalismus und Materialismus in der industriellen Revolution. Noch immer sind die Deutschen in ihrer Seele Romantiker, wenn sie die Mächte der Globalisierung mit wirklichkeitsfremden Vorstellungen bekämpfen. Ein Mangel an politischer Urteilskraft und praktischer Klugheit ist festzustellen. Die Deutschen wollen nicht die Kälte der individualisierten Gesellschaft, sondern die Nestwärme der (nationalen) Gemeinschaft spüren. Isaiah Berlin sieht die romantische Weltflucht »eng verbunden mit der Vernachlässigung und Verächtlichmachung der Normalität«[17]. Sie kommen erst zur Ruhe, wenn die Realität sich ihren Vorstellungen beugen will. Das ist der Kern ihrer Neurose.

Neurotische Menschen und Staaten verlieren die Fähigkeit, ihre wahren Bedürfnisse zu erkennen und zu befriedigen. Deshalb wenden sie alle Energie dazu auf, den Status quo zu bewahren. Die freie Gesellschaft ist auf der Suche nach neuen, besseren Wegen. Die neurotische Republik findet keinen neuen Weg. Sie sucht ihn noch nicht einmal.

Anmerkungen

Einleitung
Geschichte als Diagnose

1 Schröder, Richard, *Die wichtigsten Irrtümer über die deutsche Einheit*, Freiburg 2007.
2 Vgl. Ostendorf, F./Angleitner, A., NEO-*Persönlichkeitsinventar nach Costa und McCrae*, Göttingen 2004. Es bringt die wichtigsten psychologischen Theorien auf einen der praktischen Anwendung dienlichen Nenner.

1945–1949 Besatzungszeit
Entzug und neue Versuchung

1 Schwarz, Hans-Peter, *Adenauer, Bd. 1, Der Aufstieg: 1876–1952*, Stuttgart 1986, S. 540.
2 Hentschel, Volker, Ludwig Erhard. *Ein Politikerleben*, München 1996, S. 39.
3 Judt, Tony, *Geschichte Europas von 1945 bis zur Gegenwart*, München 2006, S. 24.
4 Grunenberg, Nina, *Die Wundertäter, Netzwerke der deutschen Wirtschaft, 1942–1966*, München 2006, S. 20.
5 Buchheim, Christoph, »Soziale Marktwirtschaft«, *Frankfurter Allgemeine Zeitung*, 21. 6. 2007.

6 ebd.

7 Erhard, Ludwig, *Wohlstand für alle*, Gütersloh o.J., S. 151.

8 Eschenburg, Theodor, *Geschichte der Bundesrepublik Deutschland, Jahre der Besatzung 1945 – 1949*, Stuttgart 1983, S. 431.

9 Fernsehinterview mit Günter Gaus am 10. 4. 1963.

10 Kirchhof Paul, *Das Gesetz der Hydra*, München 2006.

11 Metzler, Gabriele, *Der deutsche Sozialstaat. Vom bismarckschen Erfolgsmodell zum Pflegefall*, Stuttgart 2003, S. 109.

12 a. a. O., S. 101.

13 Siehe Aly, Götz, *Hitlers Volksstaat*, Frankfurt/M. 2005.

1949 – 1957 Konrad Adenauer
Therapeut im Kanzleramt

1 Schwarz, Hans-Peter, a. a. O., S. 776.

2 Frei, Norbert, *1945 und wir, Das Dritte Reich im Bewusstsein der Deutschen*, München 2005, S. 32.

3 Siehe z. B. Müller, Ingo, *Furchtbare Juristen. Die unbewältigte Vergangenheit unserer Justiz*, München 1987.

4 Friedländer, Saul, *Die Jahre der Vernichtung*, München 2006, S. 539.

5 Neumann, Erich Petzer / Noelle, Elisabeth, *Antworten. Politik im Kraftfeld der öffentlichen Meinung*, Allensbach 1954, S. 33.

6 Mitscherlich, Margarete, in: *Der Spiegel*, 2. 7. 2007.

7 Maibaum, Werner, *Deutsche Zeitbilder. Geschichte der Deutschlandpolitik*, Bonn 1998, S. 27.

8 Weber, Jürgen, *Grundinformation Geschichte, Deutsche Geschichte 1945 – 1990*, München 2004, 3. Auflage, S. 59.

9 Schwarz, Hans-Peter, a. a. O., S. 910.

10 Wolfrum, Edgar, *Die geglückte Demokratie*, Stuttgart 2006, S. 149.

11 Hentschel, Volker, a. a. O., S. 135.

12 a. a. O., S. 261.

13 Erhard, Ludwig, in: *Versicherungswirtschaft*, Nr. 1, Januar 1956.

1957 – 1966 Adenauer und Erhard
Ende einer Ära

1 Schwarz, Hans-Peter, *Adenauer*, Bd. 2, Stuttgart 1991, S. 408.

2 Merseburger, Peter, *Willy Brandt, Visionär und Realist*, Stuttgart 2002, S. 444f.

3 *Frankfurter Allgemeine Zeitung,* 17. 8. 1960.
4 Wolfrum, Edgar, a. a. O., S. 255f.
5 Bayerische Landeszentrale für politische Bildungsarbeit, *Grundinformation Geschichte 1945–1990,* S. 72.
6 Winkler, Heinrich August, *Der lange Weg nach Westen, Bd. 2, Deutsche Geschichte 1933–1990,* München 2000, S. 211.
7 Interview mit Günter Gaus am 10. 4. 1963.

1966–1969 Kiesingers Große Koalition
Ermüdung und Aufruhr

1 Merseburger, Peter, a. a. O., S. 549.
2 Jaspers, Karl, *Wohin treibt die Bundesrepublik?,* München 1966.
3 a. a. O., S. 128.
4 a. a. O., S. 146.
5 a. a. O., S. 151.
6 a. a. O., S. 153.
7 a. a. O., S. 140.
8 Mitscherlich, Alexander und Margarete, *Die Unfähigkeit zu trauern,* München 1967, S. 34.
9 a. a. O., S. 7.
10 a. a. O., S. 8.
11 a. a. O., S. 14.
12 a. a. O., S. 16.
13 a. a. O., S. 38.
14 Negt, Oskar, *Achtundsechzig,* Göttingen 1995, S. 47.
15 Safranski, Rüdiger, Romantik. *Eine deutsche Affäre,* München 2007, S. 391.
16 Gassert, Philipp, *Kurt Georg Kiesinger,* Stuttgart 2006, S. 628.
17 Strasser, Johano, *Als wir Götter waren im Mai. Erinnerungen,* München 2007.

1969–1974 Willy Brandt
Aufbruch und Verrat

1 Vgl. Steingart, Gabor, *Deutschland. Der Abstieg eines Superstars,* München 2004, S. 195.
2 Merseburger, Peter, a. a. O., S. 696.

1974–1982 Helmut Schmidt
Das Ende der goldenen Jahre

1 Meadows, Dennis, *Die Grenzen des Wachstums. Bericht des Club of Rome zur Lage der Menschheit,* Stuttgart 1972.
2 Jäger, Wolfgang/Link, Werner, *Republik im Wandel. 1974–1982. Die Ära Schmidt,* Stuttgart 1987, S. 152.
3 Winkler, Heinrich August, a. a. O., Bd. 2, S. 373.
4 Glotz, Peter, *Politisches Tagebuch 76–78,* zitiert nach Jäger, a. a. O., S. 199.
5 Jäger, Wolfgang, *Republik im Wandel, 1974–1982, Die Ära Schmidt,* Stuttgart 1987 (gemeinsam mit Werner Link).

Zwischenspiel
Wahn und Hysterie – der Terror der RAF

1 Dellwo, Karl-Heinz, »Kein Ankommen, kein Zurück«, in: Holderberg, Angelika (Hg.), *Nach dem bewaffneten Kampf,* Gießen 2007, S. 97.
2 a. a. O., S. 116.
3 Schily, Otto; Ströbele/Hans Christian, *Plädoyers einer politischen Verteidigung,* Berlin 1973, S. 141.
4 ID-Verlag (Hg.), *Rote Armee Fraktion. Texte und Materialien zur Geschichte der RAF,* Berlin 1997, S. 211.
5 Hauser, Dorothea, »Deutschland, Italien, Japan. Die ehemaligen Achsenmächte und der Terrorismus der 1970er Jahre«, in: Kraushaar, Wolfgang (Hg.), *Die RAF und der linke Terrorismus,* Hamburg 2006, S. 1291.
6 Zitiert nach Hauser, Dorothea, in: Kraushaar, Wolfgang, a. a. O., S. 1293.
7 Reemtsma, Jan Philipp, »Was heißt ›die Geschichte der RAF verstehen?‹«, in: Kraushaar, Wolfgang, a. a. O., S. 1367.
8 Hauser, Dorothea, Interview mit »aspekte«, 2006.
9 Schily, Otto/Ströbele, Hans-Christian, a. a. O., S. 141.
10 a. a. O., S. 252.
11 Patrick von Braunmühl in der ZDF-Sendung »Gnade ohne Wahrheit« von Wolfgang Herles am 25. 3. 2007.
12 ebd.
13 ebd.

1982–1990 Helmut Kohl
Die selbstvergessene Republik

1 Wirsching, Andreas, *Abschied vom Provisorium, Geschichte der Bundesrepublik Deutschland 1982–1990,* München 2006, S. 51.
2 In: Staeck, Klaus, *Verteidigung der Republik,* Göttingen 1983, S. 25.
3 *Die Zeit,* 31. 8. 1984.
4 Zitiert nach Wirsching, Andreas, a. a. O., S. 334.
5 Winkler, Heinrich August, a. a. O., S. 421.

1990–1998 Die Einheit
Ein Sieg der Tempokratie

1 Maibaum, Werner, a. a. O., S. 112.
2 a. a. O., S. 89.
3 In einem Interview am 11. Februar 1990 mit dem Autor für die Sendung »Bonn direkt«.
4 Ritter Gerhard A., *Der Preis der deutschen Einheit. Die Wiedervereinigung und die Krise des Sozialstaats,* München 2006.
5 Maaz, Hans-Joachim, *Der Gefühlsstau. Ein Psychogramm der DDR,* Berlin 1990.
6 Schmitz, Michael, *Wendestress, Die psychosozialen Kosten der deutschen Einheit,* Berlin 1995.
7 Maibaum, Werner a. a. O., S. 112.
8 *Die Zeit,* 22. 2. 1991.
9 Wolfrum, Edgar, a. a. O., S. 472.

1998–2005 Gerhard Schröder
Aus der Zeit gefallen

1 Schröder, Gerhard, *Entscheidungen. Mein Leben in der Politik,* Hamburg 2006, S. 85f.
2 a. a. O., S. 84.
3 Interview in der *Frankfurter Allgemeinen Sonntagszeitung* vom 29. 10. 2006.
4 Schröder, Gerhard, a. a. O., S. 262.
5 a. a. O., S. 269.
6 a. a. O., S. 409.
7 Roth, Dieter, »Das rot-grüne Projekt an der Wahlurne«, in: Egle,

Christoph u. a. (Hg.), *Das rot-grüne Projekt*, Wiesbaden 2003, S. 42 f.
8 Egle, Christoph / Henkes, Christian, »Die Programmdebatte in der SPD«, in: Egle, Christoph u. a. (Hg.), a. a. O., S. 75.

Seit 2005 Angela Merkels Große Koalition
Alte Defekte, neuer Stolz

1 *Frankfurter Allgemeine Sonntagszeitung*, 15. 7. 2007.
2 Matussek, Matthias, *Wir Deutschen. Warum die anderen uns gern haben können*, Frankfurt/M. 2006.
3 Langenscheidt, Florian, *250 Gründe, Deutschland zu lieben*, München 2006.

Fazit I
Nachruf auf die Bonner Republik

1 *Die Zeit*, 28. 9. 2006.
2 *Die Welt*, 20. 5. 2006.
3 »Es handelt sich deshalb nur um Metaphern, wenn man von einem ›freien Volk‹ oder einem ›freien Land‹ spricht. (Dahrendorf, Ralf, »Freiheit – eine Definition«, in: Ackermann, Ulrike [Hg.], *Welche Freiheit? Plädoyers für eine offene Gesellschaft*, Berlin 2007, S. 26).
4 Emnid-Umfrage für *Cicero, Juni 2007*.
5 Leo, Anette, »Keine gemeinsame Erinnerung«, in: *Aus Politik und Zeitgeschichte*, B 40 – 41, 2003, S. 30.
6 Vgl. die ausführliche Bestandsaufnahme von Knabe, Hubertus, *Die Täter sind unter uns*, Berlin 2007.
7 *Cicero*, September 2007.
8 *Welt am Sonntag*, 8. 4. 2007.
9 Sofsky, Wolfgang, »Das Prinzip Freiheit«, in: Ackermann, Ulrike (Hg.), a. a. O., S. 55.

Fazit II
Die neurotische Republik

1 Noelle-Neumann, Elisabeth/Köcher, Renate, *Die verletzte Nation,* Stuttgart 1987, S. 101.
2 Kets de Vries, Manfred/Miller, Danny, *The Neurotic Organisation,* San Francisco 1984.
3 Vgl. z. B. Fritz Riemanns Standardwerk *Grundformen der Angst,* München 1961. Seine Angsttypen entsprechen den neurotischen Stilen in Organisationen.
4 Kets de Vries, Manfred/Miller, Danny, a. a. O., S. 38.
5 a. a. O., S. 38f.
6 a. a. O., S. 41.
7 Bode, Sabine, *Die deutsche Krankheit – German Angst,* Stuttgart 2006, S. 80.
8 Kirsch, Guy/Mackscheidt, Klaus, *Staatsmann, Demagoge, Amtsinhaber. Eine psychologische Ergänzung der ökonomischen Theorie der Politik,* Göttingen 1984, S. 55.
9 Interview in: *Der Spiegel,* 2. 7. 2007.
10 Kirsch, Guy; Mackscheidt, Klaus, a. a. O., S. 61.
11 a. a. O., S. 85.
12 a. a. O., S. 89.
13 a. a. O., S. 90.
14 Vgl. die Typologien von Katz und Laswell, siehe Steck, Peter, *Grundzüge der politischen Psychologie,* Bern 1980, S. 144.
15 Berlin, Isaiah, *Die Wurzeln der Romantik,* Berlin 2004, S. 245, zitiert nach: Safranski, Rüdiger, *Romantik,* München 2007, S. 264.
16 Safranski, Rüdiger, a. a. O., S. 347.
17 Safranski, Rüdiger, a. a. O., S. 364.

PIPER

Wolfgang Herles
Dann wählt mal schön

Wie wir unsere Demokratie ruinieren. 240 Seiten. Gebunden

Schröders großer Coup, die Neuwahlen im Herbst, sind eine populistische Farce. Denn bei der kommenden Wahl stehen sich wieder einmal austauschbare Politiker gegenüber, die kaum unterscheidbare Konzepte vorlegen. Und was immer einzelne an guten Ideen haben, wird in den Medien zerredet, läuft sich im Zuständigkeitswirrwarr zwischen Bund und Ländern tot oder wird von den Parteien oder Parteigruppierungen als schädlich für ihren Machterhalt betrachtet. Statt Wahrheiten auszusprechen, verkaufen die Politiker das Wahlvolk für dumm, weil auch noch auf die kleinste vermeintliche Klientel Rücksicht genommen werden muß. Was ist das für eine Wahl?

01/1702/01/R

PIPER

Gabor Steingart
Deutschland – Der Abstieg eines Superstars

304 Seiten. Serie Piper

Nachdem der Sozialismus auf deutschem Boden gescheitert ist, ist nun auch das System der Sozialen Marktwirtschaft am Ende: Das »Modell Deutschland« verschwindet im Nebel der Geschichte – unwiderruflich. Auferstanden aus den Ruinen der Hitler-Jahre, weltweit beneidet, oft kopiert, hat es seit längerem schon aufgehört zu funktionieren. Das einstige Erfolgssystem hat sich selbst übersteuert. Gabor Steingart zieht eine pointierte und überraschende Schluß-bilanz. Er analysiert Aufstieg und Absturz des Wohlfahrts-staates, erzählt von Irrtümern, Mißverständnissen und den Bequemlichkeiten der politischen Elite. Alles zwingt uns zum Neustart. Vieles wird sich ändern in den kommenden Jahren: unsere Art zu arbeiten, zu leben, Politik zu machen. Die Summe der Neuerungen kommt einer zweiten Staats-gründung gleich. Das neue Deutschland – in diesem provozierenden Buch wird es sichtbar.

01/1405/02/L

PIPER

Michael Sauga

Wer arbeitet, ist der Dumme

Die Ausbeutung der Mittelschicht. 240 Seiten. Gebunden

Haben Sie dieses Jahr wieder nicht mehr Geld im Portemonnaie? Dann sind Sie keine Ausnahme, denn seit Jahren sinken die Realeinkommen der deutschen Beschäftigten. Michael Sauga, Wirtschaftsredakteur beim »Spiegel«, sagt, warum das so ist und was getan werden muss. Er fordert nichts weniger als einen Komplettumbau des bisherigen Sozialstaats. Kein europäischer Staat beutet seine Arbeitnehmer so aus wie der deutsche. Bei jeder »Reform« – Gesundheit, Steuer, Pflege – wird der Faktor Arbeit am stärksten belastet. Die Zeche zahlen stets die Arbeitnehmer. Deshalb ist unser Sozialstaat aus der Balance geraten, deshalb gibt es die »Drei-Drittel-Gesellschaft«. Und bleibt es bei der bisherigen Politik, wird sich diese Entwicklung fortsetzen. Willkommen im Prekariat!

01/1701/01/R